격정의 문장들

격정의 문장들

상언上言에서 독자 투고까지, 여성들의 목소리를 찾아서

김경미 지음

푸른역사

이 저서는 2011년 대한민국 교육부와 한국학중앙연구원(한국학진흥사업단)의 한국학총서 사업(모던코리아 학술총서)의 지원을 받아 수행된 연구임(AKS-2011-DAE-3103).

들어가는 말
사라진 여성들의 목소리를 찾아서

이 책은 조선 후기 여성들이 올린 상언과 원정原情, 상소, 근대 계몽기 여성의 통문과 상소, 신문의 독자 투고를 통해 나온 목소리들을 담은 것이다. 여기 등장하는 여성들은 역사적으로 유명한 여성들이 아니다. 이름난 가문 출신의 여성들도 있지만 생애는 물론 이름조차 알 수 없는 여성들, 주변적 존재들이 대부분이다. 그러나 이들은 일상의 자리에서 자신의 삶의 문제를 해결하기 위해 글을 썼고 교육받지 못한 자신들의 처지에 주눅들지 않았다. 여학교 설립을 호소하며 대궐 앞에 엎드린 부인들의 목소리, 세상의 절반인 여성이 남성과 동등한 권리를 가져야 한다고 주장한 여성독자의 목소리, "첩이 부인만 못하리까, 슬프다 대한의 천첩된 자들아"라고 외친 첩의 목소리가 그런 예다. 좀 더 거슬러 올라가 자신의 존재 기반인 가문을 지키기 위해 어쩔 수 없이 국법을 어기고 편법을 행했다고 당당하면서도 간절하게 상언한 양반 부인의 상언, 시집을 향해 온몸을 다해 항변한 원정의 목소리가 있다.

이들의 문장에는 '남성들의 압제나 절제'에 대한 저항의 목소리가 발견된다. 물론 이런 의식을 보다 분명하게 드러낸 것은 근대 계몽기 여성들이다. 19세기 말 20세기 초 상소나 독자 투고를 통해 목소리를 낸 여성들은 신문이라는 공론장을 통해 세계를 학습하고 독자 투고라는 신문의 한 귀퉁이를 빌려 자신들의 생각을 펼쳤다. 여기에 펼쳐진 여성들의 목소리는 우리의 기대를 초과하고 있다. 여성 투고자의 생생한 목소리를 담고 있는 독자투고란은 그 자체로 여성의식의 전환을 보여주는 장소였다. 이들의 목소리는 지금 여기서 이야기하고 있는 페미니즘의 목소리와 그다지 멀지 않다. 이들이 말한 것들을 드러내는 것은 현재 진행되고 있는 페미니스트 운동을 역사적 맥락 속에서 보게 해줄 것이다. 그런 의미에서 역사를 보는 것은 현재를 보는 것이다.

이 책이 주목한 것은 공적 공간을 향해 발화한 여성들의 글이다. 공사公私 영역의 분할은 서구 근대의 형성 과정에서 남성과 여성의 영역이 일터/가정, 노동자/주부로 이분화되는 과정에서 확고해진 것으로 알려져 있다. 중국을 비롯한 유교문화권에서도 공사의 영역은 분할된 것으로 이해되었다. 유교문화권에서 형성된 공사의 개념과 용례를 살펴보면, 공사 구분을 어떻게 했는지가 좀 더 분명해질 것이다.

공公은 사私가 아닌 것, 함께하는 것[共], 바른 것[正], 공평한 것, 제후나 임금, 조정, 관소나 조정을 가리키고, 사私는 공公에 상대가 되는 것으로 자기, 개인, 평소에 혼자 있는 공간, 자기 집을 의미한다.《시경》〈소남〉'고양羔羊'에는 "退食自公(조정에서 돌아와 밥을 먹는다)"이라는 구절이 나오는데 여기서 공公은 조정 또는 관청을 의미한다.《논어》

〈위정〉에도 공자가 안회를 가리켜 "물러나 그 혼자 있는 것을 살펴보니 그대로 행하였다退而省其私 亦足以發"고 한 구절이 나온다. 이를 풀이한 《집주集註》는 사私를 '한가롭게 혼자 지내는 것燕居獨處'이라고 했다.

공과 사에 대한 이러한 정의와 용례를 고려하면 공적 공간은 조정, 관청 등을 말하고, 사적 공간은 집을 말한다. 젠더의 관점에서 보면 공적 공간이란 조정을 비롯해서 공무가 이루어지는 관아로 규방 밖, 바깥 공간, 남성들의 공간이다. 유교 가부장제 사회였던 조선 사회는 음양의 원리에 의해 남녀의 공간과 역할을 이분화하고 위계화했다. 음/양, 천/지, 내/외, 남/녀의 체계에 의해 여성은 안, 남성은 밖으로 공간을 분할하고, 안은 가정, 밖은 조정 혹은 가정 밖의 공간 전부를 의미했다. 유교 가부장제 사회는 여성 공간을 규방이라 부르고, 여성의 역할을 가정 안의 일로 한정하여 여성을 공적 공간에서 배제했다. 여성이 글을 쓸 경우, 그것은 규방 안의 생활이나 규범과 관련된 것으로 한정되었으며 외부에 이름이 알려지거나 글이 알려지는 것은 부덕婦德에 어긋나는 것으로 여겨졌다. 남성의 경우 공적 영역에 나아가고 가부장으로서 사적 영역도 지배했다.

이를 글쓰기에 적용해 보면 집 바깥의 공간을 향해 쓰는 것은 공적 공간을 향한 글쓰기라 할 수 있다. 조선시대 여성에게는 시집 가문도 공적 공간에 속했다. 남성들처럼 공적 공간에서의 활동이 허용되지 않았던 여성들에게 시집에서의 생활은 공적 활동과 같은 의미가 부여되었기 때문이다. 17세기 노론 출신의 문인이었던 김창협金昌協 (1651~1708)이 "부인이 시집가는 것은 선비가 조정에서 생활하는 것과 같다. 그렇지 않으면 그 아름다운 덕을 드러낼 수 없기 때문이다"라고 한 말은 여성에게 시집이 공적 공간과 같은 의미를 가졌음을 보여 준다. 따라서 여성의 공적 공간을 향한 말하기라고 하면 조정이나 관청을 상대로 한 말하기뿐만 아니라 시집을 향한 말하기까지 포함할 수 있다. 여자들의 목소리나 여자들이 쓴 글이 담장 밖을 나가서는 안 된다는 것은 공적 공간에 여자들의 목소리가 들려서는 안 되며, 여자들의 글이 나와서는 안 된다는 것이었다. 여성들이 공적 공간을 향해 말하는 것은 규방 밖을 벗어나는 것이기 때문이다.

조선시대 여성들의 말하기와 근대 계몽기 여성들의 공적 공간을 향한 말하기를 한자리에 놓아 본 것은 조선시대 여성생활사 자료에서 본 여성들의 목소리들 때문이다. 남성 문인들이 기록한 여성들의 행장行狀과 묘지墓誌를 읽으면서 공적 공간에서 배제된 여성들의 정치의식, 교육에 대한 열망, 이름을 남기고자 하는 열망, 그리고 이 모든 것이 자신들의 것이 아니라는 것을 확인하는 허탈감과 좌절감 같은 것들이 때로는 종이를 뚫고 나오는 것처럼 느껴졌다. 근대 계몽기 여성들의 독자 투고는 밖으로 나오지 못하고 침묵해 있던 목소리가 분출한 것이었다. 그러나 이 여성들의 격정적인 목소리 또한 오래도록 드러나지 않은 채로 있었다. 드러나지 않았다고 해서 없었던 것은 아니다. 이들의 말을 되살리고 여기에 역사적 의미를 부여하는 것, 이는 그동안 묻혀 있던 존재들, 주변적으로 간주되어 온 존재들로 하여금 자신의 자리를 찾게 하는 일일 것이다. 이제 오래 머물러 있던 원고가 출판을 앞두고 있다. 책이 되어 나오기까지 원고의 구석구석을 살피며 조언해 준 도서출판 푸른역사에 깊은 감사의 인사를 전할 수 있어 기쁘다.

차례

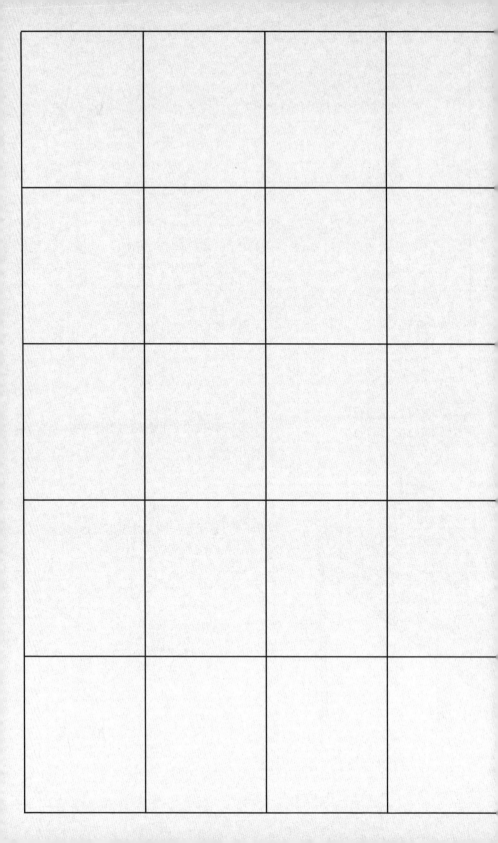

1부
권력에 도전하는 목소리들
─ 조선 후기 여성의 공적 발언

1장 상언

1. 임금을 향해 올린 글

영조가 즉위한 해인 1725년 5월 9일 《영조실록》에 우리의 눈을 끄는 기사 하나가 실렸다. 영부사 이이명의 처 김씨 부인이 상언上言을 올렸다는 것이다. 김씨 부인은 그 유명한 〈구운몽〉의 작가 김만중의 딸이다. 아버지의 글 솜씨를 이어받은 것인지 김씨 부인이 올린 상언은 임금의 마음을 움직였다고 한다. 관인이나 유생들이 임금에게 상소를 올리는 장면은 익히 알고 있었지만 부인이 상언을 올렸다니 왠지 낯설다. 상언은 무엇이고 김씨 부인은 왜, 아니 어떻게 상언을 올렸을까?

김씨 부인의 예에서 보듯 조선 사회는 백성들이 자기 사정을 임금에게 직접 호소할 수 있는 제도를 갖추고 있었다. 여성들도 예외가 아니었다. 대표적으로 관청에 올린 진정서인 소지所志나 임금에게 올린 상언·격쟁擊錚이 있었다. 상언은 백성들이 글로 임금에게 직접 억울함을

1부 권력에 도전하는 목소리들

호소하는 것이고, 꽹과리를 친다는 뜻의 격쟁은 억울한 일을 당한 사람이 임금이 지나가는 길가에서 징이나 꽹과리를 쳐서 임금에게 하소연하던 제도였다.

상언은 상소와 비슷한 것으로 보이지만 사용하는 문자도 다르고 쓸 수 있는 자격도 달랐다. 상소는 아무나 쓸 수 없었다. 상소를 쓸 수 있는 사람은 관인이나 유생, 사림들에 국한되었고, 한문으로 써야 했다. 하지만 상언은 관원으로부터 천인에 이르기까지 누구나 쓸 수 있었고 이두를 사용했다.[1] 상언은 격쟁이나 소지 등과 아울러 억울한 일을 당해 관에 호소하는 소원訴冤 제도의 일부를 이루었다.

이는 법적으로도 보장된 제도였다. 조선의 법전인 《경국대전》〈형전 刑典〉에는 소원을 이렇게 설명하고 있다. '억울한 사정을 하소연하려는 사람은 수도에서는 주관하는 관리에게 제기하고, 지방에서는 관찰사에게 제기한다. 그래도 억울한 사정이 있으면 사헌부에 제기하며 또 억울한 사정이 있으면 신문고를 친다.'[2] 그리고 '상언을 올리면 당직 관리가 사헌부의 반려 사유[退狀]를 살펴본 뒤에 받아서 임금에게 보고한다. 만일 의금부나 사헌부에서 심리할 만한 것이면 애초에 반려 사유를 상고하지 않는다. 또 임금의 비준을 받고 내려 보내면 5일 이내에 회답 보고를 올려야 한다. 만일 기한을 넘기면 회답 보고를 즉시 올리지 못한 이유를 자세히 써서 보고해야 한다'[3]고 규정하고 있다.

이런 규정이 있었지만 소원은 민의를 임금에게 전하는 기능을 제대로 수행하지 못했다. 백성들은 더욱 직접적인 방법을 모색했다. 이에 임금의 가마 앞에서 상언하는 가전상언駕前上言이나, 임금이 거둥할 때 징이나 꽹과리를 치고 사연을 직접 호소하는 '위외격쟁衛外擊錚' 같은 소원 방식이 16세기 중엽에 등장했다. 그렇다고 무엇이나 소원할 수 있는 것은 아니었다. 소원의 범주는 '형벌로 죽는 일이 자신에게 미치는 일刑戮及身', '부자관계를 밝히는 일父子分揀', '적처와 첩을 가리는 일嫡妾分揀', '양인과 천인을 가리는 일良賤分揀'에 국한되었다.

18세기 초에 이르러서는 소원할 수 있는 범위가 넓어졌다. '자손이 아버지와 할아버지를 위해서子孫爲父祖', '부인이 남편을 위해서妻爲夫', '동생이 형을 위해서弟爲兄', '종이 주인을 위해서奴爲主' 소원할 수 있게 된 것이다. 또 자신의 억울함에 한해서만 소원할 수 있도록 한《경국대전》의 규정과는 달리, 아들이나 부인, 동생 등 강상綱常 관계에 있는 이들도 대리로 나서서 신원할 수 있게 되었다. 18세기 후반 정조시대에 오면 상언과 격쟁이 양적으로 늘어났다. 정조는 상언과 격쟁을 백성들의 사정을 알 수 있는 통로로 여겼고, 따라서 이를 통제하기보다는 '위외격쟁'과 '가전상언'도 허용했기 때문이다.[4]

그럼 여성의 경우는 어떠했을까? 위에서 이미 부인이 남편을 위해서 할 수 있다고 했으니 여성도 소원할 수 있는 주체였음을 짐작할 수 있다.《경국대전》에는 여성의 소원에 대한 규정을 따로 두지는 않았다. 여성의 소원이 금지되어서가 아니라 남녀 누구에게나 소원이 허용되었기 때문이다.[5] 실제로《조선왕조실록》에는 여성이 올린 상언이 거의 전 시기에 걸쳐 수록되어 있으며,《일성록》과 고문서 등에도 여성이 올린 상언이 많이 포함되어 있다. 신분과 성별에 관계없이 할 수 있었기 때문에 실록에 실린 여성의 상언·격쟁 기사를 보면 왕족 여성으로부터 양반 여성, 평민 여성, 기녀, 여종, 궁녀 등에 이르기까지 다양한 여성들이 상언을 올리고 있다. 1752년(영조 28)부터 1910년(순종 4)까지의

국정을 기록한 《일성록》을 대상으로 정조 대 국왕에게 상언·격쟁한 사례들을 조사한 연구에 의하면, 총 4,427건(신분 직역이 확인되는 숫자는 3,888건)의 상언·격쟁들 중에는 여성들이 제기한 상언·격쟁이 405건이나 포함되어 있다. 정조 재위 기간인 1776년부터 1800년까지 약 25년 동안 405건이면 한 해에 16건 정도의 청원이 이루어진 셈이다. 이는 전체 상언·격쟁의 10.4퍼센트 정도이며 이 중 평민층 부녀자가 올린 것이 사족 부녀자가 올린 것의 3배 정도가 된다.[6] 그 외 현재 수집, 정리되어 있는 고문서들 가운데서도 여성들의 소지를 발견할 수 있다. 이는 여성들의 소원 활동이 활발했음을 뜻한다.

상언에 대한 자료를 보면 상언과 격쟁이 동시에 이루어지는 경우가 많다. 하지만 이 책의 관심이 여성의 글쓰기에 있으므로 여기서는 여성이 올린 상언을 중심으로 살피기로 한다.[7] 여성이 상언을 할 수 있는 경우는 아내가 남편을 위해서妻爲夫 할 때이다. 그러나 여성들이 올린 상언은 어머니가 자식을 위해 올린 경우도 많고 더러 딸로서 한 경우도 발견된다. 상언의 내용은 재산, 가족, 후계, 산송과 같은 일상에서 부딪치는 문제가 대부분이다. 그러나 신분에 따라 상언하는 내용도 달라서 양반 여성들은 주로 후계나 산송 문제로 상언을 했고 하층 여성들의 세금이나 송사 문제로 상언을 했다.[8] 양반 여성들이 올린 상언 가운데는 사화를 비롯한 정치적인 문제로 죽은 남편이나 아들을 위해 올린 것들도 많다. 이 상언은 강한 당파성을 띠는 정치적 발언을 포함하고 있어 흥미롭다.

그런데도 상언을 보면 많은 의문이 생긴다. 집 밖을 나가는 것이 쉽지 않았던 양반 여성들은 어떻게 상언을 올렸을까? 상언을 올리면 다

받아 주었을까? 상대적으로 글을 쓰는 비율이 낮았던 것으로 보이는 하층 여성의 상언은 본인이 직접 썼을까? 본래 상언은 한문으로 써서 올리게 되어 있는데 여성들이 직접 한문을 썼을까, 아니면 누군가 대리로 써 주었을까?

2. 궐문 밖 상언 현장

19세기의 문인 심노숭沈魯崇(1762~1837)은 자신의 견문을 기록한《자저실기自著實紀》라는 책에 양반 부인이 상언을 올렸다가 거절당하자 상언을 받아 달라고 하소연하는 현장에 대한 기록을 남겼다. 이때는 순조 15년 을해년(1815)으로 심노숭은 병조정랑에 임명되어 대궐로 가던 중 창덕궁 돈화문 옆에 있는 금호문 밖에서 이 광경을 목격했다. 금호문은 창덕궁의 서문으로 궁중에 근무하는 관료들이 출입하던 문이다.

을해년 4월 내가 병조정랑이 되어 사은숙배하러 대궐에 들어갔을 때 금호문 밖 길가에 여인이 타는 가마 하나를 여종이 빙 에워싸고, 한 선비가 짚자리를 깔고 가마 뒤에서 고개를 숙이고 엎드려 있었다. 괴이하게 여겨 그 이유를 알아 보니 이노춘 부인이 시아버지의 병세가 위중해 당직자에게 이노춘을 유배에서 풀어 달라고 상언했으나 해당 부서에서 받아들이지 않았다. 이곳에서 저녁에 돌아갔다 아침에 나오기를 한 달씩이나 하며 고관들이 왕래할 때마다 가마 속에서 하소연하는데 정부인貞夫人인 것을 살피지도 않았다고 한다.

당직자에게 상언하는 것은 법에서 허락한 것이다. 받아들인 뒤에 용서한다는 명령이 내려지면 해당 부서에서 집행해 돌아오게 하면 된다. 그런데 상언을 받아들이지 않아 대궐 밖에서 여인이 하소연하게 하니, 법례상 잘못이라 듣고 보기에 너무 놀랍다. 내가 의금부 당상 김노경 영감을 만나 그에 대해 이야기하였다. 대감이 "사리는 그렇지만 이노춘의 용서를 비는 하소연을 우리들이 어떻게 받들 수 있겠소"라고 답하였다. 여러 차례 이야기해도 끝내 들어주지 않았다. 사리가 그렇다는 것을 알았으면 사리를 따르면 그만이다. 우리들이니 저들이니 말할 필요가 있으랴! 이것은 붕당으로 판단할 것이 아니니 풍습이 착하지 못하다.[9]

이노춘李魯春(1752~?)은 강원도 관찰사, 예조참판 등을 역임했으며 《홍문관지》를 편찬하고 《정조실록》 편찬에도 참여한 인물이다. 그런데 1806년 탄핵을 당한 뒤 거제부에 유배되어 있었다. 심노숭은 당직자가 이노춘 부인의 상언을 받아들이지 않는 것에 대해 놀라움을 표하고 있다. 당직 상언은 법이 허용하는 것인데도 거부하는 것은 법적으로 잘못된 것이라고 보았기 때문이다. 당직 상언은 의금부 당직청當直廳을 통해 올리는 상언을 말한다. 심노숭은 이 일을 당쟁의 결과로 보고 착한 풍습이 아니라고 평가하고 있다. 이노춘은 결국 귀양지에서 죽었다. 실록에는 이노춘 부인의 상언에 관한 내용이 기록되어 있지 않다. 심노숭의 기록은 바깥 출입이 어려웠던 양반 부인이 어떻게 상언했는지를, 동시에 정치적 입장이 복잡하게 엇갈리던 가운데 상언이 받아들여지지 않은 경우를 보여 준다.

영조 때 대사간을 지낸 이창임(1730~1775)의 부인 해평 윤씨 부인(1731~1813)이 쓴 상언도 부인의 상언 현장에 대한 예를 보여 준다. 윤씨 부인은 1775년 남편 이창임이 병사하는 변고를 시작으로 이창임의 형인 이창급의 관직이 삭탈되고 가문 전체가 폐족당하는 불행을 겪고서 세 차례에 걸쳐 상언을 올렸다.[10] 윤씨 부인이 올린 상언에 대해서는 나중에 자세히 다루기로 하고 여기서는 상언을 올리는 장면이 묘사된 부분만 보기로 한다.

임술년(1802) 봄에 재상부에 글을 올렸습니다. 고인이 된 영의정 심환지, 좌의정 이시수, 우의정 서용보가 그날로 상언 단자를 받아 전·현직 대신들과 돌려보고 이것이 이미 지극히 원통한 일에 관계되니 마땅히 주상 전하께 아뢰어야 한다고 말했습니다. 그런 까닭에 저는 매번 빈대賓對하는 날에는 몸소 궐문 밖에 나아가 재상들에게 조정으로 통할 수 있는 길을 마련해 주기를 울면서 애걸하였습니다.

계해년(1803) 정월에 이르러 경사를 축하할 때 주상 전하께서는 특별히 필부의 원통함을 불쌍히 여기시어 궐 밖에 있는 가마에 이르러 물어보셨습니다. 덕스런 뜻이 넘쳐흐르고 은혜로움이 하늘처럼 크고 넓으셨습니다. 마침 그때 궐문 밖에는 가마가 두 대 있었습니다. 대신들이 주상 전하의 교지를 받들어 그 하소연함을 살펴보았는데, 하나는 그 아뢰는 바가 외람되고 법을 넘어선다고 여겨 깨우쳐서 물리치셨습니다. 그리고 제가 드렸던 상언 단자에 이르게 되었으니 이는 전일에 재상부에서 받아놓은 것이었는데, 전례에 의거해서 다시 비변사에 놓으라고 말씀하셨습니다.

그런데 지금 3년에 이르도록 오히려 진퇴가 없으니 이것은 저의 몸이 죄가 많아 신명을 감동시키고 정성을 밝히기에는 믿음직하지 못한 소치가 아님이 없습니다. 몇 십 년 세월 동안 쌓인 원통하고 한스러운 마음을 한 번이라도 드러내고자 하는 소망이 이 생애, 이 세상에서는 영원히 끊긴 줄 알았는데, 지금 잠시 죽지 않고 3년 전에 이어 다시 주상 전하의 교외 행차를 만나게 되었습니다. 이에 또 감히 재상부에 올린 단자로써 죽음

을 무릅쓰고 주상 전하의 수레 앞에서 울부짖습니다.[11]

　윤씨 부인은 3년간 궐문 밖에서 상언을 올리고 임금의 수레 앞에서 울부짖었다. 빈대는 매달 여섯 차례 의정議政, 대간臺諫, 옥당玉堂이 입시해서 중요한 정무를 임금에게 보고하는 것을 말한다. 그러니까 윤씨 부인은 한 달에 여섯 번씩 궐문 밖에 나가서 상언을 올리기를 청한 것이다. 이노춘의 부인이나 해평 윤씨 부인의 예는 궁궐 밖에서 가마에 탄 채 임금을 기다렸다가 상언을 올리려고 하는 현장을 보여 준다. 이들은 격식에 맞게 한문으로 써서 상언을 올렸을 것이다. 언문은 격식에 어긋나는 것이었기 때문이다. 언문으로 상언을 써 올린 예가 있지만 예외적인 것이었다. 중종 4년(1509) 9월 11일 종실의 딸인 철비鐵非는 언문 상언을 올려 면천을 요구했다. 이 상언에 대해 해당 관청에서 언문으로 상언을 올려 지극히 무례하고 그 소원도 들어줄 수 없으니 추고해서 죄를 다스리자고 했고, 왕은 이를 따랐다.[12] 그러나 광해군 2년(1610) 5월 5일 이홍로李弘老의 처 기씨가 언문으로 쓴 단자를 올렸을 때는 달랐다. 언문 상언에 대해 의금부가 언문으로 쓴 전례가 없지만 사정이 절박하니 받아들이지 않을 수 없다고 하고 왕도 이를 따랐다.[13] 그러나 이에 대해 5월 16일 사간원이 문제를 제기하며 언서는 예로부터 경우가 없는 것이어서 여론이 괴이하게 여기고 있으니 언문 상소를 되돌려주라고 했다. 왕은 이를 따르지 않았다.[14] 이런 예들을 통해 언문으로 상언하는 것은 경우에 벗어난 것이고 예외적인 경우에만 받아들여졌음을 짐작할 수 있다.

　대궐에 나아가 상언하는 장면을 직접 보여 주지는 않지만 박준원朴

準源(1739~1807)이 죽은 아내를 위해 쓴 〈망실행장亡室行狀〉에는 장모인 공인 윤씨가 후사 문제를 해결하기 위해 상언했다는 내용을 기록하고 있다. 박준원은 순조의 생모인 수빈 박씨의 아버지로 유안당 원경유의 딸과 결혼했다. 박준원의 장인 원경유는 첫째 부인 신씨와의 사이에 자녀가 없었고, 윤씨를 둘째 부인으로 맞아 두 딸을 낳았다. 박준원의 부인은 윤씨의 딸이다.[15] 원경유에게 아들이 없어서 형의 둘째 아들 의손을 후사로 정했는데 그마저 죽어 일이 복잡하게 되자 윤씨 부인이 상언을 올렸던 것이다.

유안 공을 이을 후사가 정해지지 않은 것을 종신토록 지극한 한으로 여겼다. 유안 공이 돌아가실 때 창하 공의 둘째 아들 의손을 후사로 정해 달라는 뜻으로 창하 공에게 유서를 남겼다. 창하 공이 이를 허락했으나 머뭇거리다 방제傍題(신주 왼쪽에 제사를 받드는 사람의 세대와 이름을 쓰는 것)를 쓰지 못했다. 어른들이 모두 안 계시고 옛일에 어두웠던 것이다. 그런데 의손이 죽자 윤 공인이 아들의 상복을 입으니 이 일이 변례라고 해서 논란이 분분했다.……고사를 쓸 사람이 없자 유인이 손을 씻고 직접 써서는 아들인 종경을 시켜 관 앞에서 읽게 하고 종손에게 꿇어앉아 듣게 하였다. 이날 주가主家가 숙연하여 한마디 말도 없어서 일이 장차 바른 데로 돌아갈 것 같았으나 의논이 그래도 끝나지 않았다. 유인이 병이 위독해지자 편지를 써서 윤 공인에게 입장을 고수하고 움직이지 말라고 권하고, 마침내 윤 공인이 상언하여 임금의 윤허를 받았다. 거의 실패할 뻔하다가 끝내 성공한 것은 실로 유인의 피나는 정성이 미친 것이다.[16]

박준원의 부인 원씨는 친정 일에 발 벗고 나서서 고사告辭를 써서 아들을 시켜 읽게 하고, 위독한 상태에서도 친정어머니 윤씨에게 편지를 써서 본래 입장을 고수하게 했다. 친정어머니 윤씨는 상언을 올려 임금의 허락을 받아냈다. 윤씨가 직접 한문으로 썼는지 언문으로 썼는지에 대한 언급은 없다. 위의 예는 후사를 정하는 일로 집안에 갈등이 일어나자 부인이 직접 상언을 써서 올려 문제를 해결한 경우를 보여 준다. 여성 상언 중 많은 비중을 차지하는 것 중의 하나가 바로 이 후계 문제와 관련된 것이었다.

3. 국가와 가족,
법과 윤리 사이에서 따지다

《조선왕조실록》에는 240여 건의 여성 상언에 대한 기사가 실려 있는데, 숙종 이전의 기록이 200건 이상이며,《중종실록》,《성종실록》순으로 상언이 많이 실려 있다. 그러나 이것으로 숙종 이전에 여성 상언이 더 많았다고 할 수는 없다. 이후로 오면 기재 방식이 달라지기 때문이다. 예를 들어 정조 때 상언에 대해 기록한 방식을 보면 "상언 133건 판하"[17]와 같은 형식으로 간단하게 건수만 기재하고 있다.

조선 전기에 상언을 올린 여성들을 보면 양반이나 옹주, 군부인, 후궁 등 상층 부인이나 왕족이 압도적으로 많은 비중을 차지하지만, 첩, 관노의 아내, 사노의 어머니, 여종, 시녀, 상궁, 여승도 등장한다. 상언의 내용은 재산, 후사를 세우는 문제, 아들의 부임지 변경, 신원, 처첩 분변, 관직 서용 등이 주를 이룬다. 실록에는 상언의 내용이 대부분 요약되어 실려 있고 그 전문을 보기는 어렵다.

현재 그 내용이 모두 전해지는 상언은 오시수(1632~1681)의 옥사와 관련해서 그 어머니 파평 윤씨가 쓴 〈상언초上言草〉, 이창임의 부인 해평 윤씨의 〈상언〉, 이이명(1658~1722)의 부인 광산 김씨(1655~1736)가 쓴 〈김씨 상언〉 등이 있다. 파평 윤씨, 해평 윤씨가 쓴 상언은 한문으로 전하고, 광산 김씨가 쓴 상언은 한글로 전한다.

아들의 목숨 구하기

숙종 6년(1680) 경신년 9월 5일 밤 의금부 낭관이 숙직하는 당직에 눈도 잘 보이지 않는 한 노인이 상언을 올렸다. 이 상언을 올린 사람은 오시수의 어머니 파평 윤씨 부인이었다.

그때 대부인의 나이 칠십에 가까웠는데 두 눈은 아무것도 볼 수가 없어 기어서 의금부 당직에 가서 억울함을 하소연했다.[18]

민암閔黯(1636~1694)은 오시수의 비문에서 윤씨 부인이 상언을 올리는 장면을 이렇게 기록하고 있다. 민암은 오시수의 큰아들 오상유의 장인, 즉 오시수의 사돈이다. 당시 파평 윤씨가 의금부 당직에 올렸다는 상언의 초고는 오시수의 문집인 《수촌집水村集》 부록에 실려 전한다. 〈상언초〉는 한문으로 기록되어 있는데 제목 밑에 작은 글씨로 '경신 구월 초오일 모부인 윤씨가 의금부 당직에게 송원하다庚申九月初五日母夫人尹氏 金吾當直訟冤'라고 쓰고 있어 윤씨 부인이 올린 상언임을 밝히고 있다. 송원이란 억울한 사정을 임금에게 호소하는 것을 말한다. 윤씨 부인이 직접 한문으로 쓰지 않고 한글로 쓰거나 구술한 것을 받아서 집안 남성이 한문으로 번역해서 올렸을 가능성이 높다.

《수촌집》 부록에는 윤씨 부인의 〈상언초〉 외에도 큰아들 오상유, 둘째 아들 오상단, 손자 오성운이 오시수의 억울함을 하소연하기 위해 올린 〈격쟁원정〉, 오시수의 증손인 오석명이 쓴 〈운체록隕涕錄〉이 수록되어 있다. 눈물을 흘리며 쓴 기록이라는 뜻의 〈운체록〉은 〈상언초〉와

1부 권력에 도전하는 목소리들

〈격쟁원정〉을 토대로 오시수의 죽음을 해명하기 위해 기록한 것이다.

파평 윤씨 부인은 좌참찬 윤의립(1568~1643)의 딸이며 관찰사 오정원(1614~1667)의 부인으로 4남 4녀를 두었다. 윤씨 부인의 남편 오정원은 동복 오씨로 호조판서를 지낸 오정일의 아우이자 삼복三福으로 일컬어지는 복창군, 복선군, 복평군의 외삼촌으로 숙종 초 남인의 중심인물 중 하나였다. 맏아들 오시수는 남인 계열의 정치인으로 25세에 별시 문과에 합격한 이후 승문원 권지부정자權知副正字를 시작으로 이조정랑, 우부승지, 상주목사, 형조판서, 이조판서, 예조판서, 우의정을 두루 역임했고, 둘째 아들 오시대는 관찰사, 넷째 아들 오시적은 판관을 지냈다. 이처럼 윤씨 부인은 친정과 시집의 가문이 모두 남부럽지 않은 상층 양반 부인이었다. 그런 그녀가 눈도 보이지 않게 된 상태로 기어가서 상언을 올려야 했던 것은 아들 오시수의 목숨을 구하기 위해서였다. 남인과 서인의 대립으로 엎치락뒤치락하던 정국을 서인이 주도하게 되면서 남인의 주요 인물이었던 오시수가 위기에 몰리고 있었기 때문이다.

오시수가 주요 관직을 역임한 시기는 현종 15년(1674) 인선왕후 장례 이후 시작된 예송 논쟁에서 남인이 정국을 주도한 이후였다. 그러나 숙종 6년(1680) 경신환국으로 서인이 다시 집권하면서 오시수의 옥사가 시작되었다. 이 옥사로 유배된 오시수는 그 이듬해인 1681년 6월 12일에 결국 사사되었다. 이후 오시수는 환국이 일어날 때마다 관작이 회복되었다 추탈되는 곡절을 겪었으며 정조 8년(1784)에 이르러서야 증손자 오석충의 격쟁으로 관작이 회복되고 신원되었다. 오시수의 문집은 그의 아들, 증손이 여러 차례 간행하려고 시도했으나 몰락한 남인계 후

예로 간행이 쉽지 않아 그가 죽은 지 251년이 지난 1932년에야 간행되었다.[19]

오시수의 옥사는 노론과 소론이 분당되는 배경을 보여 주는 중요한 사건으로 평가되지만 사건의 실상이 제대로 알려지기 어려운 모호한 사건이었다. 중국의 역관이 한 말을 전달하는 과정에서 일어난 일인데 서로 말을 했다, 안 했다 하면서 진위를 구분하기 어렵게 되어 버렸기 때문이다. 오시수의 옥사에 대해 참고할 자료는 《숙종실록》과 《수촌집》 부록에 수록된 〈상언초〉, 〈격쟁원정〉, 〈운체록〉 등이다. 그러나 현재 남아 있는 《숙종실록》은 노론의 주도하에 편찬됐고, 《숙종실록》을 보충, 수정한 《숙종실록 보궐정오》의 편찬에는 소론이 참여했다. 따라서 이 사건에 대한 기술이나 평가가 남인에게 불리하게 되었을 가능성이 있다. 게다가 실록과 다른 기록을 보여 줄 수도 있는 숙종 대의 《승정원일기》도 화재로 불타서 다시 기록했기 때문에 당시의 기록을 확인하기 어렵다. 반면 〈운체록〉, 〈상언초〉, 〈격쟁원정〉은 일방적으로 오시수를 옹호하는 것 같지만 여러 가지 정황이나 조정의 일들에 관해 인용한 내용들이 당시 금방 확인될 수 있는 내용들이기 때문에 왜곡하기 어려운 기록들이다. 이런 이유로 오시수 사건을 연구한 김우철은 〈상언초〉 등의 사료적 가치를 인정했다.[20] 〈상언초〉의 내용은 크게 두 부분으로 나뉜다. 앞부분 "臣伏聞乙卯勅行時, 臣矣子臣始壽"에서 "以正誣罔之律云云"까지가 윤씨 부인이 상언한 부분이고, 뒷부분인 "乙卯二月初十日"부터 끝까지는 다른 사람의 말을 덧붙인 것으로 보이는데 중간에 빠진 부분이 있다.

여기서는 오시수 사건 자체에 대해 자세하게 다루지는 않는다. 오시수 사건의 진상을 가려내고 그 역사적 의미를 다루는 것이 목적이 아니고 〈상언초〉를 통해 파평 윤씨 부인이 공권력을 향해 어떻게 발언하고 있는가를 보는 것이 목적이기 때문이다. 따라서 〈상언초〉의 내용을 이해하기 위해 필요한 부분에 한해서 오시수 사건을 언급하기로 한다.

파평 윤씨 부인이 상언을 올린 것은 1680년 경신환국이 일어난 해였다. 당시 오시수는 죄를 받고 멀리 삼수군에 유배되어 있다가 9월에 다시 잡혀 와서 국문을 받고 있었다.

오시수의 옥사는 윤씨 부인이 상언을 올리기 5년 전으로 거슬러 올라간다. 숙종 1년(1675) 현종의 승하를 조문하기 위해 청나라의 조제칙사弔祭勅使가 왔을 때 오시수는 원접사로 이들을 맞았다. 칙사를 맞이하고 돌아온 오시수는 숙종에게 청나라의 대통관大通官 장효례가 조선의 역관들에게 했다는 말을 보고했다. 장효례는 조선 출신으로 청나라의 통역관이 된 인물이다.

보고의 내용은, 청나라 황제가 조선은 왕은 약한데 신하가 강해서[臣強] 자유롭지 못하다고 하면서 현종을 측은히 여겨 두 번 제사하게 했다는 것이다. 오시수는 이 보고가 죽음을 불러올 줄은 꿈에도 생각지 못했을 것이다. 그러나 '강한 신하'는 곧 서인의 영수인 송시열과 송준길을 지목하는 것으로 받아들여졌다. 숙종은 영의정인 허적을 시켜 황제가 정말 조선은 신하가 강해서 왕이 견제를 받는다는 말을 했는지 확인하게 했다. 허적이 장효례에게 묻자 장효례는 얼굴을 붉히고 얼버무렸다. 허적은 이 말이 장효례의 입에서 나온 것으로 판단하고 죄를 물으려 했으나 당시 조정 관료들의 반대로 그만두었다. 이후 당시 황해감사였던 윤계가 장효례의 말을 같이 들었다는 오시수의 말을 적극적으로 반박하는 상소를 올리면서 윤계와 오시수 사이에 몇 차례 공방이 있었다. 그러나 이 일은 오시수의 승리로 끝났다.

5년이 지난 1680년 경신환국이 일어나 서인이 정권을 잡으면서 남인이 쫓겨나자 상황이 달라졌다. 오시수의 발언이 다시 문제가 되고 옥사가 시작되었다. 이해 5월 오시수는 다른 일로 삼수군에 유배되었는데 "신하가 강하다"고 한 말을 다시 문제삼는 상소가 올라오자 재조사가 시작되었다. 유배지에 있던 오시수는 9월에 잡혀 와서 다시 국문을 당했다.

오시수가 전했다고 하는 신강설臣強說은 서인의 영수인 송시열을 겨냥한 것으로 받아들여졌고 이 말이 나오게 된 경위와 진위에 대한 조사가 다시 시작되었다. 그런데 오시수에게 그 말을 전한 역관들이 말을 바꾸는 바람에 결국 오시수가 송시열 및 서인을 공격하기 위해 이 말을 지어 낸 게 되었다. 윤씨 부인의 상언은 이런 상황에서 나온 것이다. 9월 5일 윤씨 부인은 상언하여 억울함을 호소했고, 오시수의 아들, 손자도 격쟁하며 구명에 나섰다. 윤씨 부인은 상언을 올려 억울함을 하소연했을 뿐만 아니라 대신들을 찾아다니며 아들의 구명에 나섰다.[21] 그러나 9월 30일 숙종은 추국청 대신들의 의견을 들은 뒤 오시수가 선왕을 무함하고 이남李柟이 말했던 신강설을 실현하려 했다고 하며 사사하라는 명을 내렸다.[22]

이 위기 상황에서 윤씨 부인은 아들의 억울함을 토로하는 한편, 며느리도 죽고 나이 칠십이 넘어 눈도 보이지 않는 자신의 처지를 이야기하며 아들의 목숨을 살려 달라고 호소했다.

신이 삼가 들으니 을묘년(1675) 칙사 행차 때 신의 아들 신 시수가 역관들이 전한 장효례의 말을 임금님께 아뢰었는데, 그때 따라간 역관 안일신 등에게 그 말을 물어보니 역관들이 모두 전혀 모른다고 대답했다고 합니다. 또 그 뒤 허적이 머물던 관소에서 효례와 문답한 이야기를 물어보니 역관 안일신이 또한 참석해서 묻지 못했다고 대답했답니다. 따라서 이른바 대통관 장효례가 차마 듣지 못할 말을 했다는 것은 허무맹랑한 일로 귀결되었습니다. 이번 사행 때 안일신이 수석 역관으로 들어가서 효례에게 그 일을 탐문해 보니 효례가 또 말하지 않았다고 했습니다. 그리하여 신의 아들 시수를 바야흐로 잡아들이라는 명을 내렸습니다. 당초 효례가 이런저런 이야기한 것을 와서 전해준 것은 일신 등 입니다. 신의 아들 시수는 원접사로서 돌아와 그것을 아뢰지 않을 수 없었던 것입니다. 그러나 지금 일신 등은 화를 두려워하여 말을 바꾸었습니다. 일신은 또 수석 역관으로 효례에게 사실을 바꾼 말로 탐문했으니 신의 아들 시수가 비록 온갖 말을 한들 어찌 그 원통함을 드러낼 수 있겠습니까?[23]

윤씨 부인은 이 사건의 핵심이 역관들의 말 바꾸기에 있다고 생각하고 이 말로 상언을 시작한다. 그리고 역관들이 말을 바꾸는 바람에 오 시수가 무슨 말을 해도 빠져나갈 수 없게 된 정황을 이야기한다. 이어 윤씨 부인은 아들을 잃게 된 어미의 심정을 절절하게 호소한다.

신은 중년에 지아비를 잃은 뒤 두 눈이 모두 멀었고 아들을 목숨으로 여긴 지가 이미 십여 년이 되었으나 악을 쌓아 죽지도 못하고 있습니다. 또 이제 아들 시수가 아무 죄 없이 죽을 지경에 들어간 것을 보니 신이 어찌 몽둥이로 가슴을 치고 피눈물을 흘리며 고개를 우러러 천지의 부모 앞에 한번 호소하지 않겠습니까?[24]

윤씨 부인은 임금을 '천지의 부모'로 불렀다. 이는 상투적 표현일 수 있지만 천지의 부모라면 아들의 억울한 죽음을 앞둔 어미의 심정에 공감해 달라는 뜻으로 썼을 것이다. 그리고 다시 사건의 전말을 이야기한다.

지난 을묘년 조제칙사가 나왔을 때 신의 아들이 원접사로 의주까지 달려갔는데 조제의 규모가 기축년, 기해년과 다르다는 것을 처음 듣고 속으로 몹시 이상하게 여겨 역관들로 하여금 그 이유를 탐문하게 했습니다. 용천부에 도착하자 역관이 와서 효례의 답을 전했는데 그가 말한 것들이 실로 너무도 놀랍고 통탄할 만한 것이었습니다. 금천에 이르러 또 황해감사 윤계가 효례를 만났을 때의 이야기를 들었는데 용천관의 역관들이 전한 말뜻과 또한 같았습니다. 원접사로서 그 사람의 행동 하나 말한 마디도 즉시 아뢰어야 하는 것이나 이 말이 너무 황당해서 번거롭게 글로 쓸 필요조차 없었습니다. 그래서 임금님께 결과를 보고하는 날 비로소 아뢴 것입니다. 이는 진실로 원접사로서 그만두어서는 안 될 일이지 그 사이에 어찌 다른 뜻이 있겠습니까? 이번에 박정신이 말을 하는데 명백히 머뭇대는 모습으로 말을 하려다가 못하고 끝내 실상을 말하지 않았습니다. 그 외 안일신, 변이보, 김기문 등은 그들이 들은 것을 전혀 대답하지 않았을 뿐만 아니라 정신이 전한 것을 거짓으로 돌려 버렸습

1부 권력에 도전하는 목소리들

니다. 일신에 이르러는 또 관소에서 질문할 때 들은 것이 없다고 하며 전혀 다른 말로 멋대로 막고 피했습니다.

아, 이는 조정의 막중하고 막대한 일로서 실로 어둡고 캄캄해서 밝히기 어려운 일이 아닌데도 한두 역관배들이 자기의 이해만 계산하고 다른 사람을 사지에 빠트리는 줄을 알지 못하고 일제히 말을 바꾼 것인데 일찍이 처리하지 못하고 미루었으니 어찌 억울하고 원통하지 않겠습니까? 그러나 황천이 내려다보시고 귀신이 곁에 늘어서 있으니 대략 역관들이 말을 바꾼 실상을 말씀 올려 임금님이 밝히 살펴보심을 기다리겠습니다.

지난날 신의 아들이 유배 가라는 명을 받들어 떠난 뒤 교리 박태손이 상소하여 이 일을 논했는데 그때 마침 박정신이 신의 아들 시형을 찾아와서 말하기를, "이제 바야흐로 꽃이 피는 걸 보려는데 이미 꽃이 진 것을 보지 못하니 세상 인정이라는 것이 그렇습니다. 당초에 함께 간 역관들이 이제 와서 거의 모두 말을 바꾸었습니다. 화가 대감에게 미칠 뿐만 아니라 이 몸도 함께 죽을 지경으로 몰아 가려고 합니다. 세상에서 어찌 이같은 일을 알겠습니까?"라고 했는데 그 기색을 보니 크게 겁내고 두려워하는 마음이 있었습니다. 신의 아들 시형이 묻기를, "형님이 정배를 가셨는데 당초의 곡절을 깊이 알 길이 없으니 그대는 자세히 말씀해 주시오" 하니 정신이 답하기를, "효례가 용천관에 도착해서 요구한 일에 대해 말을 주고받을 때 과연 신하가 강하다는 말이 나왔고 황제께서 전날 말씀하신 것을 들어 증명까지 했습니다. 나와 역관들이 다 들었습니다"라고 했습니다. 시형이 또 묻기를, "두 번 제사 지내는 까닭을 효례에게 묻지 않았는가?" 하니 정신이 답하기를, "어찌 듣지 않았겠습니까? 전후로 탐문한 것이 한두 번이 아닌데 이른바 신하가 강하다는 이야기가 문답할 때 섞여 나왔다고 합니다. 신하가 강하다는 이야기는 감히 숨길 수 없습니다" 하고, 정신이 또 말하기를, "지난번에 한두 재상이 이 일에 대해 물어서 또한 이 뜻으로 대답했더니 그 재상이 '네 말은 다른 역관들의 말과 다르다'고 하셨습니다"라고 했습니다.[25]

윤씨 부인은 오시수가 분명히 역관들의 말을 듣고 직접 임금에게 아뢰었는데 역관들이 자신들의 "이해만 생각해서" 말을 바꾼 것이니 임금은 분명하게 살펴보라고 강조한다. 박정신도 오시형을 찾아와서 그렇게 이야기했으니 장효례가 신하가 강하다는 이야기를 한 것은 분명하다고 주장한다. 윤씨 부인은 박정신이 한두 재상을 만나 그대로 이야기하자 다른 역관들의 말과 다르다고 했다고 하며 이 일에 다른 재상이 개입되었을 가능성도 은근히 내비친다. 이 말을 하면서 윤씨 부인은 문제를 미루고 진작 처리하지 않았다[持難]고 비판한다. 문제를 미루고 해결하지 않은 사람은 누구일까? 아마도 당시 오시수 옥사를 맡은 사람들이거나 최종 결정권을 가진 숙종일 것이다.

하지만 이미 역관들이 모두 장효례가 그런 말을 한 적이 없다고 일제히 부인했기 때문에 오시수의 무죄를 밝힐 방법이 없었다. 윤씨 부인도 서인이 정권을 잡은 터라 상황을 바꾸기가 어렵다고 판단했을 것이다. 그래서 "세 임금을 섬긴" 오시수의 경력과 행실을 임금에게 상기시키고 자신의 처지를 들어 하소연한다.

신의 아들은 세 임금을 섬겼고 나이는 반백에 이르렀습니다. 그 행실과 마음가짐이 어떠한지는 조정의 동료들이 모두 알 뿐 아니라 임금의 밝으신 지혜로도 잘 아시는 바입니다. 재주가 없음에도 외람되이 오랫동안 의금부에 있으면서 비록 역적 견堅의 간사한 죄상을 통찰하지 못하고 끝내 법의 중한 벌을 입었지만 가령 신의 아들이 남을 해치려는 마음을 품고 일부러 말을 꾸며 낸 것이 과연 말하는 사람들의 말과 같다면 그 사이에 또한 여러 번 큰 옥사를 당했을 것입니다.……일월을 돌이키기 어려워 끝내 죽는 자가 씻을 수 없는 한을 지고, 산 자는 끝없는 원통함을 안게 될까 두렵습니다. 신의 남편 집안의 자질들이 목숨을 보전하고 연장하는 것이 어찌 밝으신 임금님의 망극한 은혜가 아님이 있겠습니까마는 신의 아들 시수가 천천만만 너무도 억울하고 원통한 일로 반드시 죽어 살아나지 못하는 데로 들어가게 되었습니다.

신의 아들이 넷인데 세 아들은 각각 남북 수천 리 떨어진 곳에 유배되고 신의 아들 시수의 처는 또 근심으로 죽었습니다. 신의 나이 칠십에 이르러 두 눈은 보이지 않고 외로운 홀몸이 그림자를 이웃삼아 밤낮으로 흐느끼며 하늘에 부르짖고 땅을 치고 있습니다. 먼저 스스로 죽어 모르고 싶을 뿐이나 그 또한 할 수 없습니다. 신의 아들 시수가 은혜를 입어 외람되이 대신이 되었는데 만약 조금이라도 억울한 사정이 있어 끝내 죽는 벌을 면하지 못한다면 또한 혹시라도 밝으신 임금님의 어질고 후덕한 다스림에 손상이 있지 않을까 합니다.

안일신, 변이보, 김기문, 박정신 등이 이미 말을 바꾸었으니 신의 아들과 주고받은 말을 반드시 그대로 아뢰지 않을 것입니다. 그러나 양측이 면대하면 반드시 스스로 숨기지 못할 것입니다. 그 외 함께 들은 자들도 하나하나 두고 대면하게 하여 사정을 살피고 이치를 따져 신의 아들로 하여금 그 깊은 억울함을 드러내게 하고 위태로운 목숨을 이어서 죽기 전에 모자가 서로 의지할 수 있게 해 주십시오. 만약 신의 아들의 정황이 용서될 수 없고 죄를 면할 수 없는 것이라면 신으로 하여금 머리를 나란히 하고 죽게 해서 속인 죄를 다스리는 법률을 바로잡아 주십시오.[26]

윤씨 부인은 아들이 "억울하고 원통한 일로 반드시 죽어 살아나지 못하게 되었다"고 하며 만약 끝내 죽는다면 임금의 덕이 손상될 것이라 하고 말이 다른 양측을 대질심문해서 하나하나 따져 아들의 억울함을 풀어 달라고 요구한다.

윤씨 부인의 상언은 아들의 죽음을 목전에 두고 있는 어머니의 글인 만큼 어떤 주저함이나 머뭇거림이 없다. 상언은 곧바로 "오시수가 장효례의 말을 듣고 임금에게 아뢴 일이 있는데 나중에 역관들이 모두 모른다고 했다"는 말로 시작한다. 그리고 사건의 전말과 국문 과정에 대한 자세하고도 구체적인 서술을 통해 아들의 억울함을 밝히고, 당시 세 아들이 각각 "남북 수천 리 떨어진 곳"에 유배되고, 며느리도 죽고 눈도 보이지 않는 자신의 딱한 사정을 하소연한다.

그녀의 상언은 흔히 쓰는 고사나 전거보다는 사건의 정확한 재구성, 자신의 처지와 아들의 억울함에 대한 표현으로 이루어져 있다. 임금의 마음을 움직이기 위해 감정에 호소하기도 하지만 구체적인 증거를 대면서 논리적으로 따지고 있는 윤씨 부인의 상언은 아들의 무죄를 입증하려는 논거로 채워져 있다. 아들의 무죄를 믿는 만큼 그 태도는 당당하다. 윤씨 부인은 만약 오시수가 억울하게 죽게 된다면 그것은 오히려 임금의 덕을 상하게 할지도 모른다는 말로 임금에게 직접 올바른 판단

1부 권력에 도전하는 목소리들

을 촉구한다.

그러나 윤씨 부인이 무조건 아들의 목숨을 구해 달라고 하는 건 아니다. 오시수의 정황이 용서받을 수 없고 죄를 면할 수 없다면 자신도 임금을 속인 것이니 함께 죽여 법을 바로잡으라고 한다. 윤씨 부인은 단지 아들의 목숨만을 구하고자 하는 어머니로서만 말한 것이 아니다. 윤씨 부인은 환국으로 정권이 바뀐 뒤 서인의 편에서 옥사를 재개한 임금을 향해 부당함을 주장하고 국가의 법을 바로 세우라고 신민으로서 말하고 있다. 그러나 윤씨 부인의 주장은 받아들여지지 않았다.

의금부는 숙종에게 윤씨 부인의 상언이 아들과 역관들이 사사롭게 대화한 내용을 자세하게 갖추어 진술하고 새로운 증인을 더 넣었다고 보고했다. 그리고 오시수는 추국 죄인이니, 그 어미의 상언을 받아들이는 것이 마땅치 않지만 아직 오시수를 붙잡아 들이지 않았고 윤씨도 봉작이 있으니 어떻게 처리해야 할지 모르겠다고 했다. 그러자 숙종은 윤씨 부인의 주장을 정면으로 반박하고 자식을 위해 상언한 것이라 해도 막중한 추국 죄인을 거짓말로 꾸민 것은 외람된 일이라고 하며 상언을 돌려주게 했다.[27] 서인이 정권을 잡은 상황에서 오시수는 죽음을 면하기 어려웠을 것이다.

윤씨의 상언은 한문으로 남아 있다. 윤씨가 한글로 쓰고 이를 한문으로 번역했을 것이다. 보통 상소문은 한문만을 사용하지만 상언은 이두를 사용한다. 오시수의 아들, 손자가 쓴 원정도 이두를 쓰고 있다. 이와 달리 윤씨의 상언에서 이두가 거의 보이지 않는 것은 아마도 한글을 한문으로 옮기는 과정에서 이두를 굳이 넣을 필요가 없다고 생각해서 생략했기 때문일 것이다. 조선시대 여성들은 체계적인 교육을 받지는 않았지만 양반 여성들은 글쓰기를 익히고 역사서나 교훈서를 보면서 지식을 습득했다. 따라서 상층 양반에 속했던 윤씨도 글을 쓰거나 읽는 데 익숙했을 것이다.

여성이 규방 밖의 일, 특히 조정의 문제에 대해 말하는 것은 바람직하게 여겨지지 않았다. 그렇다고 해서 여성들이 조정에서 일어나는 일을 몰랐던 것은 아니다. 윤씨도 오시수가 칙사를 맞이하는 원접사로 청나라 역관의 말을 전하지 않을 수 없었던 점, 역관들이 자신들의 이해관계 때문에 말을 바꾼 정황, 여기에 한두 재상의 개입이 있을 수 있다는 점 등 당시의 정치적인 상황을 전반적으로 이해한 가운데 자신의 판단과 견해를 분명하게 제시하고 있다. 윤씨의 상언은 아들의 억울함을 호소하면서 선처를 부탁하는 차원이 아니라 아들이 무죄임을 밝히기 위해 실명을 거론하고 구체적인 증거를 들어 따지고 심지어 임금에게 올바른 판단을 할 것을 촉구하며, 국가의 입장과 정면으로 대치되는 견해로 맞서고 있다. 이러한 태도는 당시의 정치적 상황에 대한 이해가 없이는 불가능하다.

윤씨는 정치적 위기에 몰린 아들의 구명을 위해 대신들도 찾아다니고 임금에게 상언도 올렸다. 상언에서 윤씨는 단지 모성에 의지해 아들을 살려 달라고 한 것이 아니라 사건 자체가 왜곡되었다는 것을 입증하고 그에 대한 공정한 판단을 요구했다. 여기에는 윤씨의 정치적 판단이 개입되어 있다는 점에서 윤씨의 행위는 적극적인 정치적 행위라 할 수 있다. 윤씨가 직접적으로 정치적 사건을 거론하면서 공권력의 판단이 미비하다고 주장한 것과 달리 다음에 볼 광산 김씨 부인의 상언은 옥사 자체의 시비나 정치적 논쟁에 대해서는 언급하지 않는다. 김씨는 당사자

들의 행적을 위주로 사면에 대한 감사와 처벌의 부당함을 이야기한다.[28]

국법을 어긴 데 대한 해명

영조 1년(1725) 5월 9일 실록에는 소재疎齋 이이명(1658~1722)의 처 광
산 김씨 부인(1655~1736)이 올린 상언이 실려 있다. 이 상언의 한글본
이 발견되면서 김씨 부인의 존재는 비로소 알려지기 시작했다. 김씨 부
인은 누구이며 어떤 연유로 상언을 올렸을까? 김씨 부인은 〈구운몽〉
의 작가인 서포 김만중(1637~1692)의 딸로 이이명과 결혼해서 1남 5녀
를 낳았다. 김씨 부인의 친정인 광산 김씨 가문은 예학의 대가 김장생
을 선조로 둔 명문가였고, 외가인 연안 이씨 가문도 이정구의 후손으로
제학, 대제학이 이어진 명문가였다. 할머니 해평 윤씨는 명문가 출신으
로 남편 김익겸이 병자호란 때 강화도에서 순절한 뒤 두 아들 김만기와
김만중을 잘 길러 낸 훌륭한 부인으로 일컬어졌다. 윤씨 부인의 일생
을 기록한 행장은 한글로 번역되어 규방에서 돌려 읽을 정도였다. 시집
쪽으로는 이이명의 할아버지 이경여는 영의정을, 아버지 이민적은 대
사헌을 지냈고 남편 이이명은 우의정에 오른 노론의 대표적인 인물이
었다. 김만기의 딸 그러니까 김씨 부인의 사촌은 숙종의 첫째 비인 인
경왕후였다. 예송으로 김만중이 두 차례나 유배되는 등 정치적인 부침
을 겪기는 했지만 김씨 부인은 어디를 둘러봐도 빠질 데가 없는 명문가
출신이었다. 그러나 친정이나 시집이나 정치의 중심에 있었던 만큼 그
녀 자신도 부침을 겪을 수밖에 없었고, 가문이 위기에 처했을 때는 직

접 나설 수밖에 없었다. 김씨 부인은 신임옥사辛壬獄事로 남편과 아들, 사위와 며느리를 한꺼번에 잃는 참혹한 일을 겪었으나 멸문의 위기에 손자를 구하고 집안을 유지했다. 김씨 부인의 상언은 이 드라마를 담고 있다.

이보다 앞서, 1720년 숙종이 죽자 소론은 경종을 지지하고 노론은 훗날 영조가 될 연잉군을 지지하면서 노론과 소론은 서로 격렬하게 대립했다. 그러나 결국 경종이 즉위하면서 연잉군을 지지한 노론이 물러나고 소론이 실권을 잡았다. 이 일련의 사건들이 신축년과 임인년 사이에 일어났다고 해서 이를 신임옥사라고 부른다. 소론 정권은 1722년까지 계속되었는데, 이 사건으로 노론의 4대신이라 일컬어지는 김창집, 이건명, 이이명, 조태채 등이 유배되었다가 사사되었다. 이로 인해 노론은 결정적 타격을 입었다.

그중에서도 이이명의 가문이 집중적으로 화를 당한 것으로 알려져 있다. 이이명이 사사된 것은 물론 그 아들 이기지(1690~1722)와 조카 이희지(1681~1722), 사위 김용택(?~1722)이 죽고, 이희지의 아내 정씨가 자결했다. 화는 여기에 그치지 않았다. 가문을 이을 유일한 손자 이봉상을 노비로 만들라는 명이 내려오고 김씨 부인과 며느리 정씨, 손자며느리 김씨도 함께 전라도 부안으로 유배되었다. 멸문에 이르는 이 혹독한 상황에서 집안을 지킨 것은 여성들이었다. 딸들은 죽은 사람들의 장례를 치르고 집안의 문서와 책을 챙기고 남은 식구들을 돌보았다. 특히 김신겸과 결혼한 넷째 딸 완산 이씨는 김씨 부인을 도와 이기지의 아들 이봉상을 피신시켰다. 노론이 다시 집권하게 되자 김씨 부인은 이 일을 해명하기 위해 1725년과 1727년 두 차례에 걸쳐 상언을 올렸다.[29]

이때는 이이명의 관작이 회복되고 충문忠文이라는 시호를 받았으며 손자 이봉상도 벼슬을 받은 뒤였다.

1725년 5월 김씨 부인은 임금에게 상언을 올려 그간의 사정을 말하고 석고대죄했다. 신임옥사 당시 김씨 부인은 당시 열여섯 살이던 손자 이봉상을 노비로 만들라는 명령을 어기고 손자를 도망가게 했다. 그리고 여종의 아이 중에 나이와 용모가 비슷한 아이를 강에 빠져 죽게 한 뒤 이봉상이 죽었다고 하고 장례를 치렀다. 4년이 지나 노론이 집권하게 되자 김씨 부인은 시동생인 이익명에게 이봉상이 살아 있음을 알렸다. 이 소식을 들은 이익명은 1725년 4월 상소를 올려 이봉상이 도망해서 살아 있다는 것을 알게 되었다고 고했다.[30] 임금은 그 죄를 묻지 않고 이봉상에게 벼슬을 내렸다. 그러자 김씨 부인은 상언을 써서 이봉상을 데리고 궐에 나아가 그간의 일을 아뢴 것이다. 이것이 김씨 부인이 처음 올린 상언으로 학계에서는 이를 1차 상언으로 부른다.

1차 상언은 이재의 문집인《삼관기》한글본에 〈니녕부ᄉ 부인 김시 샹언〉이라는 제목으로 수록되어 있으며, 실록에도 그 요약된 내용이 실려 있다. 김씨 부인이 올린 상언은 한문이 아니라 한글이다. 여성이 올리는 상언이라도 한문으로 올리는 것이 관례였던 만큼 현재 전하는 여성 상언 가운데는 한글 상언이 드문 편이다. 김씨 부인의 상언은 김씨가 직접 쓴 초고로 임금에게는 한문으로 번역한 상언을 올렸을 것으로 추측된다.

저는 일만 번 죽어도 면하기 어려운 데 있고 한 터럭도 하늘을 감격케 할 정성이 없어 화가 죽은 지아비에게 미치고 재앙이 한 아들에게 미쳤으나 이미 능히 머리를 깨치고 간을 뽑아 우러러 임금께 빌지 못하였습니다. 또 능히 한날 죽어 누추한 땅으로 아이를 좇지 못하고 홀로 며느리와 손자며느리를 데리고 먼 바다에 유배되어 한 목숨이 죽지 못하고 원통하고 억울한 죄를 풀려는 마음을 품은 것이 문득 사 년이 되었습니다. 스스로 복분 아래 눈을 감지 못하고 귀신 되기를 기약하였더니 이에 하늘의 도가 밝게 돌아보시고 임금님의 명이 이에 비치어 죽은 지아비 신臣 이이명의 끝없는 한과 원통함을 시원하게 씻고 복관하여 제사 지내기를

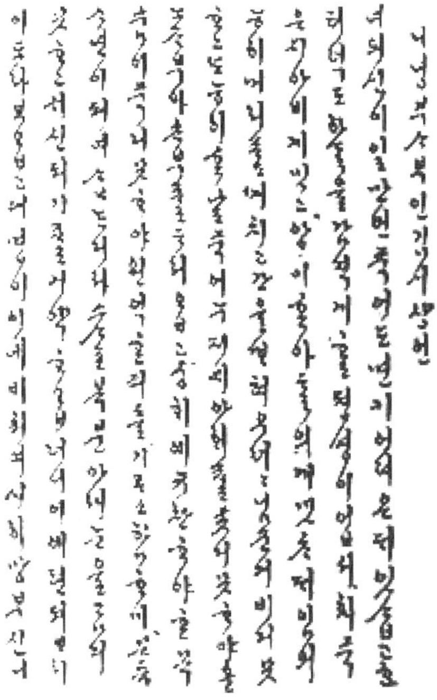

〈그림 1〉 김씨 부인의 1차 상언
(니녕부ᄉᆞ 부인 김시 샹언)

1부 권력에 도전하는 목소리들

명하셨습니다.

기지器之의 명을 당대에 씻으시고 죽은 지아비의 자손이 한 사람도 조정에 들지 못함을 불쌍히 여기시어 특별히 손자에게 벼슬을 시킬 것을 명하시고 녹 주시는 은혜가 죽지 못한 몸에 미치게 하시니 융성한 은혜와 크나큰 덕이 유명에 깨치고 사화의 공하고 측은히 여기심이 사조를 넘겼습니다. 이는 하늘이 저의 죽은 지아비의 충성을 환히 알아 주신 것입니다. 십 년을 선왕 병환에 약물을 맛보며 나라를 근심하고 집을 잊었다 하신 말씀에 저도 소리와 눈물이 다 마른 것을 깨닫지 못하고 있는데 하물며 원통하게 죽은 지아비가 어찌 구원 가운데서 더욱 감격하여 통곡하지 않으리이까? 이것이 진실로 천만고의 잊지 못할 은혜로소이다.[31]

김씨 부인은 먼저 이이명의 죽음과 아들 이기지의 죽음을 자신의 잘못으로 돌리고 임금이 원통함과 억울함을 풀어 준 데 대해 절절히 감사를 표한다. 자신을 적극 낮추고 임금에 대한 남편의 충성과 임금의 은혜에 대한 감사로 시작한 김씨 부인의 상언은 단도직입적으로 옥사가 일어나게 된 사건으로부터 시작하는 윤씨 부인의 상언과는 어조나 태도가 완전히 다르다. 김씨 부인의 경우, 이미 노론이 권력을 잡은 뒤인 데다 왕명을 어기고 도망시킨 손자가 벼슬까지 받은 상황에서 왕명을 어긴 데 대한 용서를 구하는 상황이었기 때문에 남인이 세력을 잃고 아들이 억울하게 죽게 된 상황에서 올린 윤씨 부인의 상언과는 다를 수밖에 없었을 것이다.

화변이 나던 날 봉상의 나이 열여섯이옵고 그 아내 나이 열다섯이었습니다. 저의 지아비는 죽기를 앞두고 봉상의 손을 잡고 그 아비가 형을 받던 모양을 물으시고 눈물을 흘리며 말하기를, "네 아비는 이제 죽기를 면치 못할 것이니 너나 잘 있으라, 잘 있으라"고 했습니다. 그 후 오 일만에 기지가 또 옥에서 죽어 미처 주검을 거두지 못하고 있는데 죽은 지아비를 노적(극형에 처하고 처자를 연좌시키며 재산을 적몰하는 것)한다는 계사가 나왔습니다.

제가 봉상과 더불어 기지의 시신을 들것에 담고 호중으로 내려가 죽은 지아비를 임시 매장할 곳 옆에 묻고 온 집안이 앉아 의금부에서 처자를 연좌시켜 벌을 주고 재산을 적몰하러 오기를 기다렸습니다. 오래지 않아 기지에게도 노적한다는 계사를 기별해 와서 봉상이 영결하기 위해 잠깐 묘에 갔습니다. 저는 며느리와 손자며느리와 더불어 먼저 죽어 영령이 모르게 하자고 언약했습니다. 그러나 홀연 다시 생각하니 죽은 지아비 대대로 충정을 얻었는데 죽은 지아비의 나라를 위한 한결같은 충성과 지극한 정성이 가히 끊어질 것 같았습니다. 비록 흉악한 무리들이 원수같이 미워해서 참혹한 죽음에 빠졌으나 실로 임금께 죄를 지은 일이 없으니 하늘이 반드시 어여삐 여기심을 드리우실 것이라 여겼습니다. 비록 10대의 자손을 용서해 주지는 못하나 몸이 이미 면치 못하였고 또 한 자식을 보전하지 못하였으니 하늘이 또한 차마 손자를 죽이리오? 제가 한갓 죽기를 아껴 이 일로 골육을 보전하지 못하면 죽은 지아비 삼대의 귀신이 이로부터 죽을 것이니 실로 돌아가 죽은 지아비를 보지 못할 것 같았습니다. 이에 며느리를 돌아보고 일러 말했습니다. "이 아이 이미 이 땅을 떠났으니 만일 이로 인하여 살기를 도모한다면 어찌 천행이 아닌가? 만일 계교를 이루지 못하면 함께 죽어도 늦지 않으나 다만

조씨의 거짓 아이 없으니 어이하리요?" 하였더니……[32]

　김씨 부인은 남편 이이명이 손자에게 살아남으라고 당부하던 장면, 아들의 시신을 들것에 싣고 간 일, 온 집안이 의금부의 처분을 기다리던 일, 며느리와 손자며느리와 함께 죽기로 언약한 일들을 하나하나 구체적으로 기록해서 당시의 상황을 실감나게 전달하고 있다. 여기에는 당시 연잉군이던 영조를 지지하다가 이이명과 그 가족이 얼마나 참혹한 일을 당했는가를 이제 임금이 된 영조에게 알리려는 의도가 깔려 있다. 또 정쟁에서 진 남편이나 아들이 극형에 처해지고 남겨진 집안 여성들이 어떤 일을 겪게 되며 또 어떻게 위기에 대처했는가를 보여 주려는 의도도 엿보인다.

　김씨 부인은 상언에서 며느리와 손자며느리와 함께 죽기로 했다가 '홀연' 다시 생각하면서 집안을 이어야겠다고 결심한 순간을 극적으로 부각시킨다. 수동적으로 상황을 받아들이던 태도에서 손자를 보전하기 위해 살아남아야겠다는 적극적인 태도로 바뀌는 부분이다. 김씨 부인은 며느리와 같이 죽으려고 하다가 남편 이이명이 그토록 충성스러웠는데 하늘이 차마 손자를 죽이지 않을 것이라 생각했다는 것이다. 이는 물론 주관적인 판단이지만 김씨 부인은 손자를 살리기 위한 계교를 생각하며 "조씨의 거짓 아이"를 떠올렸다고 쓰고 있다. "조씨의 거짓 아이"는 누구를 말하는가?

　"조씨의 거짓 아이"는 춘추시대 진나라 때의 조씨 고아를 말한다. 《춘추》와 《사기》에 실려 있는 조씨 고아 이야기는 원나라 때 《조씨 고아》라는 희곡으로도 만들어진 복수극으로 18세기에 이르러 유럽에까지 알려진 유명한 이야기다.[33] 이 이야기는 진나라의 대부였던 도안고가 조삭과 그 일족을 모두 죽였으나 조삭의 유복자, 즉 조씨 고아가 살아남아 복수한다는 플롯으로 이루어져 있다. 도안고는 조씨 일족을 멸족시키기 위해 조씨 일족을 다 죽이려 했다. 당시 임신 중이던 조삭의 아내는 달아나 아들을 낳았고 그 소문을 들은 도안고는 조삭의 아들을 수소문했다. 그러나 조삭의 신하였던 정영이 자신의 아들을 조삭의 유복자 대신 죽게 해서 조씨의 집안을 잇게 했고 살아남은 아들은 도안고를 망하게 했다. 김씨 부인이 말한 "조씨의 거짓 아이"란 조삭의 아들을 대신해 죽은 정영의 아들, 즉 이봉상을 대신해서 죽어 줄 아이였다. 김씨 부인은 마침내 조씨의 거짓 아이를 찾았다. "집의 종 가운데 나이며 얼굴이 봉상과 방불한 아이가 있었고 문 아래 백마강에 빠져 죽을 수 있느냐고 하니 그 종이 비분강개해서 사양하지 않고 강에 빠져 죽었다." 김씨 부인은 "이것은 하늘이 시키신 일"[34]이라고 했다.

이때 김씨 부인 곁에는 김창업의 며느리이자 김신겸의 부인이었던 넷째 딸 완산 이씨(1692~1724)가 있었다. 완산 이씨는 이 일이 있은 지 2년 뒤에 죽었다. 김신겸이 아내의 행장을 쓰고 민우수는 묘지명을 썼는데 이 일을 자세히 기록했다. 묘지명에 의하면, 봉상을 도망시킨 것은 김씨 부인이고 종을 설득한 것은 넷째 딸 완산 이씨이며, 종의 죽음도 스스로 죽은 것이 아니라 빠뜨려 죽게 한 것이었다. 완산 이씨는 이 기지가 체포되자 그 식구들을 집으로 데려가 위로하고 친정에 가서 문서와 책들을 수습했다. 이이명이 한강에서 죽자 김씨 부인과 봉상이 관을 가지고 백마강으로 먼저 가고, 완산 이씨가 그 뒤를 따랐다. 완산 이씨가 도착했을 때는 김씨 부인이 봉상을 도망시킨 뒤였고 관리들은 계

1부 권력에 도전하는 목소리들

속 봉상을 찾았다. 이를 본 완산 이씨가 사흘 동안 울면서 설득한 결과 종들 가운데 "나이와 용모가 봉상과 비슷한 자가 있어 강물에 빠뜨리고는 봉상이 묘소에서 돌아오다가 강에 빠져 죽었다고 소문을 냈다."[35] 김신겸도 행장에서 이봉상을 무사히 도망시킬 수 있었던 것은 완산 이씨의 힘이라고 했다.[36] 시집간 딸들은 친정 일에 관여하기 어려웠을 것이라 생각하지만 실제로는 그렇지 않았다. 그런데 김씨 부인은 상언에서 딸에 대해 언급하지 않고, 종의 아들이 자발적으로 대신 죽었다고 했다. 혹시라도 죽은 딸이나 사위에게 책임이 돌아갈 것을 우려해서였을 것이다.

김씨 부인은 하늘이 충신의 가문을 망하게 하지 않을 것이라는 믿음에 근거해서 비분강개한 종이 자발적으로 죽은 것도 하늘이 시킨 것이라고 했다. 이처럼 종을 죽게 한 것을 정당화하는 근거로 하늘의 권위를 빌려 오고[37] 종의 죽음과 하늘의 뜻을 연결시킨 것은 잘못된 인과관계[38]라는 비판도 있지만 김씨 부인에게는 당연하고도 자연스러웠던 것으로 보인다. 이봉상을 살리기 위해 바로 조씨 고아를 떠올렸기 때문이다. 그런데 그 결과는 법을 어기는 것이니 마음이 편치는 않았다.

그래서 김씨 부인은 봉상이 왕명을 어기고 도망해서 죽지 않은 것이 오히려 숨은 설움이 되고 깊은 염려가 되었으며, 살아서 만나게 된 것이 다행인 줄도 몰랐다고 했다. 봉상을 도망시킨 것이 내내 불편했다는 말이다. 김씨 부인은 부안의 유배지에서 봉상이 무주 산골짜기에 있다는 말을 듣고는 바로 자수시키려다가 미룬 것은 숨기려는 의도가 있었던 게 아니고 슬픔으로 너무 경황이 없고 집에 남자가 없어서였다고 한다. 이 말은 멸문의 화를 당해 집안 남자들이 죽거나 유배되어 아무도 없게 된 상황과 진작 자수시키지 못한 사정을 고스란히 전달한다. 이어서 김씨 부인은 임금이 봉상에게 공릉참봉 벼슬을 내린 것을 감사하며 멸족될 상황에서 가문을 잇게 해 준 것을 감사한다.[39]

김씨 부인의 상언은 이봉상에게 벼슬을 내린 임금에게 감사하면서 동시에 이봉상을 도망시키기 위해 종을 죽인 것을 실토하고 모든 책임을 자신에게 돌린다. 이익명은 봉상이 살아 있는 줄 몰랐으며 석방된 뒤에야 봉상이 살아 있다는 것을 형수로부터 들었다[40]고 했다. 이 일 모두가 김씨 부인이 계획한 일이었다는 말이다. 이봉상을 살리기 위한 프로젝트의 총 기획자는 김씨 부인이었으며 프로젝트는 성공했다. 그러나 이 기획은 법을 어기는 것이었기에 그것을 해명하는 과정이 필요했다. 상언은 이 프로젝트의 마지막 과정으로 이봉상이 살아남은 전말을 임금에게 알리고 임금의 은혜에 감사함으로써 가문의 회복을 공식화하는 것이었다.

김씨 부인의 상언은 임금의 마음을 움직였다. 실록에는 김씨 부인이 올린 상언과 그에 대한 영조의 처분을 기록하고 있다.[41] 영조는 이 상언을 보고 자신도 모르게 비통한 마음이 든다고 하면서 종이 주인을 위해 목숨을 대신 바친 일은 실로 이전에도 드문 일이라고 평가했다. 그리고 중관을 보내 대명待命, 즉 벌을 받기 위해 임금의 처분을 기다리지 말라고 하고 주인을 위해 대신 목숨을 바친 가동에 대해서도 전례를 상고하여 포상하라고 지시했다. 그리고 이봉상을 불러 사건의 전말이 궁금하다고 하자 이봉상이 그 전말을 모두 고했다.[42] 김씨 부인은 추후 다시 올리게 되는 상언에서 이 일에 대해 "저를 불러 위로하심이 마치 집안의 부자관계와 다르지 않았다"[43]고 기록하여 영조의 각별한 대우를 강

1부 권력에 도전하는 목소리들

조했다.

그러나 1727년 사간원과 사헌부는 다시 이 일을 문제삼으며 죄를 주기를 청했다. 이봉상이 사형이 내려지던 날 멋대로 도망해서 숨은 것은 전에 없던 일로서 형률에 따라 처단해야 하며, 이익명은 이봉상이 도망할 때 모의해서 숨겨 주고 자수할 때는 광해군 때의 일을 인용했으니 잘못된 일이라는 것이다. 임금은 이를 윤허하지 않았다.[44] 당시 충청도 부여에 있던 김씨 부인은 이들의 무죄를 주장하기 위해 다시 상언을 올렸다. 이 상언을 2차 상언이라 부른다. 김씨 부인은 이봉상을 처벌한다면 남편의 충성을 어여삐 여긴 임금의 뜻을 상하게 하고 이익명을 죄 없이 죽이는 것이라고 하며 시동생과 손자를 적극 옹호한다. 그리고 반대당에서 원수를 갚기 위해 봉상의 일을 이용하는 것이 아닌지 염려스럽다고 하며 정치적 의도를 의심하고 차라리 자신을 죽이고 봉상을 살려 달라고 한다.[45]

위 상언은 제가 하늘과 땅 사이에 용납지 못할 죄를 짓고 천고에 없는 이 은혜를 입어 모진 목숨이 한 손자를 위해 죽어지지 못하고 이제까지 세상에 머물며 밤낮으로 임금님의 은혜만 축수하였습니다. 천만뜻밖에 손자 봉상을 대계에서 극률로 처단하라 하고 또 저의 시동생 익명을 봉상이 망명할 때 알았다고 하면서 중죄를 주라고 한다는 기별을 듣고 저는 그만 죽어 먼저 모르려고 하였습니다. 다시 생각하니 이 끝없는 참혹한 억울함을 어진 하늘 아래 저어하고 주저하여 밝히 드러내지 못하고 그만하여 목숨이 다하면 당초 특명으로 살리신 임금님의 은혜를 저버릴 뿐 아니라 또 제가 혼자 입을 죄를 무고한 익명에게까지 얽히게 하니 실

〈그림 2〉 김씨 부인의 2차 상언
(튱텽도 부여현거 고녕부수 신니이명쳐 김시)(국립한글박물관 소장)

로 지하에 돌아가 저의 남편을 볼 낯이 없어 아까 충청도 부여 땅에서부
터 촌촌이 앞으로 나와 감히 임금님 아래 한번 부르짖고 죽기를 청하니
오직 임금님께서는 불쌍히 여겨 살피십시오.[46]

김씨 부인은 임금이 이봉상을 용서한 것은 외로운 과부를 불쌍히 여
겨서가 아니라 충신의 집안이 끊어지지 않게 한 것이었는데 "지금 사
람들이 그마저 죽이려 하니 이는 임금의 살리기 좋아하는 덕이 오히려
사사로운 원수를 갚는 일로 받아들여졌을까 서럽다"고 한다.[47] 임금이
이전에 내린 판단이 사사로운 것이 아니라 충신의 집안을 위한 것이었
고, 사사로운 원수를 갚기 위한 것이 아니라는 뜻이다. 또 지금 사람들
이 봉상의 일을 다시 거론하는 것은 이미 임금이 결정한 일에 대한 문
제 제기라는 뜻이기도 하다. 김씨 부인은 이렇게 임금을 자신의 편으로

끌어들이면서[48] 이 일이 외로운 과부의 사사로운 문제가 아니라 임금의 결정이라는 것을 암시한다.

2차 상언에서도 김씨 부인은 봉상을 도망시키는 데 이익명은 아무런 관련이 없다는 증거를 제시하고, 모두 "제가 한 일"이라고 주장한다. 1725년 4월 이익명이 상소를 올려 이봉상이 살아 있다는 것을 알게 되었다고 임금에게 아뢴 뒤, 5월에 김씨 부인이 상언을 올린 일련의 과정도 치밀한 계획 하에 진행되었다. 김씨 부인은 결정적 순간을 기다렸다가 모든 정치적 상황을 고려하여 상언을 올려서 자신이 원하는 결과를 얻을 수 있었다.

집안의 남자인 손자와 시동생을 구하기 위해 모든 책임을 자신에게 돌리는 김씨 부인은 가부장적 질서를 체현하는 존재라 할 수 있다. 국가의 부당함에 맞서 자신의 목소리를 냈지만 그것이 남편의 가문을 위한 일임을 강조하기 때문이다. 하지만 김씨 부인은 남편과 아들이 죽은 뒤 실제로 그 집을 이끌어 가는 존재였다. 따라서 이 일은 단지 남편의 가문을 위하는 것이 아니라 자신을 위한 것이기도 했다. 이런 김씨 부인의 상황은 역설적이다. 김씨 부인은 상언을 올리는 주체로 모든 책임을 자신에게 돌림으로써 가문을 구한 주체가 되지만 동시에 왕명을 위반했기 때문이다. 이 모든 과정을 담고 있는 김씨 부인의 상언은 왕의 권위를 훼손하지 않고 자신을 극구 낮추면서도 자신이 바라는 것을 얻어 내고 반대당의 공격에 대해 날을 세우는 '날카로운 정치성'을 드러낸다.[49] 뿐만 아니라 정치적 위기를 당한 가문의 여성들이 어떻게 가문을 유지하고 이어 나갔는가를 보여 준다.

남편의 억울함을 풀기 위해

1809년 9월 21일 실록은 용인의 이 소사가 상언을 했다고 기록하고, 그 내용을 제법 자세하게 싣고 있다. 이 여성은 윤행임(1762~1801)의 부인 전주 이씨(1760~1835)로 아버지가 판서를 지낸 이명걸이고, 남편도 판서를 역임했다. 그런 그녀가 평민 여성을 일컫는 소사召史라는 호칭으로 상언을 올렸다. 무슨 일이 있었던가?

윤행임은 정조 당시 양주목사, 예조참의 등을 역임한 인물로 정조가 승하할 무렵 뒷일을 부탁할 정도로 정조의 두터운 신임을 받았다. 정치적 입장으로는 친정조파인 시파時派에 속했다. 순조 즉위년 윤행임은 이조판서가 되었으나 시파를 제거하기 위해 정순왕후가 일으킨 신유박해로 인해 강진현 신지도로 유배되었다. 신유박해는 1801년에 일어난 천주교 박해 사건이다. 정순왕후는 영조의 계비로 벽파를 옹호했으며, 순조가 어린 나이로 즉위하자 수렴청정을 하고 천주교를 탄압했던 인물이다. 얼마 지나지 않아 윤행임은 풀려 나고 1801년 예조판서가 되었으나 다시 전라감사로 서울을 떠나게 되고, 전라감사로 간 지 5일 만에 강진현 신지도로 유배되었다. 그리고 유배지에서 임시발任時發 괘서 사건의 배후로 지목되어 결국 사사되었다. 그때 그의 나이 40세였다.

윤행임의 부인 전주 이씨는 남편이 사사된 뒤 두 눈이 멀어 몇 년이나 볼 수 없었고, 신분은 평민으로 삭직되었다. 실록에서 전주 이씨를 이 소사李召史라 칭한 것은 이 때문이다. 아들 윤정현이 쓴 윤행임의 〈행장〉에 의하면 이씨 부인은 윤행임이 죽은 뒤 제사를 맡아 지내고 선생을 모셔 와 아들을 가르쳤다.[50] 그리고 8년이 지난 1809년 9월 21

1부 권력에 도전하는 목소리들

일 임금의 행차가 지나는 길에 억울함을 호소하고 남편의 신원을 청했다.[5] 이 상언은 다음과 같이 실록에 요약되어 전한다.

의금부에서 아뢰기를, "용인의 이 소사가 상언하기를, '저의 남편으로 사사당한 신 윤행임은 경신년에 참혹하고 애통한 변을 당하였습니다. 임금을 아비처럼 사랑하고 나라를 내 집처럼 걱정하는 고심과 정성이 다른 사람들의 배나 되었으나, 당시에 심환지, 김노충 무리가 명성과 위세를 떨치고 있었고 시국이 해이해져 있었는데도 자신의 힘을 헤아리지 못하고 망령되이 제재하려고 하다가, 결국 그들 무리의 마음을 거슬렸던 탓에 아무런 근거가 없는 죄안을 꾸며 냈던 것입니다. 그러나 천만 가지 죄악이 사실과 조금도 가깝지 않습니다. 그중에서도 사학邪學에 대한 한 조항은, 저의 남편은 전 임금의 가까운 신하로서 정학正學을 밝히고 이단을 물리치는 교화에 젖어 감화되었는데, 갑자기 아비도 모르고 임금도 모르는, 사람의 얼굴에 짐승의 마음을 지닌 추잡한 무리들에게 덕을 심었다고 하였으니, 어찌 이토록 지극히 원통한 일이 있을 수 있겠습니까?

임시발로 말하면 평소 얼굴도 모르는 사람이고, 윤가기는 비록 안면은 있었지만 그런 천한 무리들과 함께 속마음을 털어 놓고서 정치를 의논하고 시무를 논할 수 있었겠습니까? 더구나 그들의 흉악하고 반역적인 언설이 나왔을 무렵 남편은 육지에서 떨어진 섬에 가 있었습니다. 김달순이 감사로 있으면서 위세로 꾸짖고, 이안묵은 지방관으로 있으면서 방비를 엄히 했기 때문에 골육의 생사에 대해서도 듣지 못했는데, 그들의 말과 왕복 서찰이 어떻게 날아서 건너올 수 있으며 전해질 수 있었겠습니까?

그날 남편을 성토했던 사람들이 어찌 모두 달갑게 그렇게 했겠습니까? 심환지, 김노충에게 쫓겨서 사실을 날조하지 않을 수 없었던 것입니다. 그 뒤 합계合啓의 문장에서 몇 군데 깎아 낸 구절이 있었습니다. 만일 그 말이 공분에서 나오고 죄가 진안眞案에 있다면, 비록 시간이 지나 오래 된 일이라 해도 어떻게 깎아 내고 고친 곳이 있을 수 있었겠습니까?

아! 충정공 신 윤집이 척화한 대의는 백세토록 사면받아도 되는 충절이니 그의 후예로서 나라를 위하여 한 번 죽는 것은 일찍이 스스로 기약한 것입니다. 그런데 혹은 사당邪黨을 도왔다고 하고 혹은 역적 무리들과 서로 내통했다고 하여 참혹한 화를 당하기에 이르렀습니다. 다행스럽게도 하늘의 도가 돌고 돌아 권세를 가졌던 적들이 모두 그 죄에 굴복하고 깊은 원한이 차례로 씻기고 풀렸습니다만, 오명을 씻고 풀 날이 없었고 마음을 드러낼 방도가 없었습니다. 이제 성대한 은택을 널리 베푸는 때를 당하여, 특별히 저의 남편의 원한을 씻고 풀어 주라는 명을 내려 주시기를 엎드려 빕니다' 하였습니다. 그러나 대계臺啓가 지금 한창이라 가부를 의논할 수 없으니 그대로 두어 주시기 바랍니다."

하교하시기를, "신하들의 대답에 단지 대계가 지금 한창이니 가부를 의논할 수 없다는 말이 있을 뿐 달리 논단한 말이 없으니, 대계가 있을 경우에는 원통함을 지닌 사람에 대해 가부를 의논할 수 없고 대계가 없을 경우에는 죄가 있는 사람이라도 벗어날 수 있다는 말인가? 죄를 심리하는 체통을 크게 어겼으니 경 등을 무겁게 추고하겠다. 그가 윤가기, 임시발과 함께 죄를 받은 것에 대해 일찍이 억울하다고 여겨 왔었다. 이제 상언을 보니 더욱 가엽다. 상언에 따라 복관復官의 시행을 허락한다" 하였다. 승정원에서 세 번 의계議啓를 올리고, 옥당과 대각이 교대로 소장을 올려 도로 거두어 줄 것을 청하였으나, 윤허하지 않았다.[52]

이씨 부인의 상언 내용은 실록에만 요약되어 전할 뿐 윤행임의 문집이나 아들인 윤정현의 문집에는 실려 있지 않다. 이씨 부인의 상언은 요약된 것임에도 그 격렬하고 단호한 어조가 전달된다. 이씨 부인은 천주교 관련 문제와 임시발 괘서 문제는 심환지, 이노충 등이 날조한 것으로 남편이 억울하게 죽었음을 밝히고 남편이 삼학사 중의 한 사람인 윤집의 후예라는 점을 강조했다.

임금은 이 상언을 받아들여 관작을 회복시켜 주겠다고 했다. 그러나 여전히 반대하는 세력이 조정의 의론을 주관하고 있어 1835년에야 관작이 회복되었다. 윤행임의 복관은 정세가 달라졌기 때문에 가능했을 것이지만, 이씨 부인은 남편의 억울함을 신원하고 가문을 회복시키는 과정에서 중심적인 역할을 했다. 박규수(1807~1876)는 "공의 집안이 다시 보존된 것은 부인의 힘"[53]이라고 하여 이씨 부인이 가문을 회복시키는 데 큰 역할을 한 것으로 평가했다.

윤택현의 딸이자 이창임(1730~1775)의 부인인 해평 윤씨(1731~1813)가 쓴 상언들 역시 남편을 위해 올린 것들이다. 해평 윤씨는 1756년 이창임의 첫째 부인인 남양 홍씨가 죽은 뒤 1757년에 두 번째 부인으로 들어갔다. 이창임의 집안은 180권에 달하는 국문장편소설《완월회맹연》의 작가인 전주 이씨의 친정으로 해평 윤씨는 전주 이씨의 조카며느리다. 해평 윤씨도 글쓰기를 즐겼으며 평소에 쓴 글들이 상자에 가득

했다고 하는데 여기에는 《백계양문선행록伯季兩門善行錄》이라는 작품도 있었다.[54] 해평 윤씨는 1775년 남편 이창임이 병사하는 변고를 당하고 1776년에는 이창임의 형인 이창급도 역모사건에 연루되어 관직이 삭탈되고 가문 전체가 폐족을 당하는 불행을 겪었다. 이창임의 죄목은 환관인 김수현 등과 역모를 꾀했다는 것이었다. 그러나 김수현의 역옥은 이창임이 죽은 뒤에 일어난 일이었다. 해평 윤씨는 남편의 신원을 위해 〈을축상언乙丑上言〉, 〈병인상언丙寅上言〉, 〈정묘상언丁卯上言〉 등 여러 차례에 걸쳐 상언을 올렸다.

이 상언은 모두 전주 이씨 집안에서 선조들의 유고를 묶은 《이가세고李家世稿》 중 《수목수초水目收草》에 실려 있는데 한길연이 처음 이 상언들을 소개했다.[55] 지금 전하는 해평 윤씨의 상언은 모두 한문으로 기록되어 있다. 한길연은 해평 윤씨의 상언이 양자인 이선정의 문집에 수록된 점, "숙모 숙부인 해평 윤씨를 대신하여 짓다代叔母淑夫人海平尹氏作"라는 구절이 있는 점 등을 들어 해평 윤씨가 직접 한문으로 썼다기보다는 그녀가 구술하거나 언문으로 쓴 것을 자식 혹은 조카들이 한문으로 썼다고 보는 것이 옳다고 하면서도 처음부터 그녀가 한문으로 썼을 가능성도 배제하지는 않았다.[56] 그러나 상언을 올릴 때는 한문으로 올려야 했기 때문에 해평 윤씨가 한글로 쓴 것을 다른 사람이 한문으로 옮겨 썼을 가능성도 있다. 해평 윤씨 자신이 글쓰기에 능했다는 점, 상언이 해평 윤씨의 시점에서 감정이나 생각을 표현하고 있다는 점 등을 미루어 볼 때 이는 무리한 추정이 아니다.

이 글은 1800년 정조가 남편의 형인 이창급의 죄를 사면해 주었기 때문에 이제 그 은혜가 자신의 남편에게도 미칠 차례였는데 6월에 갑자기 정조가 승하하는 바람에 더 이상 기대할 수가 없다는[57] 말로 시작한다. 그렇다면 왜 이 상언을 쓰는가?

또 제 자신을 생각해 보니 나이가 팔십에 가까워 수명이 장차 다하려 합니다. 그런데도 끝내 한 번도 오열하여 호소하지 못한다면 진실로 이 일이 선대에 속한 것이기에 세상에서 아는 사람이 없을까 두렵습니다. 비록 우리 주상전하께서 천지처럼 크고 일월처럼 밝으시더라도 무엇을 좇아 그 만의 하나라도 굽어 살필 수 있겠습니까? 생각이 이에 미치자 더욱 가슴이 막힘을 이기지 못하였으니, 하늘을 우러러 울부짖으려 해도 길이 막혀 있었습니다.[58]

상언하지 않으면 오래전 일이라서 아는 사람이 없고 그렇게 되면 아무리 밝은 임금이라도 살펴볼 근거가 없을 것이니 그 근거가 될 자료라도 남기겠다는 것이 윤씨 부인의 의도 중 하나였다. 그래서인지 윤씨 부인은 자신이 이전에 상언했을 때의 장면, 환관의 공초로 남편이 죄를 받게 된 사안, 사도세자의 꾸지람을 받은 일 등에 대해 자세한 기록을 남겼다.

환관의 공초와 관련된 사안에 대해 윤씨 부인은 애초에 말도 안 되는 일이라고 하며 경위를 설명하는데 간단히 요약하면 다음과 같다. 병신년(정조 즉위년, 1776) 환관 김수현의 공초에는 여러 공경대부가 들어 있었고 죽은 남편의 이름도 들어 있었다. 그러나 어떤 사람은 심문도 받지 않고 풀려 나고 어떤 사람은 잠깐 심문을 받기는 했으나 곧 사면되어 풀려 났다. 유독 죽은 남편만 증명하지 못하고 죄안에 걸렸다. 이는 남편이 죽은 뒤여서 결백함을 밝힐 수 없었기 때문이다. 홍국영의 사주를 받은 무리들이 죽은 남편을 함정에 빠뜨렸지만 선대왕(정조)은 밝은 통찰로 죽은 남편의 이름에 이르자 "못 믿겠다"고 했다. 또 저 괴이한 무리들이 체결한 것은 병신년(1776)인데 죽은 남편은 계사년(1773)부터 외읍에서 대죄하다가 이미 작고했으니 이 일은 애초부터 논할 만한 일이 아니"라는 게 이 사안에 대한 윤씨 부인의 결론이다.

시말은 이와 같은 것에 불과하니 한마디로 말하건대, 만약 망부가 용서받을 수 없는 죄를 지었다면 어찌 당일에 엄하게 처치하지 않고 도리어 더욱 아끼고 사랑하시어 일이 있을 때마다 물어보셨겠습니까? 즉석에서 뉘우치시는 하교가 있지 않았다면 어찌 감히 망부가 본직인 춘방(세자시강원)에 있으면서 보도輔導를 자임하며 한결같이 가까이 모실 수 있었겠습니까?

그날부터 가을·겨울에 이르기까지 5~6개월 동안 믿고 의지하시기를 오로지 한 궁관[이창임]으로 연이어 하셨으니, 망부는 장번長番과 다름이 없었습니다. 혹 필요할 때가 되면 세자의 글이 연달아 이르렀는데 지금도 자손들이 보물로 간직하고 있습니다.

10월 9일에 이르러 세자가 영조를 진현할 때 영조께서 은혜롭게 칭찬하시기를 더할 나위 없이 하셨습니다. 이에 세자께서 "오늘의 일은 모두 궁관의 공이로다"라고 망부에게 말씀하셨고, 주상 전하(영조)와 중전마마의 술상을 상으로 내리셨습니다. 이는 진실로 우리 장헌세자(사도세자)의 은혜로운 말씀이셨습니다. 마침 그날 망부가 조정의 반열에 있다가 부친(이춘제)의 병세가 위급하다는 보고를 듣고는 허겁지겁 물러나 간신히 임종 때에야 집에 도착하였습니다. 세자께서 들으시고는 크게 놀라 탄식하면서 말씀하셨습니다. "어른의 죽음에 대해 진실로 애도하기를 다하노라. 그런데 나는 어진 강관講官 한 명을 잃었으니 더욱 애석하도다." 그후 영조께서는 대상大祥이 언제 끝나는지 물어보시고 특별히 관직을 제수하시면서 또 이 아무개는 진실한 강관이라고 하교하셨으니 또한 장헌세자와 영조께서 알아 주시는 성대함이 어떠했는지를 가히 상상할 수 있습니다. 이는 부녀자와 환시宦侍의 구구한 충성이 아니었습니다.

그런데 지금에 이르러서는 전진前塵은 사그라져 아득하고, 지난일은 인멸되어 어둡게 되었습니다. 죽은 사람을 살려 낼 수 없는데도 죄가 추율追律에 이르게 되었으니, 처음에는 마음 가득 두렵고 떨리다가 이어서 원통함과 참혹함이 뼈에 사무쳤습니다. 만약 끝내 분수와 의리를 두려워해야 한다면, 한을 품은 채 지하에 돌아가는 것을 면할 수 없으니 장차 죽은 남편을 볼 면목이 없습니다.

이에 감히 부월에 목 베이기를 피하지 않고 주상 전하께서 들으시도록 우러러 읽습니다. 저는 지극한 원통함을 마음에 품고 있음에도 불구하고 이를 말로 잘 옮길 줄은 모릅니다. 그러나 그 말하는 바의 허실인 즉, 당일 기록한 의금부의 친국 문안에 있습니다. 진실로 한 터럭이라도 꾸미는 말이 있다면 비록 저희 일가 모두가 목이 베어져 멸족당하는 지경에 이르더라도 달게 받겠습니다. 엎드려 천지부모께 비옵니다. 만물을 비추는 덕을 지극히 넓게 하시고 굽은 것을 바르게 펴는 정치를 특별히 유념하시어 일개 외로운 혼으로 하여금 답답한 마음을 풀 수 있도록 해 주십시오. 그렇게만 된다면 살아서는 목숨을 버리고 죽어서라도 결초보은하겠습니다.[60]

해평 윤씨가 〈을축상언〉을 올린 것은 순조 5년인 1805년 10월, 그녀의 나이 75세 때였다. 이조吏曹는 해평 윤씨의 상언이 내시의 공초와 사도세자의 꾸짖음에 대한 것이라고 요약하고, "자세하게 조목조목 해명한 것이 조리가 있는 것 같다"[61]고 평가했다. 또 이 일은 신중하게 처리해야 하니 대신이 의논하게 해서 처리하겠다고 했다. 그러나 해를 넘기도록 답이 없었다. 이듬해인 1806년 8월 해평 윤씨는 다시 '대신을 시켜 처리하게 하겠다'고 한 말까지 넣어서 상언했다. 왜 말한 대로 하지 않느냐는 항의의 표현이었다. 그러자 이조는 대신의 의논을 기다리지 않고 다시 상언하는 것은 외람된 일이라며 들어주지 않는 것이 어떠냐고 했고 임금은 이를 허락했다.[62] 다음해 1807년 3월 해평 윤씨는 다시 상언하여 속히 억울함을 풀어 주는 정사를 살펴봐 달라고 호소했다. 여기에 대해 이조는 또 윤씨가 대신의 의논을 기다리지 않는 것을 문제삼으며 우선 들어주지 않는 게 어떠냐고 했고 임금은 이를 허락했다.[63] 이렇게 신원이 미뤄지자 이듬해인 1808년에는 아들 이선정이 상언해서 노모가 의논 결과를 궁금해하니 소원을 들어 달라고 했다. 이번에도 임금은 그대로 두자는 이조의 의견을 따랐다.[64] 이해 12월에야 대신에게 의논하게 하니 대신들은 이창임의 억울한 사정을 이해했다. 그러나 엄중한 분, 즉 사도세자와 관련된 일이라 가볍게 처리하기 어려우니 우선은 들어주지 않는 게 좋겠다고 했다.[65] 이렇게 미뤄지다가 1809년 마침내 이창임은 신원되었다.[66]

해평 윤씨는 상언을 올리고 이조에서 답한 내용대로 처분을 기다렸다. 그러나 일은 계속 지연됐고 윤씨 부인은 한다고 하고 왜 안 하느냐며 빨리 처리해 줄 것을 호소했다. 이조는 이런 해평 윤씨의 태도를 문

1부 권력에 도전하는 목소리들

제삼아 길들이기라도 하듯 외람되니 그대로 두자고 하면서 처리하지 않았다. 해평 윤씨는 지지 않고 다시 이조에서 대답한 내용까지 언급하며 상언했다. 그것이 삼년이나 계속됐다. 남편의 억울함을 풀어 주는 일은 집안의 명예를 회복하는 일이기도 하니 절박한 일이었을 것이다. 그런데 해평 윤씨는 무조건 저자세로 나간 것이 아니었다. 남편의 억울함을 풀어 달라고 호소하는 한편 이조와 겨루듯 조정의 처분에 대해서도 따지고 부탁했다.

권력 앞에서 주눅들지 않고 자신의 의견을 당당하게 표현하는 것 외에 또 하나 여기서 눈을 끄는 것은 해평 윤씨의 상언에 대한 이조의 평가이다. 이조는 윤씨의 상언에 대해 자세하고 조리가 있다고 평가했다. 이조의 보고가 해평 윤씨의 글을 평가하는 데 있는 것은 아니었지만 이를 통해 해평 윤씨가 글쓰기에 능숙했음을 알 수 있기 때문이다. 이는 이창임의 집안 분위기와도 관련이 있었던 것으로 보인다. 이창임의 집안은 《완월회맹연》의 작가인 전주 이씨의 친정이기도 했다. 친정에서 어릴 때부터 글을 쓰고 독서하지 않았다면 전주 이씨가 《완월회맹연》 같은 대작을 쓸 수 없었을 것이다. 이로 미루어 이창임의 집안은 여성들의 글쓰기에 관대했던 것으로 짐작할 수 있다. 해평 윤씨도 이런 분위기 속에서 지속적으로 글을 썼던 것으로 보인다.

해평 윤씨가 상언을 쓴 것은 무엇보다도 남편의 억울함을 풀기 위한 것이었다. 그런데 윤씨 부인은 후대에 이 일을 알 수 있는 사람이 없을 것이니 상언이 전대의 일을 알게 해 주는 기록이 되기를 원한다고 했다. 해평 윤씨의 상언은 억울함을 호소하는 행위를 넘어 가문의 역사를 기록하는 것이었고 권력 앞에서 주눅들지 않고 당당하게 자신의 목소리를 내는 여성의 모습을 보여 주는 장이기도 했다.

용서받기 어려운 죄인 줄은 알지만

박태보의 문집에는 〈완남 부인을 대신하여 한 아들의 석방을 청하는 상언代完南夫人請放還一子上言〉(1679)이 실려 있다. 완남 부인은 완남군 이후원(1598~1660)의 부인 영월 신씨이다. 이후원은 인조반정의 공신으로 완남군에 봉해지고 우의정까지 지낸 인물이다. 그의 첫째 부인 광산 김씨는 김장생의 손녀로 이주, 이선 두 아들과 김석주에게 시집간 딸을 두었고, 둘째 부인 영월 신씨는 박태보에게 시집간 딸 하나를 두었다. 영월 신씨가 상언을 쓴 것은 강서현령으로 있던 큰아들 이주가 남은 곡식을 개인적으로 사용했다는 죄목으로 유배되고, 송시열의 제자로 삼척부사를 지낸 둘째 아들 이선이 귀성龜城으로 유배된 때였다. 영월 신씨는 유배된 두 아들 중 한 사람이라도 석방해 달라고 요청하는 상언을 올렸다. 이 상언은 사위 박태보의 문집에 완남 부인을 대신해서 쓴다는 제목으로 실려 있는데 완남 부인이 한글로 초고를 쓰고 한문으로 옮겼을 가능성이 높다.

영월 신씨는 두 아들 주와 선이 연달아 유배된 상황에서 홀로 빈 집을 지키는 자신의 처지를 이야기하면서 한 아들이라도 돌아오게 해 달라고 호소한다. 그러나 앞서의 상언들처럼 절박하지는 않다.

근년에는 조정에서 신의 망부를 생각하고 신이 홀로 있음을 불쌍히 여겨 달마다 봉급을 주시어 남은 목숨이 끊어지지 않게 해 주셨습니다. 신이 비록 무지하나 어찌 은혜에 감사하지 않겠습니까? 그러나 신이 괴로운 것은 배고픔과 추위는 오히려 가볍고 홀로 외롭게 있는 것입니다. 만약 전하께서 봉급을 내리시는 은혜를 미루어 외로운 과부의 사정을 깊이 살피신다면 반드시 신으로 하여금 외롭고 박하게 아들들과 날로 아득히 떨어져서 슬픔과 근심으로 말라가다 한을 머금고 죽는 것을 슬퍼하게 하시지는 않을 것입니다. 지난번 주週가 옥에 갇혔을 때 신이 지나친 정에 가려 당황스럽고 급박해서 무릅쓰고 상언하여 억울한 사정을 드러냈습니다. 살리기를 좋아하시는 성상께서 특별히 살피시어 뜻밖에도 관대히 용서하시는 명이 나와서 온 집안의 어른 아이들 모두가 뼈가 가루가 되어도 은혜를 갚을 길 없다고 생각했습니다.

이제 신에게는 단지 두 아들만 있는데 서로 보전하지 못하니 밤낮으로 염려하며 살아갈 마음이 없습니다. 신의 마음이 또한 몹시 급박하여 여러 차례 위에 하소연하게 되니 지극히 황공하옵니다. 그러나 만약 부모 앞에서 스스로 하소연하지 못한다면 무엇을 따라 하늘의 빛에 다시 비추이겠습니까? 신은 아들의 죄가 용서받기 어려움과 국가의 법이 지엄함을 모르지 않습니다. 그러나 외람되이 망부亡夫의 남은 보호에 기대어 감히 효를 근본으로 삼는 조정에 은총을 바랍니다. 엎드려 바라건대 밝으신 임금께서는 가련한 사정을 굽어 살피시고 법을 늦추고 은혜를 베풀어 유사에게 명하여 주와 선의 죄상을 반복해서 살피시고 누가 가볍고 누가 무거운지 참작하셔서 그중 조금이라도 용서할 만한 것이 있으면 특별히 한 사람을 풀어 주셔서 돌아와 봉양할 수 있게 해 주시면, 눈앞에서 관대함을 얻어 위태로운 목숨을 보전할 수 있을 것입니다. 낳고

기르시는 은택이 천지간에 끝이 없으니 임금님의 은혜를 받들어 죽을 곳을 알지 못하겠습니다.[67]

영월 신씨는 두 아들의 죄가 용서받기 어렵고 국법이 지엄한 줄 안다고 하고 이 둘의 죄를 비교해서 조금이라도 덜한 자를 풀어 달라고 요청하고 있다. 또 자신을 한낱 부인, 외로운 과부, 언제 죽을지 모르는 사람이라고 하면서 죽은 남편의 공로를 이야기한 뒤 영월 신씨는 마치 임금과 협상이라도 하듯 두 아들 중 죄가 덜한 자를 풀어 달라고 한다. 이해 10월에 이선은 풀려 났는데[68] 벼락이 치는 변고로 특별히 풀려 났다.[69] 이주의 경우, 사간원에서 유배지를 가까운 곳으로 옮기라는 명을 거두어 달라고 청했으나 임금이 받아들이지 않았다[70]는 것으로 미루어 유배지가 가까운 곳으로 옮겨지기는 했으나 유배에서 풀려 나지는 못했던 것으로 보인다.

실록에는 영월 신씨의 상언에 대한 기록이 없지만 위 상언을 보면 영월 신씨는 이전에 이주가 옥에 갇혔을 때도 상언을 올렸던 것으로 보인다. 그러나 이선이 유배에서 풀려난 뒤 쓴 글에는 영월 신씨의 상언에 대해서는 한 마디도 언급하지 않았다. 영월 신씨의 상언은 완남군 이후원의 후광을 빌려 한 아들이라도 풀려 나게 하려는 것으로 영월 신씨의 절실함보다는 가족의 요구를 따른 것으로 보인다.

1부 권력에 도전하는 목소리들

4. 여성 상언의 말하기 전략과 정치성

조선시대에 대부분의 여성은 공적 공간으로 나가는 것이 허용되지 않았다. 당연히 법이나 국가의 영역과는 거리가 멀었다. 여성이 정치적인 문제에 대해 언급하기도 어려웠다. 부덕을 해치는 것으로 간주되었기 때문이다. 그러나 이는 겉으로 드러난 모습일 뿐이다. 앞서 본 상언들을 쓴 여성들은 전혀 다른 면모를 드러낸다. 공적 공간을 향해 자신의 의견을 당당하게 말할 뿐만 아니라 당시의 정치 상황을 정확하게 파악하고 있었다. 이를 예외적인 경우라고 할 수 있을까? 여성을 대상으로 한 행장이나 묘지 등의 기록을 보면 정치적 안목을 가진 여성들이 많았으며 정치적 행동을 한 여성들이 적지 않다. 뿐만 아니라 옥사가 일어나 집안의 남자들이 사사되거나 유배되었을 때 집안 일을 수습하고 집안을 유지하는 건 주로 여성들이었다. 이이명의 넷째 딸 완산 이씨는 친정아버지가 죽은 뒤 남은 식구들을 챙기고 친정으로 가서 책과 문서를 수습해 왔으며 조카 이봉상을 도망시키는 데 중요한 역할을 했다. 따라서 앞서 상언을 쓴 여성들을 예외적인 경우로 보기는 어렵다. 정쟁의 결과는 가문 전체에 미치는 일이기에 여성들도 정치에 관심을 갖지 않을 수 없었고 직접 관여하기도 했다. 그러나 사화의 주인공은 언제나 남성이었고 여성은 부수적인 존재로 서술될 뿐이었다. 여성의 정치적 행동은 상언에만 그치지 않았다. 상소를 앞둔 아들이 어머니에게 이 사실을 알리고 때로는 어머니에게 상소를 미리 보여 주는 경우도 종종 보이는데 이는 여성들의 정치에 대한 관심과 참여가 일상적이었음을 의미한다.

그들의 말하기 전략

녹문 임성주(1711~1788)는 형인 임명주(1705~1757)가 사헌부 지평으로 이광좌, 조태억의 추삭(죽은 사람의 죄를 논해서 생전의 벼슬 이름을 깎는 것)을 요구하는 글을 올리기 전에 어머니 파평 윤씨에게 미리 아뢰었더니 어머니가 "마땅히 할 일을 하는데 어찌 나 같은 부인네에게 묻느냐"[71]고 했다는 기록을 남기고 있다. 또 영조의 계비인 정순왕후의 오빠 김귀주(1740~1786)도 1772년 상소를 올리기 전에 어머니 원주 원씨에게 허락을 구하자 부인이라고 의리를 모르겠느냐고 하면서 상소의 초안을 언문으로 번역해 올리게 해서 읽고 칭찬했다는[72] 기록을 남겼다. 반응은 각각 다르지만 어머니로서 아들의 정치적인 행위와 무관하지 않았음을 알 수 있다. 이와 달리 남편이 아내에게 정치적인 조언을 구하는 경우도 있었다.

상언을 올린 여성들의 주된 관심사는 남편과 아들 그리고 가문이다. 이들은 가족이 죽음에 직면하거나 위기에 처했을 때 직접 조정의 처분에 문제를 제기하고, 국법을 어겨서라도 가문의 혈통이 이어지게 했다. 광산 김씨 부인이 왕명을 어기고 손자를 달아나게 한 것은 반역에 해당한다. 왕명을 어기고 달아나는 것은 반드시 죽임을 당한다는 것이 국법이었기 때문이다. 광산 김씨 부인은 이러한 행동이 국법을 어긴 것으로 그 죄를 받겠다고 말하는 한편, 남편의 충성을 강조하고 자신의 행동은 남편의 가계를 잇기 위한 것이었다고 해명했다. 김씨 부인의 행동은 가부장 사회에서 아내의 역할과 책임을 다한 것이고, 가장이 없는 상황에서 가계를 계승하고 제사를 잇게 했으므로 유교 이념과 어긋나지 않는다. 어린 종을 대신 죽게 하고 자신의 손자를 살린 것에 대해서도 역사적인 사례를 가져오고 충의 윤리로 정당화했다.

정치적 위기 상황에 놓인 가문을 위해 올린 여성들의 상언은 논리적 근거와 감정적 호소를 효과적으로 활용하는 말하기 전략을 사용하고 있다. 오시수의 어머니 파평 윤씨는 논거를 하나하나 들면서 아들의 무죄를 입증하려고 하는 한편 억울함을 하소연하고, 광산 김씨 부인도 손자를 도망시킨 과정과 다시 만나게 된 과정을 극적으로 서술하고 이 일에 시동생은 관련이 없으며, 자신이 계획한 일임을 논리적으로 진술했다. 해평 윤씨는 남편의 억울한 정황을 조목조목 구체적으로 진술하고 자신의 원통한 심정을 호소력 있게 표현했다.

상언의 화자에서 사건의 주체로

상언의 화자들은 자신들의 억울함이나 법을 어긴 데 대해 최종 판단을 내릴 임금에게 '천지부모'라는 표현을 쓴다. 이는 천지처럼 사리를 공명하게 가려 주고 무한한 포용력이 있는 부모 같은 존재라는 뜻이다. 이러한 표현은 상투적인 것이지만 자신들이 부당하게 당한 억울함을 풀어 줄 것이라는 기대를 담는 한편, 만약 억울함을 풀어 주지 못하면 하늘의 공명정대함을 믿기 어려우며 천지부모인 임금의 덕도 훼손된다는 의미를 담고 있다. 파평 윤씨 부인은 만약 아들이 억울하게 죽게 되면 임금의 어진 덕이 훼손될까 염려된다고 했다. 아들이 억울하게 죽으면 그것은 부당한 죽음이 되는 것이고, 부당한 죽음은 임금의 덕을 해친다는 것이다. 그런데 파평 윤씨 부인은 아들이 억울한 죽음을 당하게 되었다고 판단했다. 이 말은 곧 임금의 덕은 이미 훼손될 상황에 처해 있다는 뜻으로 임금에 대한 항의의 뜻을 드러낸다.

여성 상언은 표면적으로는 유교적 여성의 규범에 철저한 여성상을 보여 준다. 광산 김씨 부인의 경우, 남편의 가문을 잇기 위해 국법을 어기고 그 책임이 혹시 시동생이나 다른 가족에게 돌아갈까 봐 책임을 모두 자신에게 돌린다. 광산 김씨 부인은 가부장적 질서를 체현하는 존재라 할 수 있다. 국가나 관청의 부당함에 맞서며 자신의 목소리를 내지만 그것이 남편의 가문을 위한 것임을 강조함으로써 가부장적 질서를 훼손하지 않기 때문이다. 그러나 주목할 것은 이렇게 함으로써 결국 여성들은 이 모든 사건의 주체가 된다는 것이다. 광산 김씨 부인의 경우, 상언의 화자로 모든 책임을 자신에게 돌림으로써 결과적으로는 가문을 구한 인물이 되고, 문집에 수록되어 국법의 엄격함에 맞서 가문을 구한 주인공으로 남게 되었다. 파평 윤씨 부인의 상언 역시 문집에 수록되어 아들을 구하기 위해 분투한 주인공으로 남게 되었다. 윤행임의 부인 전주 이씨 또한 상언을 올려 남편의 관작을 회복시키고 가문을 보존하고자 했다. 그리하여 결국 '공의 집안이 보존된 것은 부인의 힘이었다'는 평가를 받았다.

광산 김씨 부인은 자신이 손자를 도망시켰다고 발화함으로써 국법을 어긴 것을 왕에게 당당히 알린다. 이는 국법을 어긴 것에 대한 용서를 구하는 형태로 발화한 것이지만 가족과 국가가 갈등하는 상황에서 가족을 선택함으로써 국가의 권위를 따르지 않았음을 드러낸다. 따라서 이들의 상언은 지극히 가부장적인 발언을 하고 있지만 실은 국법에 대한 도전까지 담고 있는 것이다. 그런 점에서 이 여성들의 말하기는 가부장제의 질서를 체현하면서 동시의 가부장제의 질서를 흔드는 주체로서의 말하기였다.

2장 원정

1. 관습에 도전한 목소리들

원정原情은 개인이 국왕이나 관에 억울한 일을 호소하는 제도로 국왕에게 올리는 것은 격쟁원정이라고도 한다. 길에서 징이나 꽹과리를 쳐서 묻기를 기다렸다가 올리기 때문이다. 조선시대 부녀자가 관청에 소송을 제기한 것은 특별한 사례에 해당하는데, 관에 제출한 언문 소장에 앞서 한문 초본을 작성했다.[1] 여성이 직접 쓴 경우도 있겠지만 전문적인 사람이 대신 작성해 주기도 했다. 요즘도 일반인에게 법률 서류가 익숙하지 않듯이 조선시대에도 일반 사람들에게 소지류의 양식은 평소에 자주 접하는 것이 아니어서 직접 작성하기는 쉽지 않았기 때문이다.

조선 후기 촌락에는 소지나 특정 문서를 전담해서 대필해 주는 식자층이 있었으며, 다른 사람의 소지를 대신 작성해 주고 직업적으로 소송을 대신해 주는 외지부外知部가 있었던 것으로 전한다.[2] 이로 미루어 글

1부 권력에 도전하는 목소리들

을 모르는 여성들은 직접 작성하지 않고 도움을 받아 작성했을 것으로 짐작할 수 있다. 이 경우에도 이들이 문제삼은 내용이 무엇인가를 통해 그 의식을 살필 수 있다. 여기서는 평민 여성이 딸을 재가시키고 쓴 원정과 해남의 이씨 부인이 쓴 원정인 《규한록》을 보고자 한다. 평민 여성의 원정은 '절節'의 문제를 정면으로 문제삼고 있고, 이씨 부인이 쓴 원정은 시집을 향해 정면으로 대결하는 양상을 보여 주고 있어 주목할 가치가 있기 때문이다.

2. 딸을 재가시킨 어머니의 항변

원정의 한 예로 평민 여성이 올린 소지로 만종리에 사는 조원서의 처가
딸을 구명하기 위해 관에 제출한 원정을 보기로 한다. 정해년 7월에 올
린 것이라 되어 있으나 정확히 어느 해인지는 알 수 없다. 그러나 조선
후기의 것으로 추정된다.

여식이 잡혀 간 일로 외람되이 번거롭게 정소하여 황공하기 이를 데 없
으되, 동년배 여자아이들은 아직 시집가지 않은 이들이 허다한데, 이 무
슨 박복한 신세로 이런 심한 지경에 이르렀단 말입니까? 아직 젖비린내
도 가시지 않았는데 오직 살기 위한 계책만을 도모하여 실절失節이 죄임
을 몰랐으니, 이 때문에 정려를 세우는 자가 적은 것입니다. 만약 이미
되돌릴 수 없는 지경에 빠졌다면 이미 평생을 그르친 것이니 비록 자신
自新하는 마음이 있다 하더라도 할 수 있겠습니까?⋯⋯설령 처를 버린
남편이 와서 정소를 한다 해도 이치상으로는 혹 용서하기 어렵겠지만
달려가 남의 첩이 될 수는 있습니다. 다만 사람들이 천하다고 할 뿐입니
다. 훗날의 경계를 위해서는 삼종지도를 잃었지만, 그렇다고 어찌 재혼
할 수 없단 말입니까?[3]

김경숙은 이 자료를 소개하면서 조원서의 처가 자신을 가녀賈女라고
하고 있어 장사하면서 생계를 유지한 여성으로 보았다. 조원서의 딸은
어린 나이에 시집을 갔으나 남편에게 버림받고 친정에 와 있다가 유씨

양반가에 첩으로 들어갔다. 관에서는 조원서의 딸을 절개를 지키지 않았다는 이유로 잡아갔다.

딸의 구명을 요청하면서 조원서의 처가 자신의 생각을 밝히는 부분이 흥미롭다. 이치상으로는 용서하기 어렵겠지만 남의 첩이 될 수 있으며, 다만 사람들이 천하다고 할 뿐이라는 것이다. 그리고 삼종지도를 잃은 것이지만 재혼할 수 있다고 했다. 즉, 사회적 비난의 대상은 되겠지만 관가에 잡혀 가 벌을 받을 죄는 아니라는 것이다.[4] 유교적 정절관에 포섭되지 않고 당당히 재혼할 수 있다고 주장하는 조원서 처의 원정은 조선 후기 하층민 부녀들의 정절 관념이 양반들의 정절 관념과 다른 것을 보여 준다.

이 외에 이옥이 쓴 〈애금공장愛琴供狀〉, 〈필영장사必英狀辭〉, 작자 미상의 〈기생인개소지妓生仁凱所志〉 등은 허구적인 것이 가미되어 있기는 하지만 조선 후기 여성의 소지류를 고찰하는 데 중요한 참고자료가 될 것이다. 그러나 이 자리는 실제 기록을 중심으로 논의를 진행하고 있기 때문에 여기에 대한 논의는 추후의 논의로 남긴다.

3. 어느 종부의 원정:《규한록》

불에 넣지 마시고 읽어 주시길

종부는 종가의 맏며느리를 말한다. 해남 윤씨 집안에는 종부 이씨 (1804~1863)가 쓴 특별한 글 한 편이 전한다. 글의 수신인은 시어머니. 그런데 며느리는 시어머니에게 "증 내서 불에 넣지 마시고" 봐 달라고 호소한다. 증 낸다는 말은 화를 내거나 짜증을 내는 것을 말한다. 시어머니에게 화가 난다고 불에 넣어 태우지 말라는 하소연을 하면서 써야 했던 글은 무엇이었을까? 이 글은 길이가 무려 원고 160매 분량으로 웬만한 단편소설보다 길다. 해남 명문가의 며느리가 시어머니에게 보냈다는, 짧은 소설 한 편에 해당하는 이 글에서 종부 이씨는 직설적인 언어로 격하게 시집 식구와 시어머니에 대해 쌓인 원망과 억울함을 풀어 놓았다. 이 글에는 본래 제목이 없었으나 이를 처음 발굴한 박요순이 "여인의 한"이라는 의미의《규한록閨恨錄》이란 제목을 붙인 이후로[5]《규한록》으로 불린다. 제목만으로 보면 이 글은 한을 안으로 삭이며 한 자 한 자 쓴 것처럼 보인다. 그러나 글을 읽기 시작하면 이런 기대와 달리 바로 격한 감정과 그 격한 감정을 삭일 수 없다는 듯 반복되는 언어와 시집에 지지 않고 억눌러 왔던 감정을 "물 솟듯" 쏟아 내는 '대찬' 며느리를 만나게 된다. 이 종부 이씨는 누구인가?

이씨 부인은 고산 윤선도의 8대 종손부로 조선 세조~연산군 대에 걸쳐 권신이었던 광원군 이극돈(1435~1503)의 후예로 전남 보성군 대곡에서 태어났다. 이씨 부인은 17세 되던 해 해남 윤씨 가문의 종손인 윤광호와 결혼했다. 두 명문가 자손의 혼인이었으나 결혼하던 해 봄에 남편인 윤광호가 요절하는 바람에 이씨 부인은 결혼한 지 불과 3개월 만에 청상과부가 되었다. 3개월이라 해도 실제로 같이 지낸 것은 혼례 때 이틀, 재행 길 하루 합해서 겨우 사흘간이었다. 이씨 부인은 "중로에 모시고 오던 어버이를 잊고 정신을 버리고 죽기로 악을 쓸 제, 형용하지 못 하올 목석을 귀를 열어 인심을 풀어 내시니"[6] 죽지 않고 살아남았다.

"목석에라도 귀와 눈이 생길 듯이"[7] 설득한 사람은 시삼촌이었다. 남편이 죽은 뒤 따라 죽으려는 것을 친정 식구나 시집 식구가 만류하는 장면은 열녀전에서 종종 발견된다. 그러나 열녀전에서는 열녀가 식구들 모르게 자결하며, 혹 살아남은 경우에는 시부모를 봉양하거나, 양자를 들여 가문을 지킨다는 내용으로 끝난다. 그런데 이씨 부인의 삶은 이러한 열녀전의 플롯과 다르게 전개된다. 이씨 부인은 죽지 않고 살아남았으며 재산 문제와 양자 문제로 시삼촌과 갈등을 빚게 됐을 때 시삼촌에게 지지 않고 맞섰다. 《규한록》은 바로 그 갈등의 산물이다.

국부國富로 일컬어질 정도로 규모가 컸던 해남 윤씨 가문의 막대한 재산과 권한을 둘러싸고 암암리에 입양운동이 있었지만 이씨 부인은 가까운 친척을 물리치고 군이 멀리 충청도에서 살고 있던 십촌이 넘는 조카를 데려다 입양했다.[8] 이는 결국 이씨 부인의 뜻대로 양자를 선택했다는 뜻이다. 이 일로 시삼촌과의 사이에 갈등이 깊어지자 이씨 부인은 시집을 나와 친정의 조부모가 있는 곳으로 가서 시어머니에게 자신의 정당함과 억울함을 하소연하는 글을 써서 보냈다. 시삼촌과의 갈등에 대해 시어머니가 판단을 내려 달라는 것이었다. 그러나 시어머니는 이 글을 불살라 버렸다. 그러자 이씨 부인은 다시 원정을 써서 보내며 "증 내옵시어 불에 넣지 마옵시고 읽어 달라"고 거듭 부탁한다. 시집 남자 어른들과 힘을 겨루고 시어머니에게 원정을 하여 승패를 가르고자[9] 하면서 써 보낸 글에서 이씨 부인은 내내 시집과 대결 구도를 형성하고 격한 감정과 원색적인 표현으로 시집을 공격한다.

시어머니에게 보낸 이 글의 성격에 대해 그간의 연구는 수필, 기록문학, 수기문학, 자조문학, 자기 서사로 이해해 왔다.[10] 그러나 이씨 부인은 이 글에서 "원정을 지었다"고 쓰고 있어 글의 성격을 다시 조명할 필요가 있다. 수신자가 관官이 아니라 시어머니지만 이씨 부인은 자신의 억울함을 하소연하기 위해 이 글을 썼고, 그녀 자신도 이를 원정이라고 했다. 그렇다면 이는 원정으로 볼 수 있지 않을까?[11]

자부가 성정 고약하여 임자 없는 시댁이라 경히 여겨 과연 이리 원정을 아뢰옵는 바 아니오니 어머님께서도 증 내옵시어 불에 넣지 마옵시고 두 번이나 감하옵소서.[12]

지질하온 원정을 지었사오나, 화중 아니 내옵시고 감하옵시며 자세히 통촉하여 보옵시기 고작 바라옵나이다.
자부 오죽오죽 원억하여야 슬전膝前에 선후 없이 물 솟듯 생각다 못하여 이리 아뢰오리까!][13]

보통 원정은 국왕이나 관장에게 억울한 사정을 호소하는 글이다. 이

1부 권력에 도전하는 목소리들

씨 부인의 원정은 시어머니에게 자신의 억울한 사정을 호소하고 있고, 가문 내에서는 공유했을 수 있으나 외부로 나가지는 않았다.[14] 그렇다면 시어머니, 즉 시집을 향해 쓴 글을 공적 공간을 향해 발화한 것이라 할 수 있을까?

여성이 시집가는 것은 선비가 조정에서 생활하는 것이라고 한 김창협의 언급에서 보듯 조선시대 여성에게 시집은 조정에 비유되는 공간으로 며느리에게 시집은 공적 공간과 유사한 공간이라 할 수 있다. 이씨 부인이 시집인 윤씨 종가에 대해 "유명하신 윤 생원 댁에는 규모와 법이 국가나 다를 것이 없사올 듯 싶으오되 한 일도 보질 못하였사옵니다"[15]라고 한 말은 비록 현재 규모나 법이 제대로 지켜지지 않는다고 비난한 것이지만, 제대로 지켜지면 종가는 국가나 다를 바가 없다는 뜻이다. 이는 당시 가문의 중심으로 종가가 갖는 위치가 공적인 면모를 지닌다는 뜻으로 해석할 수 있다. 따라서 이씨 부인이 시삼촌의 잘못을 비판하면서, 시어머니에게 억울함을 토로하고 따진 이 글은 원정의 형식에 해당하는 것으로 볼 수 있다.

물은 건널수록 깊고 산은 넘을수록 험하여

이씨 부인이 원정을 쓴 것은 자신의 억울함을 토로하면서 종부로서의 자신의 위치와 권리를 인정받기 위해서였다. "물은 건널수록 깊고 산은 넘을수록 험하여" 살아갈수록 고통이 더하다는 말로 시작한 이 원정은 빚이 많은 시집의 경제적 어려움부터 이야기한다.

물은 건널수록 깊고 산은 넘을수록 험하여 온갖 세월이 갈수록 이러하온 즉, 어머님께서 상납上納이온들 못 가질 것이 아니오나 선두船頭에서 가져오시니 팔도를 다 거친 섬놈들이 양반의 물정을 어찌 모르오며 또 철은 앉아서 지휘指揮하옵고, 차강은 섬에 다니며 큰댁 잔약하 온 형세를 허수히 보는 것이 그 정성 없는 데에 나타나오니, 그렇게까지 하기는 필연코 무슨 조화가 있을 것으로, 종정이 백치 뱃짐은, 다 나온 듯하오나 차강이 말하기를, "구전은 한 입 한 뭇이 아니 나왔다" 하니 심란심란하옵니다.

어머님 편지도 그러하옵시고 아자바님 서중書中에도 "섬민에게서 나왔는지 아니 나왔는지 정녕 모르신다" 하옵시니 종부인 체하여 빚은 많고 또 빚이 질세라, 무익하겠으나 형세를 염려하기는 신묘년·임진년 봄을 자부 마음속 오기의 탓으로 심성정心性情이 상하게 지낸 까닭으로 '이러하다가 만일 형세조차 지니지 못하면 투생偸生한 보람이 어찌 있으며, 원근간 친가나 구가에게 무엇으로 알랴' 싶으옵고 노 갑비를 매양으로 더욱 철빈한 터에 부귀와 종사 위한 후사 정하여 허다한 종가 물질을 허탄하게 써서 그러하온지, 수습을 못하여 그러하온지 빚내어 가며 살고, 손주 없어 무흥하던 중 나으신 표적까지 자연히 없게 하오니 해롭지 아니 하오며 그리하든 저리하든 큰댁 형세와 자부가 세상을 원억히 머물러 있어 밥도 얻어먹지 못하여 주리고, 소임을 못 감당하면 '개똥의 버러지로나 알까보냐' 싶으옵고 무정세월이 흐를수록 나이 들어 그러하온지 어느 무슨 일이 아니 생각되어 무심하오리까?[16]

이씨 부인은 시어머니가 재물을 상납받을 수 있다고 하면서도 시집

재산이 다 없어지고 자신도 해야 할 일을 감당하지 못하면 살아남은 보람도 없고 주위 사람들이 '개똥의 버러지'로 알 테니 무심히 넘길 수가 없다면서 말문을 연다. 무심히 넘길 수 없는 일들이란 자신이 일찍이 남편을 따라 죽으려고 했을 때 말리던 시집 어른들의 달라진 태도, 입양을 둘러싼 갈등, 자신에 대한 비방이다.

먼저 시집 어른들의 달라진 태도에 대한 이씨 부인의 항의를 보자. 이씨 부인은 "미련 몽통한 자부는, 원수 임오년 설화를 기록하여 일컬으려 하오니 굳은 눈물 앞을 가리옵고, 속이 멍멍하여 새로이 심신을 정치 못한 채 이야기한다"[17]고 하면서 시삼촌들이 자신을 살려 놓고는 태도가 달라진 것을 원망한다. 임오년은 남편이 죽은 해이다.

생사에 논난하는 인생이 칼을 무서워하며 불을 무서워하옵나이까?……열 번이나 죽어야 옳고, 마땅한 자부 어찌하다가 투생偸生하였는지, 중로에 모시고 오던 어버이를 잊고 정신을 버리고 죽기로 악을 쓸 제, 형용하지 못하올 목석을 귀를 열어 인심을 풀어 내시니 그 정력精力 어디다가 비하오며, 조부모와 동생이 그 경색을 차마 목도하여 만 가지로 가유하실 때 무엇으로 낙을 삼아 살라 하시며 살리신 인생이옵나이까? 아자바님께서 목석에라도 귀와 눈이 생길 듯이 하시온 일 세상에 다시 머물러 갚기는 생의도 못하고 오히려 살리신 것이, 지난일이나 앞을 생각하니 자지러질 듯 애닯고 도리어 자부에게 적악積惡인 듯, 점점 각골지원刻骨之怨이 한세상을 잡아 나서 불효 막대하온데 외로우신 어머님 뜻마저 받잡지 못하였나이다.[18]

이씨 부인은 시삼촌이 자신을 살린 것을 오히려 나쁜 일이라고 하면서 당시의 기억을 생생하게 전달한다. 남편이 죽은 뒤 어버이도 잊고 "죽기로 악을 쓰는" 자신과 "형용할 수 없는 목석의 귀를 열어" 설득하는 시삼촌과 그 장면을 지켜보는 조부모와 동생의 모습이 생생하게 서술되어 있다. 이 일은 뒤에도 이렇게 반복해서 서술된다.

자부 몸을 점점이 깎아도 유혈 한 방울 아니 나올 철천지 원한을 속에 서려 품고, 세상이 백 년 안인데, 경한 여편네 만 것을 저다지 하옵시니 자부 우인 저지르지 아니하였고, 또 "명만 지녀 주면 설움 밖에 다른 근심은 없게 하여 주시려노라" 하옵시기로 금석으로 믿고 투생하였사옵나이다. 두 분 아자바님께서 십 년이 넘은들 잊었사오리까?
그때는 무슨 지각이 있어, "만일 살았다가 후회되면 어일고" 하오니 아자바님 말씀이, "살고 보라" 하오시며, "정 서러워 살다 못 살 세면 자는 듯이 죽을 약 지어 주마" 하옵시기 이십 전 아이 무슨 지각 있사옵나이까? 곧이듣고 오히려 든든하와 식물도 먹사옵고……그중도 마음먹기를, 아무쪼록 집을 맡기신 후 숨값이 있는 것이나 지키어 제사 지내옵난 양이나 보아 종들 시켜 궐향이나 마옵고, 어머님께 남편 없는 시모라 불공한단 말이나 듣지 않고, 어지신 두 시삼촌께 의나 생전 변치 말고 사는 대로 명한을 기다리옵는 자부옵지, 신세만 생각하면 원억한 일신이 아무려면 "어디로 보아 시어머님 시삼촌 공경하리." 마음을 이 터에 두었으면 토혈즉사 하오리다.
유한을 생각하고 기만되게 마음을 먹은 일 없사오나, 다만 죄목이라면 이생에서 조부모 덕택으로 십칠 세를 굶주리지 아니하였으나, 배운 것이 없이 삼세 유아로 충충슬하에서 길리어 꿈같이 이 모양이 되온 후는, 어느 의복을 하려고 배우잘 것이 없사옵고 미거한 일신을 저 무상한 청천지 백일지하에 산산이 쇄골 분쇄하오니 자연 병도 들고, 자연 흥황도 없사와, 주인 없는 댁에 가서 팔자 유세인 듯이 윤씨의 공밥 십사 년 먹은 것이 마음이야 편하오리까!"

이씨 부인은 살아만 주면 남편 잃은 설움 이외에는 다른 근심이 없게 하겠다는 말, 정 서러워 죽고 싶으면 자는 듯이 죽는 약을 지어 주겠다던 말과 그 말을 철석같이 믿고 살아서 종부의 역할을 해야겠다고 마음먹은 것을 낱낱이 기록하고 있다. 이제 와 자신을 비방하는 시집 식구들에게 자신들이 했던 약속과 자신이 시어머니와 시삼촌을 공경하지 않는 마음을 먹은 적이 없음을 상기시키기 위해서였을 것이다.

그런데 이씨 부인은 시집이 아니라 친정에 있고, 시집에서는 돌아오라는 말을 한 상태였다. 여기에 대한 이씨 부인의 답이 예사롭지 않다. 이씨 부인은 친정에서 조부모 덕택으로 굶주리지 않아 배운 적도 없고 "꿈같이 이 모양이 되온 후" 아무런 의욕이 없어 의복도 배우지 않았으나 주인 없는 시집에서 공밥 먹은 것이 편치 않았다고 털어 놓는다. 흔히 '여공'이라 일컬어지는 바느질이나 길쌈을 안 했다는 이야기다. 친정에서도 배운 바 없고, 시집에서도 하고 싶은 흥이 안 났다고 당당히 말한다.

이씨 부인은 이제부터 일을 배우겠지만 지금 시집으로 갈 생각은 없다고 선언한다. 시삼촌과의 사이가 변한 뒤로 시집에 가면 흉이나 듣고 그것이 분해서 싸울 것이고, 지금 가야 병이 "골수에 박혀드니" 시집 어른들에게 오히려 괴로움이 될 것이며, 종들도 제대로 못 부릴 것이고 재물도 부족해서 "물 위에 기름"[20] 같을 것이니 갈 수 없다는 것이다. 이씨 부인은 죽어도 "조부모 발치에 묻힐 뜻이지, 해남 땅의 공중에 뜨는 귀신이 되기를 원치 않는다"[21]고 하며 종들도 자신을 우습게 여기는 시집에는 가지 않겠다고 한다. 자신에 대한 비방과 억측이 끊이지 않는 시집에서는 아들을 키울 수 없다고 판단했기 때문이다.

종가 보존하사이다

《규한록》을 읽으면 비슷한 내용이 반복되는 느낌을 받는다. 시어머니에게 불에 넣지 말고 읽어 달라는 말을 반복하고 죽어야 되는데 죽지 않고 욕되게 살았다는 뜻의 투생偸生이라는 말을 계속하고, 시삼촌들의 약속, 종들의 무례함 같은 것들이 격한 표현과 더불어 반복되기 때문이다. 그렇다고 이 글이 단지 억울함을 풀려고 같은 말을 무한 반복하는 건 아니다. 이씨 부인은 흔들리는 종가를 위해 지금 종가의 형편이 어떤지를 시어머니에게 설득하고 종부로서 종가를 지키겠다는 목표를 분명히 한다.

자부 성정 모르오리이까마는, 종들이 충노 아닌 후는 형세에 많이 따르는 것이온데, 큰댁 형세 연풍 없이 빚이오니 수소數少 비복들이 당기어 가는 재물에 자부가 가서 두루 쓰기나 하고 먹기나 하올 뿐일 터이오니 그 피해 오죽 밀리울 것이오니까. 죽은 목숨으로 아오시고 사오 년 말미

주옵시면 빚이나 덜고 웅철이 혼수나 여축 아니 되겠사옵니까?

빚이 저리 지다가 '개미 쳇바퀴 도는 모양'으로 세곡稅穀이나 흉년들어 논이나 팔면 그 빈명貧名 오죽 나겠사옵나이까? 자부 아는 빚이 순재의 것 거년 선복船卜에 못 주었사오니 삼십 관의 길미 금년 선복으로 주면 오십 금이오, 서천 간 돈 세전 세후 이십 금 남다 하시고도 세곡 모자라고 구일돈 근 백 금이라 하오시니, 또 선복 나오면 갚는다 하더라도 또 빚이 아니 지기는 자부 아니 가기에 있사온 듯하옵니다. 아무쪼록 웅철 장가들이기에 빈명 나지 아니하기와, 혼수 빚 아니 쓰시기 지극한 평생의 극원이로소이다.

자부 팔자 긍휼하오나 용렬하고 좁은 속에 어느 무슨 일인들 아니 생각하오리까. 모진 잠 한밤에 든 후에나 잊히옵나이다. 웅철이, 양 어른 혼수 치행 세세이 빚이요 수식가난 빚보다 더 걸리는 줄 어찌 아옵시리까! 자부 별물의 성정이오나 아무리 잊으려 하여도 못 잊고 생각하는 것이 큰 병이로소이다. 자부 세간 못 살고 길쌈은 새로이 자부 입는 것도 남의 손을 빌으오니 종물 오죽 해롭사오니까! 웅철이 의복도 못하여 주오니, 숨을 지녔다고(살이 있다고) 제게 무엇이 유조하오리까마는, 자부 먹고 쓰지 아니한 것으로 양모養母 도리 하려 하오니 성장하도록 어버이 집에 말미 주옵시면 무궁하올 듯 천만 바라옵나이다. 어머님 처분대로 하옵소서!²²

이씨 부인은 시집의 빚을 나열하며 양자를 혼인시키기도 어려운 정도라고 위기의식을 불러일으킨다. 자신은 살림도 못하고 길쌈도 하지 않는다고 하면서 자신이 친정에 머무는 것도 경제적 부담을 주지 않기 위해서라고 한다. 그리고 시삼촌들이 재물을 거둬 가고 종들이 곡식을 훔쳐 간다고 고발한다.

"이 재물 가져다 반갱飯羹하라" 하실 형세 없으시고, 시비는 모두 아자바님께 갈 것인 듯, 미련한 소견에 아무리 애쓰고 공력 많이 들었어도, 자부 매양 끝없이 생각할 뿐 어찌 앞앞에 다 발명하오리까? 아무쪼록 종가 보존하사이다.[23]

경오년에 깨치고 원억 일신을 생각 가히 겨를 없이 길쌈 못하고, 바느질도 못하여 남의 손을 빌지라도 애써 하옵더니 아자바님 밖에서 거두어들이고 종들 삼분 병작한 곡식 도둑질이 심하여 그도 잃고 무엇을 가지고 제곡 객량客糧, 농량農糧하리 싶으오이다.[24]

돈 없으리라 하여 종들 수이 여기는 것이 더 분하더이다.[25]

국가나 사가나 등록 한 번 나기 어렵사오며, 범절이 한 번 상하 간에 흐려진 후는, 바르기 어렵사온 것이오이다.[26]

이씨 부인은 시삼촌들과 종들이 안팎으로 곡식들을 가져가는데 종들은 다 시삼촌들에게 갈 것 같다는 말로 종가를 흔드는 장본인이 누구인지, 종가를 지켜야 할 사람들이 시어머니와 자기라는 것을 분명히 한다. 그런 점에서 이씨 부인의 글은 대단히 전략적이다.

천지를 뚫고 깨치올 듯 물 솟는 듯 쏟아 낸 말들

《규한록》에서 이씨 부인은 종가의 후계와 재산을 둘러싼 갈등, 과부로 살아남은 여성이 시집에서 겪는 일들, 과부가 양자를 세우는 과정을 한 편의 드라마처럼 펼쳐 낸다. 이 글을 읽으면 이씨 부인이 과부가 된 뒤 어떻게 살았는지, 과부를 보는 주위의 시선이 어떠했는지, 그 시선을 과부는 또 어떻게 받아들였는지, 자신의 삶을 스스로 어떻게 바라보고 있는지, 자신의 위치를 어떻게 지켜 냈는지, 이 모든 것이 가슴 속에 쌓여 얼마나 답답하고 억울했는지가 생생히 전해진다.

자부 오죽오죽 원억하여야 슬전膝前에 선후 없이 물 솟듯 생각다 못하여 이리 아뢰오리까!²⁷

좁은 속이 터지도록 서리고 쌓인 회포 열 간에 한 간이나 어머님께 향하와 아뢰려 하오니, 혹 친가 조부모 지휘하옵시었는가 하여 미안히 생각 마옵소서! 발명이 부질없사오나 천부당만부당하오며 거짓이라면 자부의 눈이 빠지겠사옵니다.²⁸

그때 적은 것이나 또 이리 자부가 기록하려 하오니, 눈에 피가 나올 듯 팔이 부어가지고, 어머님께나 천지를 뚫고 깨치올 듯 쌓인 회포 장황하오나, 열 간에 한 간도 못 되오며 어머님께나 향하와 아뢰오니, 어머님께서도 증 내옵시어, "차마 이리 하리. 배자하듯 시어미로 알면 이리하리. 시서모라도 이리 못하리라" 증을 내오시면, 자부 시댁에 가서 더욱 몸

둘 곳이 없어 두 번이나 죽는 바이오니, 세세히 감하시어 생각하옵시고 통촉하옵소서.[29]

또 감히 사설로 장황 번잡하오나, 자부 팔을 쓰지 못하고 다 부었어도 슬픈 줄을 모르오니 어찌 그러하온고, 어린 듯 취한 듯 생각 못하겠사오며, 어머님 골몰하신데 자부는 한가 편하여, 미리 세세한 말을 다 아뢰온 듯하오나, 십분의 일밖에 안 되오니, 증 나실지라도 불에 넣지 마옵시고 두 번이나 감하옵시고 보내옵소서. 자부가 짐에 넣었다가 가지고 가오리다.[30]

"선후 없이 물 솟듯 생각한다"거나, "좁은 속이 터지도록 서리고 쌓인 회포를 열에 하나도 기록하지 못했다"는 표현은 이씨 부인이 얼마나 할 말이 많았으며 또 얼마나 치열하게 생각하고 썼는가를 말해 준다. 좁은 속이 터지도록 서려 있던 감정은 "몸을 점점이 깎아도 유혈한 방울 아니 나올 철천지 원한", "토혈즉사", "미거한 일신을 저 무상한 청천지 백일지하에 산산이 쇄골 분쇄하오니" 같은 강하고 격렬한 언어로 표현되고, 하고 싶은 말은 한 번으로는 부족해서 여러 번 되풀이된다. 자신의 말을 듣지 않는 여종을 "고막예 같은 썩어 죽일 년"[31]이라고 욕하고, 자신에 대해 오가는 말들에 대해 '절통 분하고 분하다'고 화를 터뜨린다.

자신에 대해서도 남편을 따라 죽지 못한 자신을 '밥 먹는 귀신', '미련 몽통한 자부', '열 번이나 죽어야 옳고, 마땅한 자부', '임자 없는 만만한 인생'이라고 비하하는 표현을 서슴지 않는다. 그러나 친정에서

1부 권력에 도전하는 목소리들

사랑받으며 자랐다는 자부심을 드러내고, 자신이 살아 있는 것은 "당신들의 부탁 때문이었다"고 당당하게 주장하고, 입양의 정당함을 확신하며, 조선시대 여성에게 요구되었던 여공인 길쌈과 바느질도 배운 적이 없어 못 한다고 당당하게 이야기한다.

이씨 부인이 쏟아 낸 원색의 언어들과 글 속에 재현된 이씨 부인의 모습은 낯설다. 재산과 권력에 대한 욕망을 숨기지 않고 시집 어른들을 비판하거나 종들을 욕할 때도 거침이 없다. 이씨 부인의 이러한 거침없음과 당당함은 친정에 대한 자부심, 종부라는 위치에서 온 것으로 볼 수 있다. 후사 문제는 여성들이 올린 상언 가운데 많은 비중을 차지하는 것이었다. 그만큼 후사 문제로 인한 갈등이 많았다는 뜻이다. 후사 문제는 가문의 재산과 권력이 걸려 있는 문제이기 때문에 갈등도 첨예했지만 이씨 부인은 이 힘겨루기에서 이겼다. 이씨 부인은 결국 침체한 윤씨 가문을 일으키고, 그 선산에 묻혔다. 지금은 '한실[大谷] 할머니'로 불리며 그 일화가 전한다.[32]

이씨 부인이 선택한 방식은 유교적 여성 규범의 틀에 매이지 않는 것이었다. 바느질은 배우지 않았다고 하고 시집에서 나가 친정으로 갔다. 참고 순종하는 모습으로 자신을 재현하지도 않았다. 분노와 미움, 원망과 서운함, 슬픔과 억울함, 자신감과 자기비하 같은 감정들이 솔직하고 강렬하게 드러나 있다. 욕도 하고 비아냥거리기도 한다. 이 모든 것이 멈출 수 없다는 듯이 쏟아져 나온다. 조선시대 여성들이 쓴 글 가운데 이토록 감정을 강렬하게 표현하면서 자신의 생각을 솔직하게 표현한 글은 찾기가 어렵다. 그런 점에서 《규한록》은 틀을 깬 새로운 글쓰기라고 할 수 있다. 그리고 《규한록》에서 볼 수 있는 양반 여성의 자기 재현 양상은 그 어디서도 볼 수 없는, 새로운 것이었다.

그녀는 종부라는 위치를 내세워 시삼촌에게 도전했고, 그 싸움 과정에서 자신의 입장을 구체적으로 낱낱이 하소연하는 글을 두 번이나 썼다. 이씨 부인은 여성으로서의 자각이나 의식을 문면에 드러내지 않았다. 오로지 자신이 한 입양이나 자신의 행위들이 정당하다고 주장하고, 시삼촌의 잘못을 비판하는 데 집중했다. 그러나 이씨 부인은 시집 식구와 대결 구도를 만들고 시집 식구를 비판하는 글을 썼다는 사실만으로 새로운 여성 주체의 가능성을 보여 준다.

3장 상소문

1. 기생 초월의 정치 비판

19세기 후반 초월楚月이라는 기생이 상소문을 남겼다. 상소문은 여성에게는 허용되지 않은 것이었다. 그런데 초월은 왜 상소를 썼으며 초월은 누구인가? 초월은 상소문에서 자신은 평양도 용천의 기생 출신으로 우의정을 지낸 심상규(1766~1838)의 손자 심희순(1819~?)의 첩이라고 밝혔다.

　초월의 상소문은 2만 1천여 자에 이르는 장문으로 당시의 폐단을 조목조목 들어 날카롭게 풍자한 내용을 담고 있다. 이 상소문은 임금에게 전달되지 못하고 안동 김씨 가문에서 보관되어 오다가 1970년대에 이르러《대전일보》,《조선일보》등에 부분 소개되며 알려졌다. 그러나 상소의 비판적 내용이 당시 정치를 비꼬는 인상을 준다고 해서 이 글을 소개한 김영한이 중앙정보부에 불려가는 바람에 전문이 소개되지 못했다.

초월의 상소문은 1973년 편찬 출간된 《평안북도지》 제3편 〈인문〉 편에 〈이조 관기의 부패상을 고발―용천 기생 초월의 상소문〉이라는 제목으로 뒷부분 일부가 생략된 번역문이 실려 있다. 이후 이전문이 상소문을 모은 책 《상소》[1]에 《평안북도지》에 생략된 일부 내용을 보완해서 수록했으나 군데군데 내용이 빠져 전문이 아니다.[2]

초월이 기생 출신인 데다가 그녀가 쓴 상소문은 자신의 남편을 비롯해 당대의 정치·사회에 대한 신랄한 비판을 담고 있기 때문에 과연 이 상소문을 초월이 썼는지, 초월이 썼다면 왜 썼는지, 또 만약 초월이 쓴 게 아니라면 누가 어떤 이유에서 초월이라는 기생을 가탁해서 썼는지 많은 의문이 남는다.

여기에 대해서는 연구자들의 견해가 엇갈린다. 초월의 상소문을 연구한 신두환은 15세 기생이 직접 쓴 상소문이라고 볼 수 없다며 두 가지 근거를 제시했다. 우선 이 상소문이 조정의 상황, 벼슬아치들의 속성, 당시 정계의 부패 상황을 묘사하고 있는데 이런 내용은 정계를 잘 알고 있는 자라야 서술할 수 있는 것으로서 15세 기생의 시각으로는 도저히 서술할 수 없는 내용이라는 것이다. 또 하나는 이 상소문이 당시 조정의 부패한 관리들의 실명을 거론해서 모함하려는 의도 하에 쓰인 것이기 때문에 초월이 썼다고 보기 어렵다는 것이다. 따라서 이 글은 기생 초월의 시각을 빌리고 당대 사회의 현실을 상소문의 형식을 빌려 고발한 서사이며, 그 작가는 당시의 정치 상황을 잘 아는 19세기 말 세도정치 상황 하에서 벼슬을 했거나 아니면 관각의 문장에 소질이 있는 몰락한 양반이라고 보았다.[3]

그런데 이 상소문을 자세히 읽어 보면 초월이 이 상소문을 쓴 것은 15세 때가 아니라 그 이후이다. 또 정치적인 견해에 대해서 말하자면 양반 여성들의 상언들에서도 보았듯이 여성들은 당시의 정국에 대해 정확하게 파악하고 그 해결책까지 제시했다. 때에 따라서는 적으로 간주되는 인물들에 대한 신랄한 비난도 매섭게 했다.

비록 20세기 이후이긴 하지만 여성들의 시국에 대한 관심과 비판의식은 여성독자들의 투고에서도 어렵지 않게 찾아볼 수 있다. 따라서 정치적 식견이 부족하다는 것은 타당한 판단이라고 보기 어렵다. 약 50년 뒤인 1900년 평양 기생 농희가 중추원과 내부에 당대의 정치적 폐단을 지적하고 시정을 촉구하는 글을 올린 예[4]를 보더라도 여성들이 정치적 식견이 부족하거나 정치에 관심이 없었던 것은 아니다. 상소문 전문이 남아 있지는 않지만 이를 전한 기사에 의하면 농희는 여덟 항목에 걸쳐 시국 문제를 지적했다.

초월이나 농희처럼 글로 남기지는 않았지만 조선시대 기녀들 가운데는 날카로운 정치의식을 보여 주는 기녀들이 드물지 않았다. 김상집金尙楫(1862~?)의 《본조여사本朝女史》(1898) '기녀' 항목에는 지조 없는 관료를 비웃거나 희롱한 기녀들의 이야기, 정치적 견해를 분명히 드러낸 기녀들의 이야기들이 실려 있다. 그중에서도 함흥부 소속 관기로 남인의 입장에 섰던 가련可憐(1671~1759)의 일화는 서슴없고 날카로운 기녀의 정치의식을 잘 보여 준다.

함흥의 기녀 가련은 어려서 목씨睦氏 성을 가진 사람의 사랑을 받은 뒤로 수절하며 다른 사람에게 가지 않았다. 남인의 입장이 아주 강경해서 매번 갑술년의 일을 말하면 눈물 흘리기를 그치지 않았다. 일찍이 〈출사표〉를 읊을 때면 "선제께서 특별히 대우해 주신 은혜를 좇아 폐하께 갚고자 합니다"라는 대목에 이르러 눈물을 떨구지 않은 적이 없었다. 노론의 한 재상이 언젠가 여럿이 모인 자리에서 가련에게 말하기를 "내가 만약 남론이었다면 마땅히 남인의 영수가 되었을 것이다"라고 하니 가련이 말하기를 "남인이 비록 피폐하고 힘이 없지만 나으리처럼 투항한 이를 받아들여야 한다면 저는 부끄러워 죽을 것입니다"라고 했다. 또 한 재상이 감영을 지나가게 되자 본부의 기생들이 먼저 들어가 인사를 했는데 자리가 가득 찰 정도였다. 가련도 감영의 기생들과 같이 들어가 인사하니 재상이 말하기를 "너희도 새로운 이가 들어오고 옛사람이 나가니 환국이로구나"라고 했다. 그러자 가련이 말했다. "나으리께서 이미 조정의 탕평을 주장하셨는데 기생들 탕평은 못하십니까?" 그 재상은 탕론을 주장한 사람이었는데 그 말을 듣고는 부끄러워했다. 가련은 칠십이 넘어서도 말과 주장이 격렬했다. 젊은 시절 이야기를 많이 했는데 간혹 이전 사람들의 시구를 읊기도 했다. 또 노래를 많이 지었는데 읊으면 청아하여 들을 만했다.⁵

갑술년의 일이란 1694년 남인이 몰락하고 서인이 집권한 갑술환국을 말한다. 가련이 이렇게 직접적으로 자신의 정치적인 견해를 표출했기 때문에 남인과 소론으로부터는 지지와 격려를 받았지만 노론으로부터는 위협을 받았다. 이건창(1852~1898)이 쓴 〈가련전〉에는 신변의 위협을 느낀 가련이 육진으로 피신했는데 그런 상황 속에서도 유배 온 남인들을 찾아가 당론을 이야기했다⁶고 기록하고 있다.

가련이 평생 남인을 지지하고 노론을 비판한 것을 두고 이것이 과연 정치의식에서 나온 것인가에 대해서는 견해가 엇갈린다. 장정수는 가련의 행동이 당쟁에 대한 자기 나름의 식견과 판단에 근거한 것이라기보다는 자신이 한때 좋아했던 사람에 대한 절개와 의리를 지킨 것[7]이라고 평가한다. 그러나 정우봉은 가련이 정치적인 신념과 의지를 가지고 그것을 실천한 것이라고 평가하고 기녀를 사랑과 욕망의 대상으로만 바라보는 관점에 문제를 제기한다.[8] 남인의 입장을 강경하게 고수하고 〈출사표〉를 읊조리며 눈물을 흘리고 노론 재상을 조롱하며 탕평론을 비판하는 행위는 당쟁에 대한 정확한 인식이나 정치의식이 없이는 하기 어려운 것이다.

초월의 상소문도 기녀들이 갖고 있었던 이러한 정치의식의 연장선상에서 이해할 수 있다. 김상집이 가련의 삶을 기록하면서 정치적인 부분에 초점을 맞춘 것도 기녀가 갖는 정치의식을 인정한 데서 나온 것이라할 수 있다. 초월의 신분이나 내용과 관련해서 의문이 있기는 하지만 그렇다고 허구적인 것으로 보기는 어렵다. 그러면 먼저 초월이 이 상소문을 쓴 시기를 다시 한번 살펴보자.

가선대부 행동부승지 겸 예조참판 사간원 대사간 장흥늠 제조 신 심희순의 첩이요, 평양도 청북 용천 기생 초월은 엎드려 아룁니다. 신의 운명이 기구하고 팔자가 궁박하여, 신의 어머니 뱃속에 잉태된 지 일곱 달 만에 신의 아비가 일찍 죽고, 태어난 지 한 해만에 또 어머니마저 잃었습니다. ……저의 지아비 심희순이 병오년 봄에 별사서장관으로 왕명을 받들어 중국 땅에 갔다가 돌아오는 길에 신을 첩으로 삼아 가마에 태워 왔

1부 권력에 도전하는 목소리들

습니다. 신이 그때 나이 열다섯 살로 백 가지 가운데 하나도 취할 게 없고, 천 가지 가운데 하나도 웃음 짓게 할 것이 없었습니다. 저의 사람됨이 어리석고 미련하며 행실이 경망스러웠으나 명문거족에 몸을 맡기게 되었습니다.[9]

초월은 상소문의 서두에서 자신을 심희순의 첩, 평양 용천 기생으로 소개하고 열다섯 살 되던 해인 병오년(1846)에 심희순이 서장관으로 중국에 갔다 돌아오는 길에 첩이 되어 서울로 왔다고 밝히고 있다. 그러니까 초월이 심희순의 첩이 된 것이 1846년인데 이때 바로 상소문을 썼다는 것은 납득하기 어렵다. 상소문에는 1846년 이후의 일들도 언급되기 때문이다. 따라서 열다섯 살에 썼다고 보기 어렵다. 초월은 "전하께서 등극하신 지 10여 년이 되었습니다"[10]라고 했는데 헌종이 즉위한 것이 1834년이다. 1846년은 1834년으로부터 10여 년 뒤기는 하지만 그 이후의 일들도 계속 언급된다. 초월은 당시 6조 판서를 거론하면서 호조판서를 김학성(1807~1875)이라고 했는데[11] 김학성이 호조판서가 된 것은 1848년이다. 또 초월이 자신을 '가선대부 행동부승지 겸 예조참판 사간원 대사간 장흥능 제조 신 심희순의 첩'이라고 했는데 헌종 즉위 10여 년 무렵 심희순은 가선대부 행동부승지 겸 예조참판이 아니었다. 기록을 살펴보면 심희순은 1844년(헌종 10) 현감으로 증광문과에 급제하고, 1846년 초계문신에 발탁된 뒤 서장관으로 중국에 다녀왔으며, 삼사의 여러 직을 거쳐 1856년(철종 7)에 이조참의, 1857년에 대사성이 된다. 초월이 정삼품 당상관에게 내리는 숙부인 직첩을 받은 뒤에 썼다는 사실로 미루어 보아도 초월이 상소문을 쓴 것은 1857년 이후일 것이다.

《평안북도지》에 수록된 상소문 끝에 "光緖五年己卯閏三月初七日 絶筆"이라는 구절이 있는데 여기서 말한 광서 15년은 고종 16년으로 1879년이고, 이때 초월의 나이는 48세 무렵이다. 이상의 사실은 상소문이 작성된 시기를 확정하기 어렵게 만든다. 그러나 적어도 초월이 15세에 쓴 것이 아니라는 점은 분명하다.

또 한 가지 중요한 의문은 기생 출신의 첩이 숙부인의 직첩을 받을 수 있었을까 하는 점이다. 《경국대전》에는 부인의 작위는 남편의 관직에 따르고[12] 첩의 몸에서 난 딸과 재가한 여자는 작위를 봉하지 않으며, 개가한 여자는 주었던 작위도 박탈한다[13]고 규정하고 있다. 조선 후기까지 기생 출신이 부인이 된 경우도 찾기 어렵다. 그런데 초월은 정처가 아닌 기생 출신의 첩으로 어떻게 숙부인의 작위를 받았을까?

여기에 대해 의문을 제기한 김경란은 초월에 대한 자료가 제한적으로 남아 있어 해명하기 어렵다고 하면서 당시의 왕과 그 남편의 정치적 관계 및 19세기의 제도적 운영의 난맥에서 가능했을 수도 있다고 추정했다.[14] 초월도 그 예외성을 의식한 듯 스스로 숙부인 직첩을 받은 것이 부당하다고 했다. 임금이 여러 대신들의 시비를 무릅쓰고 내린 숙부인이란 직첩의 홍패를 받던 날 모골이 송연하고 먹고 자는 것이 모두 불안하고, 마치 살얼음판을 걷는 것 같았다고 토로하고, 법전에 따르면 부인의 직첩은 곧 사족의 딸이요, 조가朝家의 처에게 돌아가는 것이니 이는 천번만번 부당한 일이라는 것이다.[15]

심희순은 풍산 홍씨 가문인 홍한주(1798~1868)의 딸과 결혼했다.[16] 이미 부인이 있었는데 어떻게 초월이 숙부인을 받을 수 있었는지도 궁금하지만 현재 홍씨 부인의 생몰 연대나 다른 자세한 사정을 알 수 있는 자료가 없다. 다만 초월이 숙부인 직첩을 받았다면 부인과 사별한 뒤에 이루어졌을 수도 있다는 짐작은 가능하다.

무능한 남편, 어지러운 조정

그러면 초월은 무엇에 대해 상소하고 있는가? 초월은 제일 먼저 남편 심희순의 죄부터 고발하는데 그 어조가 놀랍다. 초월이 심희순에 대해 말하는 것을 보자. "재상의 손자요 사족의 아들인데 사람됨이 특히 모자라고, 행동이 경솔하고 무례하며 가난한 선비를 능멸하고 사람들을 무시하며",[17] 공부를 하지 않아서 무식하고 "지각이 없어 소견이 어둡고 생각이 막혀 있으니 밥 부대일 뿐"이다. 또 국록만 탐내고 부모를 돌아보지 않고 처첩을 두었으며, 집에서는 음악을 일삼고 창부와 가객들과 어울린다. 초월은 이런 남편을 삭탈관직해서 시골에 보내 10년간 두문불출 성현의 글만 읽게 했으면 좋겠다고[18] 했다. 초월이 남편부터 문제삼은 것은 심희순을 비롯한 당시 조정 관료를 본격적으로 문제삼기 위한 포석이었을 수도 있다.

　남편 심희순의 문제로부터 시작한 초월이 고발하는 내용은 정치, 경제, 관료, 사회 전반에 걸친 적폐들이다. 구체적으로 거론된 문제들은 조정의 문제, 환곡, 군포, 송사, 암행어사 출두, 고을 수령을 보좌하는 책실冊室의 횡포, 임금의 주색, 임금의 기생 총애, 교졸의 행패, 임금의 놀이, 순라꾼, 임금의 중전 박대, 과거의 부정, 수령의 휴가 남용, 시정의 소문, 돌림병, 문무 관료들의 행각, 두 처녀의 사정 등이다. 초월은 도적 같은 관리들이 가득한 조정과 벼슬을 돈으로 사고파는 세태에 대해 지적하고, 곡식을 비축했다가 흉년이 되면 백성들이 빌려 먹고 갚게 하는 환곡의 문제와 세금 문제를 다루며 백성들의 곤고함을 이야기한다.[19] 이어서 초월은 고을의 일만 번거롭게 하고 부자는 면죄해 주고 가난한 자만 재앙을 입게 하는 어사제도의 폐단을 지적한다. 또 임금이 술 마시는 것으로 일을 삼고, 기생 운희를 가까이하는 것을 혹독하게 비판하고, 중전을 박대하는 것까지 문제삼는다. 과거제도의 폐단도 빠지지 않는데 초월은 시골 선비가 응시하러 가는 과정부터 이야기하며 선비 아내의 노동을 언급한다.

가난한 선비의 아내는 닭이 울면 베틀에 올라앉아 온종일 쉬지 않고 삼베나 무명을 짜 봐야 한두 필인데 이를 시장에 내어 팔면 너덧 냥이 안됩니다. 이렇게 변통해서 식량을 싼 행장을 지고 지팡이로 절룩거리면서 날짜를 꼽으며 서울에 도착해서 숙소를 정한 뒤에는 시장 장사치들에게 문방사우를 내다팔며 날짜를 기다립니다.[20]

이렇게 과거시험을 보러 가지만 과거장에 들어가서는 자리다툼에 억울하게 시골 선비만 욕을 당하고, 합격하는 사람은 권문세가의 자제들, 수령의 자제들, 시험관의 일가친척, 의주나 송경의 부잣집 자식들이라고 고발한다. 과거제도의 폐단에 대해서는 많은 비판이 이루어졌기 때문에 그 내용이 새삼스러울 것은 없지만 시골 선비의 곤고함과 가난한 선비 아내의 고단함이 생생하게 그려져 있어 눈길을 끈다.

초월은 관리들의 휴가 남용, 민심에 대해서도 지적한 뒤 문무제신들의 행태를 고발하고 3정승과 6판서로부터 문무백관 미관말직에 이르는 신하들의 이름과 행동을 하나하나 들어 그 비리를 고발한다. 여기에 거론된 조만영은 익종의 장인이고, 조병현은 1846년 4월에 병조판서, 7월에 예조판서가 되었고, 김난순은 1841년에 이조판서, 1846년에 한성부 판윤이 되었고, 김응근은 1845년 사간원 대사간이 되었으며, 김대근은 강원감사를 역임했다. 이들은 당시 세도정치를 이끌던 풍양 조씨, 안동 김씨 가문의 인물들이다. 초월은 이렇게 당대 주요 관료들을 거론하고 그 비리를 구체적으로 지적하고 있는데 그 내용은 주로 도덕적 비리, 욕심, 주색 등에 관한 것이다. 이어서 6조 판서의 이름을 하나하나 거론하며 평가한다. 예를 들어 병조판서 조기영은 임금에게 비위를 잘 맞추는데 다른 사람이 이 광경을 보면 역겨울 것이니 죽여도 아까울 것이 없다고 하고, 호조판서 김학성에 대해서는 재물을 엄격하게 처리하여 청렴하다고 하고, 또 각 도의 목사, 병사들 중 충효를 겸전한 사람이라고 추천하기도 한다.[21]

초월은 이처럼 신랄하게 판서들을 하나하나 들어 비판하다가 갑자기 남대문 밖에 사는 가난한 두 처녀에게로 이야기를 돌려 "남대문 밖 한림원에 두 처녀가 있는데 장녀는 40세, 차녀는 38세라고 합니다. 이들은 대신 김수황의 현손녀인데 어려서 부모를 잃고 남자 형제가 없을뿐더러 일가친척도 없으며 외가의 친척마저 없어 백척간두에 놓인 고단한 신세입니다. 삼간두옥은 여기저기 낡고 무너져 비바람도 가리지 못하고 있습니다"[22]라며 두 자매의 혼인에 관해 이야기한다. 그 뒷부분은 판독이 되지 않아 싣지 않고 있어 상소의 내용은 여기까지만 알 수 있다.

정치와 일상을 오가는 말하기

초월의 상소문은 가난한 선비, 일반 백성의 고단하고 피폐함, 관료의 비리, 제도의 폐단을 지적하면서 기생이나 가난한 집의 딸, 선비의 아내 등 여성도 놓치지 않고 거론한다. 또 시폐를 고발하기 전에 먼저 남편 심희순부터 고발하고, 흉년을 이야기하다가 자신이 용천에서 경험한 흉년을 떠올리고, 과거 폐단을 고발하면서 선비 아내의 고단함을 이야기한다. 이처럼 국가적 사안과 일상적 일을 오가는 것이 이 상소문의 한 특징이라 할 수 있다.

초월의 눈은 사회 전반을 향해 있고, 그 목소리는 움츠러들거나 주저하지 않는다. 초월의 글은 정연한 논리로 시국의 문제를 따지기보다는 사례나 경험을 들어 이야기하고, 품격 있는 문체나 상소문에서 흔히 볼 수 있는 비장한 태도보다는 구어적이고 일상적인 언어를 사용하고 풍자적이고 희화적인 태도를 보인다. 복잡하고 어려운 논리를 구사하지 않고, 구체적인 일화나 자신이 경험한 것, 소문을 인용해서 이야기하기 때문에 그 내용이 쉽게 전달된다.

초월은 남편의 부패상을 이야기하면서 남편에 대한 엄격하고도 냉소적인 시선을 숨기지 않는다. 초월의 이러한 태도는 이해하기 어렵다. 초월이 남편에게 한 정도로 심한 표현은 아니지만 여성을 대상으로 기록된 행장이나, 전傳에는 남편의 잘못을 엄정하게 비판하는 부인들의 모습이 종종 발견된다. 그러나 초월의 상소에서처럼 신랄하게 비판하는 경우는 찾기 어렵다. 남편에 대한 엄격하고 냉소적인 초월의 태도는 어떻게 이해해야 할까? 이후에 나온 것이기는 하나 육용정陸用鼎

(1843~1917)이 쓴 〈군인 처 모 소사전軍人妻某召史傳〉은 남편의 비리에 대해 객관적으로 엄정하게 평가한 아내의 시선이 나타나 있어 참조가 된다.

　모 소사는 서울 사람으로 그 남편은 서울의 별기군이었다. 동학란이 일어나자 모 소사의 남편은 군대를 따라 호남으로 가서 싸웠는데 나주 근방에서 패하여 죽었다. 그러자 부대에서 그를 거두어 한적한 길가에 묻어 주었다. 모 소사는 남편의 전사 소식을 듣고 시신을 반장하기 위해 아들을 데리고 가서 남편의 시신을 확인했다. 옷을 갈아입히려고 시신을 자세히 살피던 모 소사는 남편이 값나가는 물건을 많이 지니고 있는 것을 발견했다. 모 소사는 속으로 생각하기를, '전에는 남편이라 여겼는데 이제는 아니다. 몸이 천하면 차라리 병졸이 되어 적의 칼날 아래 죽더라도 결백하게 죽는 것, 그것이 남자다. 군대 일로 재산을 이렇게 모았을 리 없다. 이는 필시 비리로 취한 것이다' 하고 비리를 저지른 남편에 대해 탄식하기를 마지않았다. 결국 모 소사는 "고향에 모시고 가서 장례 치를 수 없다. 무슨 면목으로 고향 선산에 묻히겠는가?"라며 염습을 새로 한 뒤 그 자리에 도로 묻고 돌아왔다.[23] 모 소사의 행동에 대해 작가는 친한 이에 대한 의리는 비록 그가 불의한 일을 해도 가려 주어야 하는 것이지만 만약 이러한 의리를 넘어 다른 의리를 적용했다면 그것은 아내로서 바른 도리를 얻은 것이라고 평가했다. 다른 의리란 비리를 보고 깨우친 것을 말한다. 육용정은 모 소사의 선택이 아내로서는 바른 도리가 아닐 수 있지만 아내의 도리를 넘어 비리를 보고 깨우친 것으로 평가한 것이다.

　모 소사의 선택에 대해 조혜란은 모 소사가 남편 혹은 가족 대신 공적인 가치를 선택한 결과 의로운 주체가 된 것이며, 이러한 모 소사의 행동은 비슷한 시기의 구여성이 공적인 담론에 참여함으로써 공적인 주체로 나서고자 했던 것과 유사한 욕망[24]을 보여 준다고 보았다. 〈군인 처 모 소사전〉에 대한 이 같은 독법은 초월의 상소문을 읽는 데 시사점을 준다. 초월은 임금으로부터 숙부인 직첩을 받고 감격해서 그 은혜를 갚기 위해 상소를 쓴다고 밝혔다. 임금에게 받은 은혜는 남녀의 구별이 없고, 임금과 신하 사이는 무슨 일이든 말하지 않고 넘어갈 수 없다고 생각했기 때문이다. 초월은 숙부인이라는 직첩을 받고 자신을 공적인 주체로 인식하게 되었고, 상소는 공적인 주체로서 할 일을 하는 것이었다. 초월은 특정한 사안에 대해 상소한 것이 아니라 당시의 적폐를 고발했다. 남편에 대한 고발도 소위 고위 관료로서의 자질과 행태를 문제삼은 것이라 할 수 있다. 이러한 초월의 태도는 앞서 살펴본 양반 부인들이 가문의 회복과 유지를 위해 상언한 것과는 차이를 드러낸다. 초월의 태도는 근대 계몽기에 이르러 기생들이 국채보상운동에 의연금을 내고 시국에 대한 견해를 표출하는 태도와 상통하는 면이 있다.

이 한 편의 글 이외에는 초월의 존재를 확인할 수 있는 것이 없다. 기생 출신으로 청송 심씨 가문의 첩이 되고 숙부인까지 된 것은 쉽지 않은 일이기 때문에 초월이라는 존재가 실제로 있었다기보다는 누군가가 초월이라는 기생의 입을 빌려 이야기한 것으로 생각할 수도 있다. 하지만 당시 상층 관료 문인의 첩이 된 기생들이나 가련처럼 날카로운 정치의식을 가진 기생들의 존재가 드물지는 않았다. 김금원이나 김부용[운초]은 기생 출신의 시인으로 상층 관료 문인의 첩이 되었는데 특히 김금원은 여성으로서의 자신의 처지에 대해 민감하게 의식하고 여성의 한계를 넘어서고자 했다. 이러한 인물들을 생각하면 당시의 정치 상황에 대해 신랄한 비판의식을 가지고 글을 쓴 초월 같은 인물도 충분히 존재했을 수 있다.

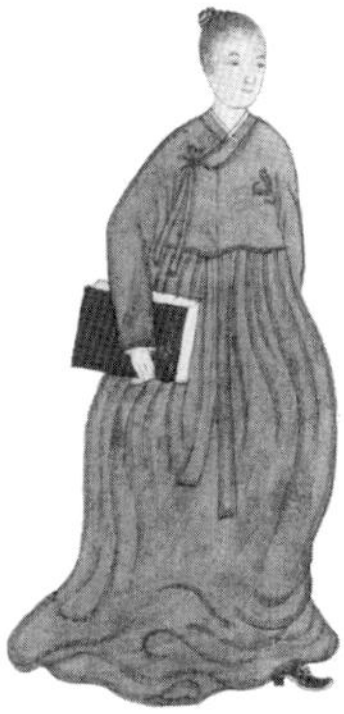

2부
신문 한 귀퉁이에서
세상을 향해 말하다
― 조선 후기 여성의 공적 발언

1876년 일본의 강압에 의해 개항이 이루어진 뒤로부터 20세기 초까지 전통문화와 새로운 문화의 유입 사이에서 조선 사회는 큰 변화를 겪었다. 1890년대에서 1910년까지 조선 고유의 근대를 형성하고자 '계몽'을 위해 분투했던 이 시기는 '근대 계몽기'라는 명칭으로 불린다.[1] 약 15년간 지속된 이 시기에는 20세기 이후의 역사를 결정짓는 많은 사건이 일어났다. 청일전쟁, 러일전쟁, 을미사변, 아관파천, 대한제국 건립, 을사조약, 강제병합 등이 이어졌고 학교의 설립, 연설회나 토론회의 성행, 신문의 발간 등으로 계몽운동이 확대되었다.

무엇보다 여성의 삶과 관련하여 극적이라 할 만한 큰 변화가 일어났다. 여성교육기관이 설립된 것이다. 갑오개혁을 통해서는 여성의 삶을 변화시킬 제도적 변화가 이루어졌다. 고종 31년(1894) 6월 28일 군국기무처는 12개 항목의 안건을 올렸다. 여기에는 처와 첩에게 모두 아들이 없을 경우에만 양자를 세우게 하고, 남녀 간의 조혼을 엄금하여 남자 20세, 여자 16세 이후에 결혼할 수 있게 하며, 귀천에 상관없이 과부의 재가를 자유에 맡긴다는, 여성의 삶을 변화시킬 내용이 포함되어 있었다.[2]

이러한 변화와 더불어 여성들은 드디어 공적인 공간으로 나와서 자신들의 의사를 직접 밝히기 시작했다. 천주교와 동학의 영향, 갑오개혁으로 인한 제도 개혁, 1886년 이화학당을 비롯한 여학교 설립, 그리고 무엇보다도 신문이라는 새로운 매체의 등장이 있었기 때문에 가능한 일이었다. 그 출발도 의미심장하다. 1898년 서울 북촌의 여성들은 최초의 여권선언이라 할 만한 〈여학교설시통문〉을 발표하고, 대궐 앞에서 학교 설립을 요구하며 상소를 올렸으며, 1899년에는 축첩을 반대하는 상소를 올렸다. 〈여학교설시통문〉과 상소문의 초안은 신문에 게재되면서 공적 공간에 그 목소리를 광범위하게 전달하고 여성들의 호응을 일으켰다.

여기서는 19세기 말~20세기 초 신문에 실린 여성들의 글을 대상으로 여성들이 어떤 문제에 관심을 가졌는지, 그것을 어떤 방식으로 표현하고 있는지를 살피고자 한다. 독자 투고가 대표적인 형태를 이루지만 여기에는 논설이나 잡보, 광고란에 실린 것도 포함한다.

1장 통문과 상소

1. 여중군자들이 되게 하려
이제 여학교를 창설하니, 〈여학교설시통문〉

대한제국 고종 35년인 1898년 9월 1일 서울 "북촌의 여중군자" 몇 명
이 〈여학교설시통문女學校設施通文〉을 써서 여학교의 필요성과 여성의
권리를 주장하며 학교 설립 소식을 전했다. 이날은 한국 여성운동사의
중요한 한 장면으로 기억될 만하다. 통문의 발기인은 이 소사와 김 소
사. 이 소사는 이 양성당으로 북촌 양반가 부인이고, 김 소사는 평양 출
신 김 양현당으로[3] 북촌 양반층 부인과 교류가 있었던 부인이다. 이들
은 통문을 발표한 뒤 최초의 여성단체인 찬양회를 결성하고 회장을 지
냈다. 1898년 서울 북촌 여성들을 중심으로 결성된 찬양회는 남녀평등
을 실현하기 위해서는 교육이 필요하다고 주장하고, 여성들이 단체 조
직을 통해 사회적 경험을 쌓고, 단체 투쟁을 통해 사회적 경륜을 쌓는

것이 필요하다는 주장[4]을 펼쳤는데 그 회원이 400여 명에 이를 정도로 많은 여성들의 호응을 받았다.

〈여학교설시통문〉은 천부인권사상을 바탕으로 참정권, 직업권,[5] 교육권 등의 획득을 주장한 근대 여권운동의 효시로 평가되면서 〈여권통문〉으로 명명되었다. 이후 〈여학교설시통문〉은 〈여권통문〉으로 더 많이 불리고 이제 그 명칭이 〈여권통문〉으로 굳어지는 듯하다.[6] 그러나 이 통문은 여학교 설립을 알리면서 학생을 보내 달라는 취지에서 쓴 것이다. 당시 여학교 설립이나 여성교육이 여성의 권리에 대한 인식과 밀접하게 연관되어 있었기 때문에 〈여권통문〉이라는 명명이 내용과 크게 어긋난 것은 아니다. 하지만 내용을 보면 이 소사, 김 소사 등이 명명한 대로 〈여학교설시통문〉 또는 〈여학교통문〉으로 부르는 편이 더 실상에 부합한다. 〈여학교설시통문〉으로 부른다고 해서 남녀동등권, 여권을 주장한 의미가 감소되는 것도 아니다. 오히려 〈여학교설시통문〉이라는 이름은 여학교 설립, 즉 여성교육을 남녀평등에 가장 긴요한 것으로 본 역사적 정황을 더 분명하게 드러낸다. 그런 의미에서 이 책에서는 〈여권통문〉 대신 〈여학교설시통문〉 또는 〈여학교통문〉으로 부른다.

북촌 여성들은 문명개화를 위한 여학교 설립을 주장하면서 전통적인 방식인 통문과 상소 형식을 택했다. 상소는 익히 알려져 있지만 통문은 다소 낯선 형식이다. 통문通文은 회문回文이라고도 하는데 특정한 단체에서 개인들에게 통지하는 문서의 형태를 말한다. 통문은 16세기에 문서 형식의 하나로 확립되었고 조선 후기에 이르러 널리 사용되었다. 조선 후기 사족층을 비롯한 하층민의 정치 활동뿐만 아니라 문중 활동과 향촌 활동 등이 활발해지면서 통문이 소통 방식으로 광범위하게 활용되었기 때문이다.[7] 찬양회의 통문도 그러한 전통을 이은 것으로 볼 수 있다.

1898년 9월 1일에 발표된 〈여학교통문〉은 9월 8일 《황성신문》 별보와 9월 9일 《독립신문》에 게재되었다. 《황성신문》은 "북촌의 여중군자 여러분이 개명에 뜻을 두어 여학교를 만들라는 통문을 썼는데 하도 놀랍고 신기해서 싣는다"고 했고, 《독립신문》도 〈녀학교〉라는 제목 아래 전문을 게재했다.[8]

무릇 물이 극하면 반드시 변하고 법이 극하면 반드시 갖춤은 고금의 떳떳한 이치입니다. 우리 동방 삼천리 강토와 여러 임금님의 오백여 년 기업으로 태평한 세월에 취하도록 마시고 배불리 먹어 무사했고 우리 성상 폐하께서 높고도 넓으신 덕업으로 임금에 오르신 뒤에 국운이 더욱 왕성하여 이미 대황제위에 오르셨고 문명개화할 정치로 만기를 총찰하고 계십니다. 이제 우리 이천만 동포형제가 성의를 본받고 따라 옛날의 게으른 행동과 습관을 영영 버리고 각각 개명한 신식을 준행하고 있으니 일마다 잘 이루어져 날로 새로워짐을 사람마다 힘써야 할 것인데 어찌하여 한결같이 귀먹고 눈먼 병신 모양으로 구습에만 빠져 있으리오? 이것이 한심한 일입니다. 혹시라도 이목구비와 사지오관육체가 남녀가 다름이 있습니까? 어찌하여 병신 모양으로 사나이가 벌어 주는 것만 앉아 먹고 평생을 깊은 규방에 처하여 남의 절제만 받으리오?

이왕에 우리보다 먼저 문명개화한 나라들을 보면 남녀가 동등한 권리가 있어 어려서부터 각각 학교에 다니며 각종 학문을 다 배워 이목을 넓히고 장성한 뒤에 사나이와 부부의 의를 맺습니다. 평생을 살더라도 그 사나이에게 조금도 압제를 받지 아니하고 후한 대접을 받음은 다름 아니라 그 학문과 지식이 사나이에 못지 아니한 까닭에 권리도 같기 때문이니 어찌 아름답지 않으리오? 오, 슬프도다. 전일을 생각하면 사나이가 위력으로 여편네를 압제하려고 한갓 옛글을 빙자하여 말하되 여자는 안에 있으면서 밖을 말하지 말며 술과 밥을 지음이 마땅하다 하니 어찌하여 사지육체가 사나이와 같은데 이 같은 압제를 받아 세상형편을 알지 못하고 죽은 사람 모양이 되리오?

이제는 옛 풍속과 규범을 전폐하고 개명진보하여 우리나라도 다른 나라와 같이 여학교를 설립하여 각각 여아들을 보내 갖가지 재주를 배워 이후에 여중군자들이 되게 하려 이제 여학교를 창설하니 뜻 있는 우리 동포형제 여러 여중 영웅호걸님네들은 각각 분발하는 마음을 내어 귀한 여아들을 우리 여학교에 들여보내시려 하시거든 곧 이름을 올리시기를 바라나이다.

구월 일일 여학교통문 발기인 이 소사·김 소사[9]

문명개화론의 입장을 견지한 이 글에서 문명개화는 남녀의 동등권, 남녀의 동등한 교육, 남자의 압제로부터 벗어나는 것이다. 반면 구습은 여자는 집안에 있고, 바깥세상에 대해 말하지 않고, 술과 밥을 짓는 것을 자신의 직분으로 여겨야 한다는 옛글의 가르침을 빙자하여 위력으로 여자들을 억누르는 것이다. 옛글의 가르침으로 제시된 내용은 《예기》, 《여사서》 등에서 여성들의 할 일이라고 한 것들이다. 통문은 이처럼 여성을 억누르고 세상형편을 알지 못하게 하는 옛 풍속과 규범을 완전히 없애야 한다고 주장한다. 유교 가부장제를 유지하는 데 결정적인 역할을 해 온 여성 규범을 폐지해야 한다는 말이다. 그리고 다른 나라처럼 여학교를 설립해야 한다고 하면서 여학교 설립을 알린다. 이들이 말한 다른 나라는 일본과 유럽, 미국 등일 것이다.

유럽이나 미국은 19세기 초까지 여성의 권리가 제한되었으나 19세기 말에 이르러 여성운동이 시작되었다. 19세기 초 유럽과 미국의 여성들은 선거권·피선거권은 물론이고, 공직에 참여할 수 없었고, 재산권도 없었다. 중등교육은 소년에게만 허용되었다. 그러나 1848년 뉴욕주에서 '여성권리대회'를 개최한 것을 시작으로 유럽과 미국에서 자유주의 여권운동이 전개되었다.[10] 1848년 영국에 여자대학인 퀸즈 칼리지가 설립되었고, 1878년부터 런던대학에서도 여학생에게 학위를 수여했다. 미국에서도 남북전쟁 이후 여성들이 대학교육을 받을 수 있는 기회가 늘어 1870년대에는 1만 1천 명의 여성들이 대학교육을 받았다.[11] 일본도 이미 여성에게 의무교육을 시행하고 있었다. 서구의 남녀평등 교육에 대한 소개는 《한성순보》 이래 개화파에 의해 지속적으로 이루어졌고,[12] 1886년에는 이화학당이 설립되어 여성교육이 시작되고 있었다. 이러한 움직임을 보면서 여성들은 남성들의 압제를 받는 데서 벗어나기 위해서는 교육이 필요하다는 사실을 깨닫고 학교를 설립했다. 이 통문은 여성 자신의 필요를 여성 주체의 목소리로 분명하게 이야기하고 남녀의 동등한 권리를 주장했다. 상언에서처럼 남편이나 아들을 위한 것이 아니라 바로 자신들이 주체가 되어 바로 자신들, 여성들을 위해 목소리를 냈다. 이것이 이 통문의 중요한 점이다.

그러나 통문을 쓴 주체들은 남녀동등권에 대한 분명한 인식 하에 여성교육의 필요성을 주장했지만 어떤 여성을 길러 내야 하는가에 대해서는 아직 구체적인 상이 없었던 것으로 보인다. 이들은 여아를 교육해서 '여중군자'를 길러 내겠다고 하면서 '여중 영웅호걸님네들'의 분발을 촉구한다. 군자는 유학에서 추구하는 이상적인 남성상으로, 여중군자는 조선시대에 공부한 여성을 가리키거나 식견이 뛰어난 여성을 가리킬 때 종종 쓰던 말이다. 여중군자는 뛰어난 인재를 비유한 것이겠지만 이들이 여중군자란 말을 가져온 것은 문명개화시대의 새로운 여성상을 지칭할 언어가 부재했음을 보여 주는 것이기도 하다.

이 통문은 당시 여성들의 큰 호응을 받았다. 1898년 9월 28일 《독립신문》이 전한 바에 의하면 회장이 통문을 크게 읽자 55명의 회원이 앉아서 공경하며 듣고 그 뜻에 감복했으며 방청하러 온 100명에 가까운 부인들이 자원해서 찬양회에 가입했다.[13] 신문이나 당시 지식인들도 관심을 기울였다. 그러나 그 반응이 같지는 않았다. 매천 황현(1855~1910)은 "북촌 여학당 부녀들이 여제자 입학생을 모집하기 위해 글을 발표하여 두루 알리고 남녀의 동등한 권리를 얻고자 했다"[14]고 기록했다. 매천은 특별한 견해를 드러내지 않고 그 취지를 전달하고 있다. 이에 비해 《독립신문》 1898년 9월 13일 자에 실린 〈여인교육〉은 통문을 반기고 축하하며 여성교육의 필요성에 공감을 표한다. 그러나 여학교 설립 취지에 동의하되 여성교육이 총명한 자녀를 길러 내는 데 유익하고, 나라가 흥하게 되는 것이라고[15] 함으로써, 현모양처를 길러 내는 여성교육론으로 그 방향을 틀어서 받아들인다. 이는 가족을 위해 필요한 현모양처 교육 이외의 여성교육을 상상하지 못하는 한계를 보여 주는 동시에 가족의 필요에 여성교육을 종속시키려는 의도를 드러내는 것이다.

이렇듯 큰 반응을 낳은 〈여학교통문〉은 북촌 부인들이라는 특정한 여성 주체를 등장시켰다. 통문을 올린 뒤 설립된 찬양회의 구성원에는 북촌 부인들뿐만이 아니라 하급 관리의 부인, 기생, 평민 부인 등 다양한 여성들이 포함되어 있었다.[16] 그럼에도 통문을 실은 신문에서 북촌 부인들이라고 명명한 것을 보면 이들이 대표성을 가졌던 것으로 보인다. 그렇다면 북촌 부인들이 이렇게 나설 수 있었던 배경은 무엇일까?

북촌은 서울의 종각 북쪽에 있는 마을로 지금의 종로구 재동, 가회동, 삼청동, 안국동 일대에 걸쳐 있던 동네이다. 북촌이 지명으로 쓰이기 시작한 것은 18세기 후반으로 이 지역에는 안동 김씨를 비롯한 노론 세력이 오랫동안 거주해 왔다. 집권세력이 살았던 곳인 만큼 양반과 관료가 많은 비중을 차지하고 있었다.[17] 노론세력의 거주지로 알려진 북촌이라는 지역의 의미를 고려한다면 당시 북촌 부녀들로 지목된 여성들 가운데는 노론 가문과 관련이 있는 여성들이 포함되어 있었을 것이다. 17세기 이후 여성을 대상으로 쓰인 행장, 묘지명, 제문 등의 기록을 보면 노론 가문은 딸들의 재능에 대해 비교적 관대했던 것으로 나타난다. 학문에 뛰어난 성취를 보인 김창협의 딸 김운이나 곽청창, 임윤지당 등이 모두 노론 가문 출신인 것이 우연한 일은 아니다.

19세기 중후반 북촌 문단의 여성 인식도 북촌 부인들의 권리의식과 관련지어 생각할 여지를 준다. 당시 북촌 문단을 주도한 조면호(1803~1887)와 박영보(1808~1872)는 여성노동의 과중함을 인식하고, 여성들의 재능을 인정하는 등 달라진 여성 인식을 보여 주기 때문이다. 김용태는 북촌 여성들이 권리 신장에 눈을 뜨게 된 경로를 구체적으로 알기는 어렵지만 북촌 문단의 달라진 여성 인식과 관련이 있을 것으로 추정했다.[18] 19세기 후반 북촌 여성들의 동향에 대해서는 연구가 더 필요하다. 그러나 이상의 사실로 미루어 볼 때 〈여학교설시통문〉은 서구의 남녀동등권으로부터 받은 영향과 더불어 조선 후기로부터 이어져 온 여성 인식 변화의 연장선상에 놓여 있는 것이다. 여기에 북촌 여성들도 한 역할을 했다. 통문을 계기로 결성된 찬양회는 북촌 부인들의 범주를 넘어 다양한 구성원들이 참여했고, 이후 일요일마다 집회를 열고 연설과 토론회를 열면서 활발한 활동을 벌였다.

2. 찬양회의 상소와 기생 농희의 상소

여학교를 설립하여 문명한 나라로

《제국신문》1898년 10월 12일 자 〈잡보〉에는 전날 승동 부인협회인 찬양회 부인들이 상소를 올렸다는 기사가 실렸다. 승동은 현재 종로구 인사동, 공평동 일대에 있던 마을이다. 기사에는 찬양회 회원들이 장례원 주사 김용규의 집에서 회의를 열고 가마를 타거나 걸어가서 상소를 올렸는데 "사람은 일반인데 남자가 벌어 주는 것만 먹고 규중에 들어앉아 간힌 죄인 모양으로 권리도 없고 학문도 없고 어디를 다닐 때도 가마를 타든지 장옷을 쓰지 않으면 급한 일이 있어도 출입을 못하니 장옷 쓰지 말고 가마 타지 말고 우산이나 들고 다니게 해 달라"[19]는 게 목적이라고 했다. 장옷은 여성들이 내외를 위해 쓰던 의복의 하나였으나 여학생들이 쓰개치마 대용으로 검정 우산을 쓰면서[20] 우산은 당시 여성들에게 새로운 내외의 수단이 되었다.[21] 위 내용은 당시 여성들이 우산으로 장옷을 대신하고자 했던 정황을 보여 준다. 그러나《제국신문》은 13일 자 〈잡보〉에 찬양회의 목적을 잘못 쓴 것이라는 정정 기사를 싣고[22] 상소의 전문을 실었다. 이 상소는《제국신문》외에 같은 날짜《매일신문》에도 순성학교가 올린 상소 초안이라고 소개되며 전문이 실렸다. 순성학교는 찬양회가 1898년에 설립한 학교로 승동학교로도 불렸다. 다음은《제국신문》에 실린 상소로《매일신문》에 실린 것과 내용은 동

일하나 글자나 문구에 몇 가지 차이가 있다.

신첩 이양성 등

복이 (생각하건대) 학교란 것은 인재를 배양하고 지식을 확장하는 것입니다. 고로 옛적에 나라에는 국학이 있고 고을에는 향학이 있으며 집에는 글방이 있음은 홀로 남자만 교육할 뿐 아니라, 비록 여자라도 또한 가르치고 이끄는 방도가 있어 내칙과 규범 등 선조들의 가르침을 구비하였습니다. 구미 각국으로 말씀하여도 여학교를 설립하여 개명진보에 이르렀으니 어찌 우리나라에만 여학교 명색이 없습니까?

우리 대황제 폐하께서 중흥의 운에 응하시고 독립의 업을 세우셔서 제도를 새롭게 하시며 은택을 흘러넘치게 하셔서 관립, 사립학교들을 설립하시어 영재를 빼어나게 하시니 아아 거룩하도다! 공경하여 우러르고 기뻐합니다. 무릇 인재는 학문에 있고 학문은 교육에 있습니다. 근일 독립협회의 목적을 들으니 충군애국하는 마음으로 공평 정직한 의리를 잡아 황제 폐하께 글월을 올려 폐하의 총명을 보좌하고 나라의 기강을 지탱하고자 한다 하니 우리 폐하의 신민 된 자 뉘 아니 공경하여 우러르지 않겠습니까? 심지어 나무 장사와 과실 장사까지도 의연금을 내어 애국하는 정성을 표하는데 신첩 등과 같은 여자들인들 어찌 옳은 것을 붙드는 마음이 없겠습니까? 그러나 혹 비방하는 논의와 배척하는 문자가 없지 아니하여 들으면 현혹됨이 있으며 충성과 반역을 분변치 못하는 자 종종 있다고 합니다. 이는 다름 아니라 비록 남자라도 학식이 없어 시의에 영합하고자 하는 주의라 그러하면 도리어 학문 있는 여자만도 못하니 이로 미루어 보면 여자라도 또한 충성하고 애국하는 마음과 문명을 일으킬 학문을 힘쓰는 이만 같지 못한 것입니다.

이러한 까닭으로 신첩 등이 찬양회를 설립하여 충애 두 자를 규중으로부터 두텁게 실천해서 온나라에 성하게 일어나게 하려 하나 학교가 아니면 총명한 여아 등을 길러 낼 도리가 없어 감히 외람됨을 피하지 않고 충성스런 마음을 드러내어 다만 폐하께 말씀을 받들어 올립니다. 엎드려 바라건대 폐하께서는 깊이 통촉하셔서 학부에 칙령을 내리시어 특별히 학교를 설립하게 하셔서 방년 어린 아이들에게 학업을 닦게 하여 동양의 문명한 나라가 되고 각 국과 평등한 대우 받기를 엎드려 바라옵나이다.

이 상소문은 앞서의 통문과 마찬가지로 전통적인 형식으로 교육의 필요성을 강조하고 칙령을 내려 여학교를 설립해 달라고 건의한 것이다. 〈개화 상소〉로도 알려진 박영효의 〈건백서〉에서도 볼 수 있듯이 문명개화를 주장한 상소는 드물지 않았고, 독립협회에서 상소를 올렸다는 기사는 신문에서도 종종 볼 수 있다. 이 글도 상소 형식을 취한 만큼 문장도 상소에서 가져온 것이 많다. 원문을 보자.

신첩 리양성등
복이 학교란 자는 인지를 비양ᄒ옵고 지식를 확장ᄒ옵ᄂ지라 고로 녯적에 국에 학이 잇고 당에 샹이 잇시며 집에 슉이 잇ᄉ옴은 홀노 남자만 교육ᄒᆯ 쌴 안이오라 비록 녀류라도 ᄯᅩᄒᆫ 교도지방이 잇ᄉ와 ᄂᆡ측과 규법 등 션훈이 구비ᄒ엿ᄉ오며 구미 각국으로 말ᄉᆷᄒ와도 녀학교를 셜립ᄒ야[23] 기명 진보에 이르럿ᄉ온즉 엇지 아국에만 녀학교 명식이[24] 업ᄉ오릿

가 유아대황뎨폐하꾀옵셔 즁흥의 운을 응ㅎ옵시고 독립에 업을 건ㅎ오
셔 졔도를 유신ㅎ시며 셩틱이 방류ㅎ오셔 관스립 학교를 병셜ㅎ샤 영지
를 발월케 ㅎ오시니 의여 셩지라 흠숑도무ㅎ옵느이다 대져 인지는 학문
에 잇습고 학문은 교륙에 잇는지라 근일 독립협회에 목뎍을 듯스온즉
츙군 익국ㅎ는 마음으로 공평 명직혼 의를 잡아 텬폐에 글월을 올녀 셩
총을 보좌ㅎ옵고 국강을 부식고쟈 ㅎ랴 ㅎ오니 우리 폐하에 신민된 지
뉘아니 흠감ㅎ오릿가 심지어 나무 쟝스와 과실 쟝스싯지라도 의연금을
닉야 익국지셩을 표ㅎ옵는데 신쳡등 깃스온 부(분)듸지류이온들 엇지 병
이지심이야 업스오리잇가 그러ㅎ오나 혹 비방ㅎ는 론의와 비쳑ㅎ는 문
즈가 업지 아니ㅎ와 텽문에 현혹이 잇스오며 츙역을 분변치 못ㅎ는 지
죵죵 유지ㅎ오니 이는 다름이 아니오라 비록 남즈라도 학식이 업스와
시의에 영합ㅎ고쟈 ㅎ옵는 쥬라 그러ㅎ면 도로혀 학문 잇는 녀즈만도
못ㅎ오니 일노써 미루워 녀즈라도 쏘혼 츙의지심과 문명지학을 힘쓰는
이만 갓지 못ㅎ온지라 소이로 신쳡등이 찬양회를 셜시ㅎ와 츙이(의) 이
즈를 규즁으로부터 독실히 ㅎ야 젼국이 흥왕케 ㅎ려 ㅎ오나 학교가 아
니면 춍명혼 녀아등을 비양홀 도리가 업습기로 감히 외월을 불피ㅎ옵고
츙쟝을 실폭ㅎ와 졔셩앙유어쥬(유)광지하ㅎ오니 복걸 셩명은 깁히 통쵹
ㅎ오셔 학부에 칭령 나리오샤 특별히 학교를 셜시케 ㅎ시와 방년 묘아
등으로 학업을 닥샤와 동양에 문명지국이 되옵고 각국과 평등의 우딕를
밧기를 복망ㅎ옵느이다[25]

이들은 "유아대황뎨폐하惟我大皇帝陛下", "셩택聖澤이 방유旁流ㅎ오
셔", "의여猗歟 셩지盛哉라 흠숑欽誦 도무蹈舞ㅎ옵느이다", "츙쟝衷腸을

실폭悉暴ᄒ와 제성앙유어유광지하齊聲仰籲於旒纊之下ᄒ오니 복걸伏乞 성명聖明은 깁히 통촉洞燭ᄒ오셔”등 상소문에 흔히 쓰는 관습적인 표현들을 그대로 사용하고 있고, 자신들을 “신첩臣妾”, “분대지류粉黛之類”로 지칭하고 있다.《매일신문》에만 있는 “무임병영긔간지지無任屏營祈懇之至 근미ᄉ이문謹昧死以聞ᄒ압ᄂ나다”도 마찬가지다. 이 같은 관습적 표현과 아울러 이 상소문은 고종 황제를 향해 전통적으로 여자교육이 구비되어 있었음을 먼저 이야기한 뒤 구미 각국도 이미 여학교를 설립해서 개명진보로 나아가고 있다고 설득한다. 그리고 여자도 옳은 것을 향한 마음, 즉 병이지심秉彝之心이 있다고 하고, 규방에서부터 충애지심, 즉 충군애국하는 마음이 온나라에 성하게 일어나게 하기 위해서는 학교가 필요하다고 주장했다. 찬양회가 올린 통문과 상소문의 특징은 구습을 버리고 문명개화로 나아갈 것을 주장하면서 문명개화의 가장 긴급한 것은 여학교 설립이라고 했다. 이들은 남녀차별을 분명하게 의식하고 있었고 자신들이 해야 할 가장 중요한 일이 남녀차별을 넘어서는 것이라고 생각했다. 그래서 문명개화를 주장하되 문명개화의 핵심 내용을 여학교 설립을 통한 여성교육에 두었던 것이다.

칙령을 내려 여학교를 설립해 달라는 찬양회의 상소에 대해 고종은 빠르게 응답했다. 이틀 만에 여학교 설립을 허가한다는 비지를 내린 것이다. 크게 고무된 찬양회 부인들은 다시 모여 연설을 하고 나라 사랑하는 노래를 부르며 즐거워했다.《매일신문》은 이 소식을 전하며 상소의 전문을 싣고 찬양회의 입장을 지지했다.《독립신문》도 이들의 발표를 지지했다. 그러나 학교가 순조롭게 설립되지는 못했다. 1899년 2월 대신 회의에서 관립 여학교 설립안이 부결되었기 때문이다.[26]

그사이 찬양회에 대해 부정적인 소문이 돌았다. 두 달쯤 뒤인 1898년 12월 7일 《독립신문》은 〈부인회 소문〉이라는 기사를 통해 부인회에 대한 부정적인 소문을 전하고, 그 사흘 뒤인 12월 10일에는 또 〈부인회 설명〉이라는 기사를 통해 부인회의 입장을 실었다. 〈부인회 소문〉에서 전하는 소문은 무엇인가? 찬양회 부인들이 회의가 있는 날이면 화려한 화장에 금은보패로 치장을 하고 비단 두루마기에 사인교, 장독교를 타고 와서는 연설 잘 하고 음식을 먹을 때는 먹는 사람들만 먹고 구차한 회원은 돌아보지도 않으며, 회표를 나눠줄 때는 돈 있는 사람과 구차한 사람을 차별한다는 것이다. 기자는 이 소문을 듣고 개명에 뜻을 두고 있다고 해서 흠모했는데 "그 회의 명예를 위하여 대단히 애석하다"고 실망스러움을 표했다.[27] 기자는 자신이 직접 보지 않고 소문을 듣고 기사화하면서 찬양회가 빈부에 따라 사람을 차별한다고 내부의 분열을 기정사실화했다.

이 기사를 본 찬양회는 편지를 보내 소문의 내용을 반박하고 "동포 형제 간에 어찌 빈부를 보아 회표를 먼저 주고 뒤에 주리요. 의복으로 말하더라도 본회 규칙이 검소하기로 정해져서 회원 중 혹 비단 의복 입은 이가 있으면 벌금을 받고 혹 방청하는 부인은 비단 의복 입은 이가 있다"[28]고 해명했다. 《독립신문》은 찬양회의 편지 내용을 싣고 부인들이 신문을 열심히 보고 명예에 관계되는 일을 이렇게 설명하는 것을 보니 개명진보에 유의하고 있음을 알겠다고 하며 규칙을 더 엄격히 해서 명예를 세계에 전파할 수 있도록 서로 힘쓰기를 바란다[29]고 했다. 부인회 소문을 둘러싼 이 기사는 찬양회 부인들에 대한 부정적 시선이 늘 잠복해 있었음을 보여 주며, 《독립신문》이 부인들을 계도하는 입장에서 있는 듯한 느낌을 준다. 그러나 찬양회가 문제가 된 사안에 대해 적극적으로 해명하고 자신들의 원칙과 입장을 분명히 밝히며 적극적으로 대응한 것을 통해 여성들의 주체적 면모를 엿볼 수 있다.

구경거리가 된 축첩 반대 시위

1899년 3월, 북촌 부인들이 주축이 된 찬양회는 축첩을 반대하는 상소를 올렸다. 추계 최은희(1904~1984)의 《여성을 넘어 아낙의 너울을 벗고》에는 상소 장면을 이렇게 전한다.

그녀들은 흰 헝겊에 먹 글씨로 '한 지아비가 두 아내를 거느리는 것은 윤리에 거스르는 길이오, 덕의를 잃은 행위一夫二室, 悖倫之道, 德義之失'라고 크게 세로로 내려서서 장대에 매달아 포덕문 앞에 세웠다. 그 옆에는 정결한 돗자리를 깔고 대부분 옥색 치마에 미색 반회장저고리를 받쳐 조촐하게 의상을 차려입은 30~40대의 젊은 부인 50여 명이 한 무릎을 세우고 질서정연하게 앉아 있었다. 그 단아한 모습으로 보아 중류 이상 가정의 부인임을 쉽게 짐작할 수 있었다.

지나가는 행인의 눈길은 그곳으로 쏠렸다. 봄바람에 플래카드가 휘날려 퍼졌다가 오그라드는 글씨를 분명히 읽으려는 이들의 발길은 그 앞에 멈춰졌다.

그녀들은 일제히 흰 헝겊에 새까만 먹 글씨로 자기 성명을 쓴 선전 띠를 어깨로부터 허리에 걸쳐 옆으로 맞잡아 매어서 아래로 늘어뜨렸다. 자기 성명 석 자를 분명히 쓴 이도 있었지만 이 부인·김 부인·박 실인·최 실인 등 출가하면 남편의 성을 따서 친정에서 불러주는 이름 아닌 이름을 한자로 쓴 이들이 더 많았다.

선두에 앉아 지휘한 사람은 한문으로 정형숙鄭亨淑이라는 이름을 번듯하게 썼다. 30 고개를 바라볼 듯 말 듯한 분으로 매우 총명한 인상을 주었다. 묻지 않아도 여우회 회장임을 짐작할 수 있었으며 그는 북촌 회동에 산다는 것도 알았다.

그녀들은 고종 황제께 "상감께서 먼저 후궁을 물리치시고 공경대부로부터 미관말직과 일반 서민에 이르기까지 기왕지사는 불문에 붙이고라도 앞으로는 절대로 첩을 두지 말라는 칙령을 내려 줍소서"라는 내용의 상소를 올렸다.

정형숙은 날마다 데모에 참가하기로 약속하고 자원해서 나온 회원 전원을 인솔하고 사시巳時(오전 10시경)만 되면 어김없이 나오는 것이었다. 그녀들은 온종일 대궐 문전에서 고종 황제로부터 비답이 나오기를 기다리며 앉아 있었다. 초경(오후 6시경)쯤 되어 그만 해산하라는 영이 내리면 물러가곤 하기를 1주일 이상 되풀이하였다.

그러는 동안 여우회원이라는 소문이 와전되어, "덕수궁 앞에는 여우들이 둔갑해서 여편네로 변하여 날마다 대궐문 앞에 수십 명이 진을 치고 있다"는 유언비어가 퍼졌고, 포덕문 앞을 지나가는 사람들은, "오늘도 여우 나왔다" 하고 수군거렸다. 차차 성 안팎에서 남녀노소들이 매일 오정 때쯤이면 여우 구경을 하러 몰려들어 덕수궁 앞이 인산인해로 대혼잡을 이루었다. 그러나 그녀들의 그처럼 간곡하고 열성적인 지구전도 마침내 개가를 올리지 못하고 흐지부지 끝났다.[30]

최은희의 기록은 1953년경 홍종만으로부터 전해듣고 쓴 것으로, 홍종만은 22세 청년 시절에 이 장면을 직접 목격했다고 한다. 플래카드를 걸고 1주일 이상 지속한 이 상소는 고종 황제부터 서민에 이르기까지, 그러니까 아내가 있는 모든 남자들은 이후로 첩을 두지 말라는 것으로 이 상소는 부인들이 중심이 되어 올린 것이었다. 공적 공간에 나와 의사 표시를 하기 시작한 여성들이 여학교 설립 다음으로 한 것이 축첩 반대였다는 것은 당시 여성들에게 이 문제가 얼마나 중요한 문제였는가를 짐작하게 한다. 조선 사회는 처첩제도를 두어 남성의 성적인 방종을 허용했다. 남성의 성적 방종을 허용하거나 관대한 태도를 취하는 것은 가부장 사회의 특징이다. 조선 사회는 이에 대해 여성들이 직접 불만을 표현할 수도 없게 했다. 축첩이 윤리에 어긋난 일이라고 주장하며 임금부터 후궁을 물리치고 첩을 못 두게 하는 칙령을 내려 달라고 하며 공개적으로 시위를 벌인 것은 가부장 사회가 허용한 남성의 성적인 방종에 대해 정면으로 도전한 의미를 갖는다. 하지만 부인들이 중심이 된 이 시위는 가부장 사회가 타자화한 첩에 대해 또다시 타자화할 우려가 있었다. 뒤에 보겠지만 이에 대해 첩들도 적극적으로 자기 목소리를 내기 시작했다.

여우女友가 여우狐로 의도적으로 왜곡되면서 이들의 모임은 '여우가 둔갑한 여편네'들의 모임으로 폄하되어 구경거리가 되었다. 자신의 의견을 주장하며 거리로 나온 이 여성들에 대해 당시 사람들이 얼마나 불편해했는지 짐작할 수 있다. 이 여성들의 항의가 흐지부지되고 만 것은 이러한 반응과도 관련이 있었을 것이다.

소원제도의 맥락에서 보면 위 찬양회의 상소는 조선시대 여성들이 궁궐 문밖에서 상언이 받아들여지기를 기다리던 것의 연속선상에 놓여 있다. 조선시대에 선비들이 집단으로 상소를 올린 경우는 많지만 여성들이 집단으로 올린 경우는 없었다. 따라서 여성들이 집단으로 나와서 상소를 올린다는 것만으로도 구경거리가 되었던 것이다.

조선시대에 여성들의 집단행동이 없었던 것은 아니다. 달레Dallet 신부의 《한국천주교회사》에 실린 뿌르띠에Pourthie 신부의 〈1862년 11월 8일 자 서한〉은 조선 말 과부들이 자신들에 대한 부당한 대우에 저항한 사건에 대해 다음과 같이 기록하고 있다. 이는 1862년 민란 중에 일어난 사건이다. 전 시기에 일어난 일이고, 집단상소와 성격이 다르기는 하지만 중요한 사건으로 생각되어 소개한다.

과부들은 이 나라에서 꽤 수효가 많은 계층을 이루고 있습니다. 왜냐하면 특히 양반집에서는 여인이 재혼을 하지 않기 때문입니다. 그들의 처지는 비참하고 동정과 보호를 받아야 마땅한 것으로 인정되고 있습니다. 이 수령이 하루는 모든 과부를 군청으로 오라는 명령을 내렸으므로 이들은 관장이 동정하는 마음으로 그들의 처지를 개선하기 위해 무슨 일을 하려는가 보다고 생각하고 모두 그가 부르는 데로 갔습니다. 수령은 과부들이 모인 것을 보고는 각자의 주소 성명을 적고 대략 이와 같은 연설을 했습니다.

"여러분이 재혼을 했다면 남편들과 합심해서 세금을 내는 데 이바지하였을 것이고 따라서 조정에 봉사하였을 것이요. 그런데 지금은 반대로 친정집에 홀로 있으니 여러분은 국가에 무익한 존재들이며 공공번영에 조금도 협력을 하지 않고 있소. 여러분을 임금님의 합당한 신민으로 만들기 위해 본관本官은 여러분에게 특별한 세금을 물게 해야 되겠다고 생각했소. 그러니까 여러분은 관장에게 베 두 필을, 봄에 한 필 가을에 한 필씩 바치도록 하시오."(이 삼베들은 길이가 40자 이상이 됩니다)

깜짝 놀라고 어안이 벙벙한 여인들 가운데에서는 뜻밖의 일로 몇 마디 소곤대는 소리가 들렸으나 아무도 선뜻 "내겠습니다" 하고 대답하는 사람이 없었습니다. 그러자 수령은 말을 계속했습니다. "세금을 내지 않겠다는 사람들은 반대편으로 가서 서시오." 여인들은 하라는 대로 했습니다만, 거의 모두가 반항하는 사람들 쪽으로 가서 늘어섰습니다. 수령은 세금을 내겠다고 약속한 여인들은 집으로 돌려보내고 다른 여인들은 옥에 가두었습니다.

그러나 옥에 갇힌 과부는 공공연히 알려진 매음굴에 갇힌 여인이나 다름없습니다. 투옥된 과부들의 부모는 체면이 손상되지 않기 위해서 희생을 치르기를 서슴지 않았고, 그 여인들을 구해 내기 위해 요구된 삼베 필들을 관장에게 갖다 바쳤습니다.

이렇게 석방된 그 과부들은 잔인하게 복수를 하기로 결심했는데, 그 잔인한 방식은 이 나라의 풍속에 잘 알려진 것입니다. 이 수령의 어머니가 조금 전에 아들을 보려고 서울에서 그 고을로 내려와 있었습니다. 그런데 어느 날 많은 과부들이 모여 떼를 지어 관아로 들어가서 그 이름 높은 부인을 뵐 영광을 달라고 큰 소리로 요구하며, 그런 아들을 밸 수 있었던 그 여인은 아주 놀랍고 다른 모든 여인들보다 뛰어난 여자일 것이라고 말했습니다. 그 과부들이 그 부인의 옷을 정말로 벗기고자 한다는 것이 분명했습니다. 수령은 당연히 걱정이 되었으나 조선 풍속에 의해 무기를 가지지 않고 조금도 해를 끼치지 않는 그 여인들의 무리에 대해 무력에 호소할 수가 없었으므로 심한 모욕을 면하기 위해 마침내 애원을 할 수밖에 없었고 간청을 하고 꾀를 많이 쓴 덕택으로 그날은 여인들을 물러가게 할 수가 있었습니다. 관장의 어머니는 무슨 일이 일어났는지를 알게 되어 몹시 성이 나서 아들에게 말했습니다.

"아니, 너를 보려고 지방엘 내려왔는데 어미에게 이다지도 무자비한 모욕을 당하게 한단 말이냐. 그것도 바로 네 집에서 말이다. 내일 아침 당장 떠날란다. 아침 일찍이 모든 것이 준비되도록 명심해라."

시키는 대로 행해져서 부인은 해가 뜨기 전에 길을 떠났습니다. 그러나 그 부인의 계획을 알게 된 과부들이 길에서 기다리고 있다가 가마에 덤벼들어 부인의 옷을 완전히 벗기고 빈정거리고 아주 상스러운 조롱을 퍼부었습니다. 불쌍한 관장은 창피를 감추기 위해 집안에 틀어박혔습니다. 그러나 어머니에게 당하게 했고 또 그로 인해 온 가문에 당하게 한 치욕이 조선 사람들의 눈으로 볼 때 결코 씻어지지 않을 것입니다. 그 사람은 명예를 훼손당한 사람입니다.[31]

이 일이 일어난 고을이 어디였는지는 정확히 알 수가 없다. 뿌르띠에 신부가 남쪽의 바다 가까운 마을에서 있었던 민중시위에 대해 이야기하고, 이 사건을 보고하면서 그 이웃 고을에서 일어난 일이라고 한 것으로 미루어 1862년 진주민란 당시 남쪽 지방에서 일어난 일로 보인다.

수령은 과부들에게 국가에 무익한 존재라고 하며 세금을 더 걷겠다고 하고 세금을 더 내지 않겠다는 사람들을 옥에 가두었다. 결국 세금을 더 바쳐서 풀려 나온 과부들은 관장의 어머니를 모욕함으로써 관장에게 복수했다. 과부들이 관장 대신 그 어머니에게 복수한 것은 관과의 직접적인 대립을 피하기 위해서였을 수 있다. 그들은 관장의 어머니를 발가벗기는 것이 가장 가혹한 복수이고 관장과 그 가문의 명예에 가장 치명적인 영향을 미칠 것으로 생각했다. 예상대로 가문 전체의 명예가 훼손되었고 관장은 집에서 나올 수가 없었다. 여성이 다른 여성의 신체를 모욕함으로써 가능했다.

1862년 민란 당시 이와 비슷한 사건이 또 있었다. 그해 5월 말경 전라병사 백희수가 벼슬이 갈려서 서울로 가는 길에 일어난 일이다. 백희수의 행차가 부안에 이르자 모내기를 하던 농민들이 우르르 길가로 몰려 나왔다. 남자들은 행차를 막고 비장을 끌어내 주먹으로 마구 때렸고, 여자들은 가마에 타고 있는 백희수의 아내를 끌어내 머리채를 뒤흔들고 주목으로 때린 뒤 옷을 갈기갈기 찢었다.[32] 과부들의 행동은 민란 당시의 분위기와 무관하지 않을 것이다. 두 사건은 여성들이 적극적으로 관에 저항한 사례를 보여 준다는 점에서 주목할 만하다. 그러나 그것이 여성을 공격하는 형식이었던 것은 신분의식이 젠더의식보다 앞섰기 때문이다.

과부들의 행동은 자신들의 생존과 직결된 위협에서 나온 것이었다. 관장은 과부들을 국가에 무익한 존재들로 만들고, 세금을 부과했다. 관장에 대해, 공권력에 대해 과부들은 집단적으로 저항했다. 유럽에서도 대체로 식량 폭동을 일으키고 이끈 것은 여성으로, 17세기 프랑스에서 발생했던 31건의 식량 폭동 중 여섯 건은 여성으로만 이루어진 집단이 일으킨 행동이었다. 나머지 경우에도 여성의 활동이 주도적이어서 이를 '여성 폭동'이라 명명하기도 했다.[33] 이는 적극적인 정치적 행위로서 주목할 필요가 있다.

2부 신문 한 귀퉁이에서 세상을 향해 말하다

정치적 폐단을 지적한 기생 농희

앞서의 통문과 상소는 시국의 문제와 관련시켜 여학교 설립이나 처첩 문제의 해결을 제안했던 것에 비해 1900년 농희라는 평양 기생이 올린 상소는 당시의 정치적 폐단 전반을 지적한 것이었다. 근대 계몽기 여성들이 가졌던 공적인 주제에 대한 열정을 보여 주는[34] 이 상소를 소개한 기자는 이 상소문이 사리에 합당하고 문법이 유식하다고 했다. 이로 미루어 농희의 상소문은 논리적으로 잘 쓰인 글이었던 것으로 보인다. 그러나 상소 전문이 남아 있지는 않고 1900년 4월 5일《제국신문》에 짧게 그 내용이 소개되어 있다.

> 평양 사는 농희란 기생이 시폐 여덟 가지에 수천 말을 중추원에 헌의하였다가 퇴함을 당하였던지 또 내부로 상서하였다는 글을 본 즉 과연 희귀하기로 대강 번역하노라.
> 중추원에 헌의하였던 글에는 중추원의 가운데 중, 지도리 추 두 글자를 평론하고 중추원 관원들의 실직함을 책망하였는데 사리가 당연하고 문법이 유식하여 가위 중용 문장이라고 할 만하다. 그 여덟 조목은 일 왈 추숭 사건이오, 이 왈 벼슬 파는 일이오, 삼 왈 별입시[임금을 사사롭게 만나는 것] 논란이오, 사 왈 과거 보일 규모요, 오 왈 학교 논란이요, 육 왈 기도 논란이오, 칠 왈 공맹의 도 숭상할 일이오, 팔 왈 비석을 세워 황상폐하와 공덕을 송축할 일이다.
> 내부 상서에 쓴 것은 농희는 먼 시골의 천한 인물로 기자의 유풍으로 꽃 피는 아침과 달 좋은 저녁에 일찍 거문고를 익힐 때에 그 곡조가 떨치지

않으면 다시 고쳐야 가히 타나니 그윽이 생각건대 나라일도 그와 같습니다. 이런 천한 여자로 어찌 감히 나라 정사를 말하오리까마는 옛적에 제영은 아비를 위하여 글을 올렸고 조괄의 어미는 나라 일로 글을 올렸고 또한 진시황의 과부의 탄식이 있사오니 어찌 여자라고 말할 만한 데 말하지 아니하오리까. 여덟 조목을 중추원에 드렸더니 그 허물을 듣기 싫어서 그러하였는지 뜻을 이루지 못하옵고 귀부에 전달하오니 또한 혹 그르다 않으시고 캐어 쓰시겠습니까 하였더라.[35]

농희의 상소는 황제 칭호 추숭追崇 문제[36], 벼슬 파는 것, 별입시, 과거, 학교, 기도, 공맹의 도, 황제의 공덕 송축 등 여덟 가지를 담았고, 제영이나 조괄의 어머니가 글을 올린 역사적 사실을 들며 여자도 나랏일에 대해 말할 수 있다는 당당함을 보여 준다. 구체적인 내용을 알 수 없지만 이 상소는 중추원을 비판하는 내용을 담고 있었던 것으로 보인다. 공맹의 도를 숭상해야 한다거나 과거의 규모를 이야기하는 것으로 보아 농희는 문명개화의 입장에 서 있던 인물은 아니었던 것으로 보인다. 그러나 여자라고 할 말을 하지 않겠느냐고 하며 여자도 나랏일에 적극 참여할 수 있다는 생각을 드러낸다. 그리고 중추원이 자신의 상소를 물리친 것은 상소 내용이 중추원을 비판한 것이 듣기 싫어서였다고 하고, 다시 내의원에 올리며 필요한 것은 캐어 쓰라고 당당하게 말하고 있다.

이 시기 여성들의 통문과 상소는 남녀평등을 실현하고 문명개화를 실현하기 위한 여학교의 설립과 축첩제도 철폐를 요구했다. 여학교 설립을 통해 문명지국으로 나아가고자 했지만 그 지향은 충애 두 글자를 벗어나지 못했다. 이는 상소라는 전통 문체를 선택한 것과 어느 정도는 관련이 있을 것이다. 따라서 이 시대의 새로운 흐름을 반영하는 새로운 형식, 새로운 매체가 필요했으며, 그것은 신문이라는 새로운 공론장을 통해 가능했다. 신문은 상소와 같은 전통적인 양식을 벗어나 여성들의 목소리가 공적 공간에 효과적으로 등장하게 하는 데 크게 기여했다.

2장
신문의 등장과
여성의 독자 투고

1. 신문의 등장

신문은 여성들에게 새로운 세계를 경험하게 했다. 세상 소식을 알게 하고 게다가 자신들의 의견을 발표도 할 수 있게 했다. 1883년 근대적 신문인 《한성순보》가 정부 박문국에서 간행된 데 이어 민간신문이 발간되기 시작했다. 이 시기에 간행된 신문 중 가장 오래 간행되고, 영향력이 있었던 신문은 《제국신문》, 《황성신문》, 《대한매일신보》였다.[1] 특히 여성들에게 가장 친근한 신문은 여성들을 주 독자층으로 삼아 순한글로 간행한 《제국신문》이었다.[2] '암신문'이라도고 불린 《제국신문》은 애초에 부녀자를 계몽의 대상으로 삼았고 순 국문으로 신문을 발행했기 때문에[3] 여성들이 투고하기에도 용이했으며 자연스럽게 근대 여성의식이 형성되는 공론장의 역할을 했다.

신문을 통해 국민들은 국가와 사회의 공공 문제를 쉽게 알 수 있었다. 뿐만 아니라 정부의 실책이나 관리들의 무능과 부패를 공개적으로 비판할 수 있다는 것을 깨달았으며, 나아가 일반 국민들은 그러한 비판적인 인식을 바탕으로 문제를 해결하고 개선하기 위해 여론을 조성할 수 있다는 것도 경험하게 되었다.[4] 이제 시국을 이해하고 개선하기 위해 먹고 자는 것은 거를지언정 신문 읽기는 하루도 걸러서는 안 될 일이[5] 되었다. 여성들도 신문을 통해 국가와 사회 문제, 조선 밖의 세계 소식도 알게 되었고 조선인으로서, 여성으로서의 자신들의 위치를 자각하게 되었다.

1913년 서울을 여행하고 쓴 《경성유록京城遊錄》은 강릉에 살던 강릉 김씨(1862~1941)가 남편과 함께 딸을 데리고 강릉을 출발해서 대관령을 넘어 서울 구경을 다녀온 것을 기록한 여행기이다.

김씨 역시 신문 애독자였던 듯 《경성유록》 뒤에는 《황성신문》의 기사가 한글로 번역되어 실려 있다. 이 기사들은 을사년(1905)에 강릉 김씨가 병상에 있을 때 심심함을 덜어 주기 위해 자녀가 한글로 번역해서 읽어준 것이었다.[6] 그 내용은 주로 옛날의 6조 판서를 고쳐 의정대신, 참정대신, 내부대신, 외부대신 등 10부 대신을 두었다는 정부 직제 관련 기사, 윤효정, 조병세 등 인물들의 근황에 대한 것들이다. 이는 강릉 김씨가 당시의 정치나 사회 문제에 관심이 많았음을 짐작하게 한다. 강릉 김씨는 여행기에서 경관이나 여행에서 보고 들은 것뿐만 아니라 당시의 정세, 일본의 침략, 일본의 문명, 여학교, 서양 여성의 참정권운동에 이르기까지 폭넓은 관심을 드러내고 있다. 강릉 김씨의 지식이나 현실 인식은 일정 부분 신문을 통해 형성되었던 것으로 보인다.[7] 이처럼 당시 신문은 여성들에게 당시의 정국과 세계의 정황을 이해할 수 있는 창의 역할을 했던 것이다.

《독립신문》을 비롯한 위 세 신문은 여성들의 개화를 촉구하였다. 《독립신문》은 창간 이래 여러 차례에 걸쳐 여성의 평등한 인간권리론을 주장하면서 민력과 국력을 양성하는 차원에서 여성교육과 여성의 사회 진출을 주장했다.[8] 1898년 9월 5일에 창간된 《황성신문》이 제4호인 9월 8일 자 별보에 서울 북촌 부인들의 〈여학교설시통문〉을 희한한 일이라고 하면서도 게재한 것은 여성교육에 대한 큰 관심을 반영한다.

신문의 독자층으로 새로운 공론의 장에 참여할 수 있는 기회가 주어진 여성들은 투고란을 통해 적극적으로 자신의 의견을 개진할 수 있게 되었다. 신문들은 누구든지 신문에 기록할 사건이 있으면 소상히 적어 본사 투고함에 넣되 거주지와 성명을 분명히 밝히지 않으면 내지 않겠다[9]고 하며 독자들의 투고를 적극 권장했다. 조선시대에도 소명할 문제가 있으면 상언이나 소지를 올리거나 "어와 벗님네야 이 내 말씀 들어보소"라고 청자들을 벗님으로 끌어들이며 자신의 이야기를 펼치던 여성들은 신문이라는 새로운 매체의 독자 투고를 활용하여 적극적으로 글을 써서 보냈다.

여성독자 투고 역시 가정 문제를 이야기했다. 그러나 아들이나 남편, 후사, 재산 등에 관한 것보다 처첩과 같은 자신들과 직접 관련이 있는 제도나 국채보상운동 같은 시국 문제, 개인 여성이 아니라 여성 전반의 문제로 관심을 확대했다. 여성들은 공론장을 통해 공적 사안에 대해 이야기하는 주체가 된 것이다. 계몽운동가 신소당(1853~1930)의 독자 투고에 대해 연구한 이경하는 이 시기 여성독자의 투고의 의미를 "여성이 공적 경로를 통하여, 공적 사안에 대한, 개인적 견해를 밝히면서 동시에 익명성을 탈피한 것"으로 보았다. 여성 어문생활을 여러 측면에서 통제했던 '공식적 금지'가 풀리고 '공식적 승인'이 공론이 된 것이었다.[10]

앞서 조선 후기 여성들의 상언 역시 여성이 공적 경로를 통해, 개인적 견해를 밝히고, 집안과 성씨를 밝히면서 이루어졌다. 다만 사안이 개인적이거나 가문과 관련된 것이라는 점에서 차이가 있다. 이런 점에서 상언과 독자 투고를 한자리에 놓고 연속선상에서 다루는 것은 의미가 있다. 단순히 20세기를 전후하여 여성의 공적 발언 기회가 늘어나고 따라서 그 내용이 다양하게 된 것이 아니라 그들의 목소리를 공적으로 발언할 기회가 생기면서 여성들의 의식이 변화되었다는 점을 보여주기 때문이다. 또한 이러한 변화가 신문이라는 매체가 생김으로써 비로소 생겨난 것이 아니라 전대로부터 상언 이외 여성의 글쓰기가 지속되는 가운데 변모된 것임을 확인할 수 있기 때문이다.

2. 여성독자의 투고 상황

《황성신문》의 경우 여성독자 투고는 1898년 1건, 1904년 1건, 1907년 3건, 1908년 3건, 1909년 1건, 1910년 1건으로 총 11건이다. 투고자의 면모를 보면 이들은 1898년 〈여학교설시통문〉을 쓴 서울 북촌의 이 소사, 김 소사를 비롯해서 헤이그 밀사로 유명한 이준(1859~1907)의 부인 이일정(1876~1935), 서울 모 사부가의 부실副室이라고 밝힌 이 소사, 여자보학원이나 여자교육회 등의 여성단체, 신소당, 경남 통영의 김덕보 등 이름을 밝힌 기녀 출신의 여성들까지 여러 신분의 여성들이 포함되어 있다. 지역으로 보면 서울에서 보낸 투고가 가장 많다. 내용은 여학교의 필요성, 국채보상운동의 중요성을 이야기한 것으로부터 사기당한 일, 여동생의 패륜을 고발한 것 등 여성 문제나 사회, 국가 문제 등으로부터 개인 문제까지 다양하다.

《제국신문》의 여성독자 투고는 1898년 3건, 1899년 1건, 1900년 4건, 1903년 3건, 1906년 3건, 1907년 14건, 1908년 8건으로 총 36건이다. 투고자의 면모를 보면 스스로 여노인이라 부르며 투고한 신소당, 유식한 여노인 등 나이든 여성에서부터 자칭 '대한광녀'라 자칭한 부인, 시골 부인, 평양 기생, 여자교육회 회장, 하와이 교민 여성, 이일정, 북촌 일 과부 등으로, 노인 여성, 일반 부인, 과부, 해외 여성 등으로 정리할 수 있다. 여기서 특징적인 것은 스스로 여노인이라 일컫는 독자의 투고가 많다는 점이다.

이 외에 계몽지식인 윤효정(1858~1939)의 딸로 최초로 일본, 유럽 및 미국에서 공부한 윤정원(1883~?)이 있다. 당시 벨기에에 유학 중이던 윤정원의 글 〈몸을 밧치는 정신〉이 1907년 10월 23일 자 별보란에 실렸는데, 윤정원이 직접 투고한 것이 아니라 동경의 한국 유학생이 간행한 《태극학보》에 실린 것을 재수록한 것이다.[11]

지역으로 보면 평양을 비롯한 평안도에서 보낸 것이 6건, 서울 5건, 하와이 3건, 경상도, 함경북도 등에서 보낸 것, 유럽 유학생의 글 4건 등으로 각지에서 투고를 한 것으로 보인다. 하와이 독자의 투고가 3건이나 되는 것도 주목된다. 투고가 가장 많이 이루어진 것은 1907년으로 이 시기 국채보상운동의 열기가 고조되었던 것과 관련이 있다.

그 내용은 여학교 설립 지지, 만민공동회 치하, 첩 문제, 과부 및 개가 문제, 국문 신문의 계몽적 역할, 타락한 관리 비판, 당시의 폐단 지적, 외세에 대항할 국력을 기를 것, 양현당 김씨 추모, 여성병원 보구여관 칭송, 국채보상운동 참여 촉구, 읍내 이름 개명한 것을 알리는 것, 사촌 시숙이 위조문서를 매매한 일, 남편의 원한 하소연 등 다양한 양상을 드러낸다. 그러나 주된 내용은 시국이나 여성 문제로 집중되는 경향을 볼 수 있다.

《대한매일신보》의 경우 1906년 2건, 1907년 13건, 1908년 9건, 1909년 2건으로 총 26건이다. 투고자는 이준의 부인 이일정, 양성환의 딸, 대구 정운갑 모 서씨, 평양 이 소사, 진주 기생, 의주 기생, 신소당, 여자교육회 부회장 김운곡, 일반 부인, 한남 여사, 농운 낭자, 서울 강 소사, 양원학교 교사 강윤희, 여사 김송재 등, 여자강습소 갑반생 이경원, 12세의 김확실, 리지춘, 16세의 정나헬 등으로 일반 부인, 기생, 교사, 학생 등이다. 지역으로 보면 서울, 평양, 진주, 대구, 김포 등에서 고르게 투고했다. 앞서의 두 신문과 마찬가지로 1907년 투고가 가장 많다. 내용은 국채보상운동, 부인애국회, 동경유학생 단지斷指 의연금, 신문의 교육 효과, 여성교육, 패륜자식 고발 등 개인의 억울한 사연 등으로 이루어져 있다.

세 신문 모두 전체 독자 투고에 비해 보면 여성독자의 투고가 큰 비중을 차지하지는 않는다. 김영희, 김복순이 밝힌 바에 의하면 여성독자 투고의 비중은 대체로 10퍼센트 내외였다. 김영희는《대한매일신보》 투고자 대부분이 남성으로 전체의 83.5퍼센트, 여성 투고자는 전부 17 건으로 9.7퍼센트이고, 나머지 성별을 정확히 알 수 없는 이들은 대부분 남성 투고자였을 것으로 추정했다.[12] 홍인숙은 24건으로[13] 보고했는데 2건이 더 있는 것으로 확인되어 여성 투고 건수는 총 26건이다.《제국신문》의 경우 창간부터 1907년 10월 중순까지 독자 투고는 모두 311 건인데 이 중 여성의 것은 21건이며, 1907년 10월 중순~1909년 2월까지 여성독자의 투고는 15건이다.[14] 1907년까지로 한정해 보면 여성 투고의 비율이 10퍼센트를 넘지 않는다.

신문이라는 공론장에 투고를 하면서 여성들은 자신을 어떻게 드러냈을까? 여성 투고자들은 성명을 모두 밝힌 경우보다 이 소사, 이씨 등 성만 밝히거나, '–부인', '–의 아내', '–의 가인' 등 남편의 이름을 밝힌 경우가 많았다. 그 외 평안도의 여노인, 북촌 일 과부, 안악군 일반 부인 등 성명을 밝히지 않고 지역만 쓰거나 신소당의 경우처럼 성명 대신 호를 사용한 경우도 있으며, 교사 강윤희, 의주 기생 산홍, 평양 기생 농희 등 직업과 성명을 밝히기도 했다.

이름을 밝히지 않더라도 성만 밝히거나 거주지와 신분 등 신원을 밝힌 것은 당시 신문사들이 기록할 사건이 있으면 소상히 적어 투고하되 거주와 성명이 분명치 않으면 내지 않을 것[15]이라는 방침을 내세웠기 때문이다. 이 시기 여성 투고자들 가운데 신소당, 이일정, 한남 여사 등은 여러 신문에 걸쳐 투고를 하거나 한 신문에 여러 차례 투고하면서 여성 논객으로서의 면모를 드러냈다. 깊은 규방으로부터 신문이라는 공론장에 등장한 다채로운 면면의 여성 투고자들은 시국을 걱정하고 여성계를 향해 분발할 것을 촉구했다.

3장
여성계의 새 사상으로
참여하고 연대한다
— 조선 후기 여성의 공적 발언

여성독자 투고의 내용을 보면 이 시기 여성 담론이 과부 개가와 첩, 여성교육에 집중되어 있는 것으로 알려져 있는 것과 달리 국채보상운동에 호응하거나 기부하며 쓴 것이 가장 많다. 여성교육은 그다음이고, 신문의 효용, 개인적인 사연, 개가, 첩에 관한 문제도 여성 투고자들이 관심을 보인 주제이다. 개인적인 사안도 있지만 그 수가 많지는 않고, 여성 투고자들은 당대의 가장 민감한 사회적 이슈와 공적인 주제들에 대한 관심을 일관되게 드러낸다.[1]

이는 신문사가 개명진보에 유익한 내용을 투고할 것을 권장하고 사사로운 사건에 대한 투고를 자제할 것을 촉구한 것과 관련이 있을 것이다.[2] 그러나 가장 지속적으로 제기된 것은 단연 여성교육과 관련된 내용이다.

1. 여성교육에 대한 강력한 문제 제기

이 시기 여성들이 가장 많이 요구한 권리는 교육권이었다. 그러나 여성
교육은 여성들뿐만 아니라 당시 문명개화를 주장한 신문들이 가장 많
이 언급한 것 중의 하나이기도 하다. 여성들의 낮은 지위는 조선시대
내내 교육에서 배제된 여성들이 국가의 일에 참여할 수 있는 기회를 갖
지 못한 데서 온 것이라고 생각했기 때문이다. 〈여학교설시통문〉에서
여성의 권리와 여성교육을 함께 강조한 것도 같은 이유에서였다. 그만
큼 교육은 당시 여성들에게 절실한 것이었다. 더욱이 국권 상실의 위기
와 문명개화라는 시대적 상황에서 여성들은 국권 회복과 문명개화의
주체가 되기 위해서는 무엇보다 교육이 절실하다고 여겼다. 따라서 여
성들의 독자 투고도 여성교육의 필요성을 강조하거나 여학교 설립을
지지하는 내용이 주를 이루었다.

 1906년 4월 19일 《대한매일신보》 잡보란에는 북창동 이 소사가 보
명학교에 보조금을 보내고 쓴 편지가 소개되었다. 이 편지는 이 소사가
직접 신문에 투고한 것이 아니고 보명학교에 보낸 것인데 《대한매일신
보》에 전달된 것으로 보인다. 이 소사는 청풍계에 보명학교를 창설한
다는 말을 듣고 여러 사람과 구경하러 갔다고 하면서 "우리나라는 풍
속이 여자는 바깥일에 참례하지 못하는 풍습이 있지만 하나님이 내신
남녀는 한 가지니 마음도 같기 때문"에 학교 관련자 여러분의 열심과
정성에 감동하고 흠모하여 동전 오십 냥을 찬조한다[3]고 썼다. 청풍계는
지금의 종로구 청운동에 있던 마을이다. 이 소사는 이 짧은 편지 속에

서 조선 여자들이 바깥일에 관여하지 못했으나 남녀가 동등하다는 말을 빠트리지 않으면서 여학교와 여성교육의 발전을 기원하고 있다. 그러면서도 자신의 기부를 "창해의 티끌" 같다고 하며 외람되이 여기지 말라고 했다. 겸손한 어조에도 불구하고 이 평범한 여성의 편지는 당시 여성들의 여학교와 여성교육에 대한 열망을 그대로 드러낸다.

여자교육이 없어서는 안 된다

1906년 5월 15일 《황성신문》에 신낭자라고만 밝힌 여성이 〈여자교육이 없어서는 안 된다女子教育이 不可無〉라는 제목으로 여성교육의 필요성을 강조하는 글을 투고했다. 이 글은 여자교육이 없는 이유, 여자교육의 필요성, 여자교육을 반대하는 데 대한 반박, 어머니의 자녀에 대한 영향, 국가경쟁력을 위해서 인구의 반인 여자를 교육시켜야 한다는 내용으로 이루어져 있다.

이 글은 국내에 학교가 차례로 만들어지는데 여자교육에 대해서는 아무런 말도 들리지 않는다고 개탄하며 그 이유가 구습이 가로막기 때문인지, 시대의 변화가 이르지 않았기 때문인지 질문하고[4] 여성교육이 더 필요하다고 주장한다. 다음은 남녀가 동등하다는 것을 이야기하면서 여성교육에 대해 반대하는 말을 반박하는 부분이다.

남녀의 교육이 모두 없어서는 안 되지만 여자교육이 남자교육보다 더 필요하다. 어떤 이는 "남자교육도 갖춰지지 않았는데 어느 겨를에 여자교육을 시작하겠는가"라고 함부로 말하거나 "남자만 교육해도 이미 충분한데 무엇 때문에 여자교육에 관심을 두겠는가?"라고 하는데 이는 진화의 시대에 통하지 않을 뿐만 아니라 하늘이 사람을 낸 원리에도 전혀 무지한 것이다! 하늘에는 음양이 있고 사람에게는 남녀가 있는데 음양과 남녀는 분명히 서로 동등한 짝이라는 뜻이지 고하와 우열의 다름이 있는 것이 아니다. 하늘은 사사로움이 없으니 어찌 남자는 귀하고 여자는 천하며 또 어찌 남자는 현명하고 여자는 어리석겠는가? 우리나라의 풍속은 예로부터 여자를 가두고 금하는 것이 유독 심해서 이웃마을 출입도 허락하지 않고 친척과의 교제도 못 하게 하고 실 잣고 베 짜는 노동과 물 긷고 절구질하는 수고는 일일이 여자의 몸에 맡기고 독서와 학문의 일에 이르러서는 일체 금지해서 하늘에서 받은 총명함도 스스로 쓰게 하지 못하니 아아, 남자도 사람이요, 여자도 사람인데 여자를 학대함이 어찌 이렇게 심한 지경에 이르렀단 말인가? 남자가 태어난 것이 누구에게서 비롯되었는지 생각할지어다.

여자교육에 반대하는 자가 말하기를 "여자가 학문이 있거나 출입 제한을 열든지 하면 음사소설에 마음이 쉽게 어지러워지고 봄바람 가을 달에 어지러운 일을 하는 것을 막기 어렵다"고 하여 왕래와 출입은 고사하고 남자가 독서할 때 총명한 여자가 옆에서 엿듣는 것도 허락하지 않고 심한 경우는 장년 형제와 나란히 앉는 것도 안 된다고 한다. 비록 마음이 밝고 깨끗한 정부貞婦·열녀라도 사람들은 이미 창기와 음녀와 똑같이 의심하니 이 모두 이치를 벗어난 일이다. 또 그 말폐가 혹 그러할 것을 염려하여 미리 교화의 큰 근원을 막아 버리니 그 또한 불인함이 심하도다. 태서의 문명한 나라들은 남녀를 따지지 않고 권리를 누리고 교육 받는 것을 동등한 것으로 인식하지 않음이 없으니 진리의 당연함을 볼 수 있을 뿐만 아니라, 백성의 지혜를 개발하는 데 실로 최대의 관건이다. 학교가 있는데 여학교가 없으면 어찌 교육의 근본을 알겠는가?[5]

신낭자에 의하면, 남녀관계는 우열이나 고하가 있는 위계관계가 아니라 서로 짝이 되는 동등한 관계이다. 남녀 사이에 차이는 있지만 그것이 남녀를 차별하는 근거가 되어서는 안 된다. 신낭자는 우리나라의 풍속이 계속해서 여성을 차별하고 학대해 왔기 때문에 여성이 일만 하고 교육을 받지 못해 하늘이 부여한 본성을 발휘하지 못한다고 했다. 조선이 여성교육을 막는 논리의 부당함을 반박한 것을 보면 당시 여성들의 교육을 막는 논리가 어떤 것이었는지가 드러난다. 여자가 글을 읽고 집 밖으로 나가면 음사소설이나 읽고 어지러운 일을 벌인다는 것이다. 신낭자가 여기에 반박하는 논리는 정부와 열녀, 창기와 음녀를 똑같이 의심한다는 것으로 섹슈얼리티를 위계화하여 여성을 통제한 가부장제의 논리를 벗어나지 못했다.

이 논리는 어머니로서 자녀교육을 하기 위해서 여자교육이 필요하다는 주장으로 이어진다. 사람이 어머니 뱃속에 있을 때부터 태어나 성장할 때까지 어머니 곁에 있기 때문에 어머니의 용모와 품행, 언어와 성정을 가장 많이 닮는데[6] 여자들이 배우지 못해서 자녀교육을 제대로 못 시킨다는 것이다.

태사의 태교와 맹모의 세 번 이사한 것을 미루어 생각해 보면 옛날 여자에게도 반드시 학문의 공이 있었다. 그렇지 않으면 자식 교육하는 법을 어찌 알 수 있었겠는가?……그 어미가 교육을 받지 못해 자녀까지 버리는 것이 옳은가, 자식교육을 쉽게 놓칠 수 있으니 그 어미도 교육하는 것이 옳은가? 어진 군자는 세 번 돌이켜 생각할지어다.

오호라, 이렇게 비교하고 경쟁하는 시대에는 비록 평범한 일용 사물이라도 다른 사람을 능가하기를 생각해야 하는데 하물며 여자는 국가 인구의 반인데 쓸데없는 폐물로 돌아가니 이는 우리나라가 이천만 인구라 해도 실은 천만이 되지 못하는 것이다. 여자가 교육받지 못한 것으로 말미암아 가정교육이 무너져서 습성이 오래되어 천성처럼 되면 훗날 갑자기 바꾸기 어려워 교육 받지 못한 남자가 몹시 많아질 것이니 이는 천만 인구 가운데 또 몇 백만이 줄어드는 것이다. 비록 국가를 유지하고자 하는 뜻이 있어도 인종을 보호하기 어려우니 여자교육이 지금 급선무가 아닌가? 여자회와 여학교가 차례로 일어나기를 눈을 씻고 기다리노라.[7]

신낭자는 '경쟁하는 시대'에 다른 사람을 능가해야 하는데 여자에게 교육을 시키지 않으면 여자뿐만 아니라 남자의 일부도 잃게 된다는 논리로 여자회와 여자교육의 설립을 주장했다. 그러나 신낭자는 남녀가 동등하다고 하면서 여자교육이 여자의 발전보다는 가정과 국가 유지를 위해 필요하다는 모순된 인식을 드러낸다. 이 논리는 유길준, 윤효정, 박은식 등 계몽지식인들의 여성교육론과 크게 다르지 않다.[8] 신낭자는 "어진 군자는 세 번 돌이켜 생각하라"고 한다. 그렇다면 이 글은 남성 독자를 향한 것인가? 만약 그렇다면 남성들을 향해 여성교육의 필요성을 강조한 의미는 무엇일까? 남성들이 교육의 주체이고 여성들은 교육 대상이라는 생각이 이면에 깔려 있었을 것이다. 이 글은 당시를 '진화의 시대'로 인식하고 여성을 규제하는 풍속과 논리에 대해 반박하고 남녀의 동등권을 주장하면서도 유교적인 여성 인식을 다 벗어나지 못한 면모를 드러낸다. 이처럼 '가정의 선생'을 기르기 위해 여성교육을 주장한 투고는 계속되었다.

《대한매일신보》1907년 9월 12일 자 투고란에는 안주 성내 성평동에 사는 12세의 김확실이 보낸 〈나라의 흥함이 여자교육에 있소〉라는 제목의 글이 실렸다. 김확실은 여자를 공부시키는 나라가 상등국이며 여자를 교육하는 나라가 더 부강하다는 취지의 글을 통해 여성교육을 국가의 부강과 연결시켰다.[9] 이외에도 《대한매일신보》1909년 2월 21일 자에는 16세의 정나헬이 〈여자의 교육은 즉 사범〉이라는 글을 투고해서 여자교육은 곧 사범교육이라는 주장을 폈다. 정나헬은 "남의 어미되고 가정에 선생 될 우리 여학도들이여, 이 뜻을 깊이 생각하여 도저히 힘을 쓰고 입학하지 않은 자매들은 하루 바삐 입학하여 가정에 선생될 자격을 양생하기를 천만 바란다"[10]는 말로 여성들에게 입학을 권유했다.

김운곡의 남녀교육 동등론

1907년 4월 6일 자 《대한매일신보》 잡보란에 실린 여자교육회 부회장 김운곡의 〈여자교육을 권면함女教勸勉〉이라는 글은 여성교육을 주장하는 데서 나아가 여성들의 학문 성취를 고무하고 있어 이 시기 여성교육에 대한 인식의 다양한 편차를 볼 수 있다.

여자교육회 부회장 김운곡 씨가 학도를 대하여 권면하는 편지가 다음과 같으니 학도의 배우고자 하는 분발심을 보니 우리 대한 부인 사회가 장차 흥할지라. 어찌하여 부인 사회의 흥함을 희망하는고 하니 서양 학자가 말하기를 사람은 사회적 동물이라 하였고 학문이 없으면 야만이라 하여 인류에 참예치 못하는지라. 이로 보면 우리 일천만 자매는 야만종을 면치 못하였는지라 어찌 분하고 원통치 않으리오. 그런 고로 총재 각하께오서 열심히 뜻을 기울여 오늘날 이 학원이 성립하였으니 앞날의 진보는 생도들이 열심히 공부하여 성취함에 달렸는지라. 원컨대 자매들은 학문을 성취하지 못하면 야만이 된다는 생각을 밤낮으로 잊지 말고 노력할지어다 하였더라.[11]

김운곡은 여자교육회의 발기인으로 참여해서 1기에 부회장, 3기에 회장이 된 인물이다. 여자교육회는 1906년 5월에 양규의숙養閨義塾을 후원하기 위해 조직된 단체였다.[12] 이전에도 1905년에 대한부인회가, 1906년에 한국부인회가 조직된 바가 있지만 여자교육회와는 조금 성격이 달랐다. 대한부인회나 한국부인회는 고관 부인들의 사교단체로 일본의 식민화 정책을 수동적으로 반영한 사업을 했으며 여자교육회는 그에 대한 반성으로 조직된 단체였다.[13]

회장을 지낸 김운곡도 확실하지는 않지만 평민으로 추정되는[14] 인물이다. 당시 신문기사에 여자교육회 부회장, 회장을 지낸 만큼 김운곡에 대한 기사가 심심치 않게 발견된다. 1906년 11월 7일 자《황성신문》잡보란에 〈구미삼년狗尾三年〉이란 제목으로 김운곡에 대한 기사가 실렸다. 이 제목은 구미속초狗尾續貂에서 온 것으로 관을 장식하는 데 담비

꼬리가 부족해서 개 꼬리로 이어 붙였다는 말이다. '구미삼년'이란 부족한 재주로 삼 년을 이어 왔다는 뜻인데 제목 그대로 이 기사는 여자교육회 대변회장인 김운곡의 적절치 못한 처신에 대한 것이다.

기사에 의하면, 김운곡은 굿을 좋아하는 인물로 수천 금을 들여 굿을 하면서 여자교육회 이름으로 모은 돈을 썼는데, 돈을 쓴 것보다도 굿을 하는 악습을 버리지 않고 대표자로 있는 것이 부당하다고 여겨 회원들이 점점 줄어들고 있어 회원들이 "회관까지 하사하신 황제의 뜻을 받들어 이 회를 유지하기 위해서" 회장을 다시 뽑기를 희망한다는 것이다.[15] 비방에 가까운 이 기사가 여자교육회 내부 갈등으로 인한 것인지 실제로 그런 일이 있었는지는 확실하지 않다.[16] 그러나 기사의 내용대로 문명개화를 주장한 김운곡이 굿을 하고 단체의 돈을 썼다면 언행이 일치하지 않을 뿐만 아니라 부도덕하다고 볼 수밖에 없다. 이러한 행동은 또한 김운곡의 문명개화나 여자교육론까지 의심하게 한다. 그러나 이후 김운곡은 계속 회장으로 활동했으며 장의長衣를 벗고 다니는 것이 더 낫다는 토론을 하기도 하고, 남녀가 쓸 모자의 모본을 만들어 농상공부에 청원하기도 하는[17] 등 적극적인 활동을 펼쳤다. 이런 사정을 감안하면서 김운곡의 글로 돌아가 보자.

김운곡은 사람은 사회적 동물이며 학문이 없으면 야만이라는 서양 학자의 말을 인용하고 일천만 자매가 교육받지 못해 야만의 상태인 것이 분하고 원통[憤恨]하니 이를 벗어나기 위해 밤낮으로 노력해야 한다고 당부한다. 당시 문명개화론에서 흔히 볼 수 있듯이 김운곡도 서양 사회와 대한 사회를 비교하면서 교육 여부로 문명과 야만을 구분한다. 이는 앞서 다룬 신낭자의 글에서도 나타나는 것이다. 이는 이 시기 여성들이 서양 여성, 즉 문명한 사회의 여성을 발견하면서 조선 여성의 위치를 더 분명하게 자각했음을 의미한다.

김운곡은 여기서 학문 성취를 말하고 있다. 김운곡이 관여한 여자교육회가 후원한 양규의숙은 설립 취지로 '학문과 여공의 정예와 부덕현철婦德賢哲을 교육해서 현모양처의 자질을 기르는 것'[18]을 내세웠기 때문에 새삼스러울 것은 없다. 그러나 김운곡이 여기서 학문을 강조하는 것은 미묘한 차이를 드러낸다. 학문과 여공 중 학문을 강조하고 있기 때문이다. 여공은 바느질이나 수놓기, 음식 만들기처럼 전통적으로 여성들이 해 온 것들이다. 물론 당시 여학교에서도 자수나 바느질을 가르쳤다. 그런데 김운곡은 여공을 생략하고 학문을 강조했다. 이는 여자들이 여공보다는 새로운 학문을 배워야 한다는 것을 강조하기 위한 것으로 보인다. 김운곡의 다른 글을 통해 이런 태도를 다시 확인할 수 있다.

김운곡은 최초로 여성필자가 참여한 여성잡지인《여ᄌ지남》에 '부인 김운곡'으로 〈남녀동등의무〉라는 글을 썼다.《여ᄌ지남》은 여자교육회가 간행한 월보로 3호까지 발간했다고 하나 현재 1호만 전한다. 1호에는 윤치호, 박은식(1859~1925), 김윤식(1835~1922)을 비롯한 남성필자와 김운곡, 이옥경을 비롯한 여성필자들의 글이 실려 있고, 뒤에 각 여학교 생도들의 작문이 실려 있다. 그런데 남성필자는 이름이나 필명을 쓴 데 비해 여성필자는 이옥경이 '여자교육회 총재 이옥경'이라고 한 이외에는 모두 '부인 ~'이라고 하여 여성임을 별도로 밝히고 있다. 남녀 필자가 쓴 글의 주된 내용은 남녀동등론, 여성교육의 필요, 여성의 자유, 교육론, 권학설 등이다. 김운곡은 〈남녀동등의무〉에서도 여자에게는 음식 만드는 일만 시키고 공부를 시키지 않은 것을 비판하면서 여성교육을 강조했다.

　김운곡은 천지음양도 짝을 이룬다는 이치를 설명하면서 남녀가 서로
다르기는 하지만 교육까지 다를 수는 없다고 하면서 전시대의 문제를
열거한다. 무엇보다도 교육이 문제이고 그다음은 여자를 집 안에만 가
두어 둔 것이다. 김운곡은 오직 남자들만을 위한 학교를 건립하고 여자
를 위한 학교가 없고, 집을 지을 때도 내외를 분별해서 여성은 규방 안
에만 가두고 바깥일에 대해서는 말도 못하게 하고 삼종지도, 칠거지악
을 따르게 한 것[19]을 나열한다. 그리고 여자들이 하는 일이라고는 집안
일뿐이라 세상에 무용한 존재가 되었다고 비판한다.

　날마다 하는 일이 음식을 만드는 데 있으니 제가치국하는 허다한 경륜
　과 유학 박람하는 허다한 사무를 모두 남자에게만 부치고 여자는 영원
　히 관여함이 없이 하여 여자로 하여금 세상에 무익한 물건이 되게 하고
　무용한 물건으로 만들었으니 어찌 한심치 아니하며 어찌 탄식치 아니하
　리오? 현금 태서 각국을 볼진대 남자만 문명함이 아니라 여자의 문명함
　이 당당한 장부에 뒤지지 아니하는 고로 그 나라가 부강하며 그 사람이
　문명하거늘 하물며 우리 대한 작은 지방과 적은 인민으로 남자만 활동
　하고 어찌 나라가 부강하기를 바라며 여자를 교육하지 아니하고 어찌
　문명하기를 바라리오? 오직 바라건대 우리 여자동포여 힘쓰고 힘쓸지어
　다. 태서 문명국 여자의 행동을 모범으로 하고 사업을 본받아 우리 후생
　여자에게 선진되는 도리를 극진히 하여 우리 대한제국으로 문명한 지경
　과 부강한 땅에 이르게 되기를 천만 바라노라.[20]

김운곡은 남성들이 집안과 나라를 다스릴 경륜을 갖추고 사무를 독점하고 여성들을 배제해 왔기 때문에 무익한 '물건'이 되어 버린 현실을 비판한다. 그리고 서양으로 눈을 돌린다. 서양이 부강한 것은 남자들뿐만 아니라 여성들도 문명화 되었기 때문이며 여성이 활동하지 않으면 부강하기 어렵다는 것이다.

문명개화로 나아가고 경쟁에 이기기 위해서는 여성교육을 해야 한다는 주장은 당시 여성교육론의 핵심적인 주장이다. 그런데 김운곡과 다른 글들 사이에는 차이가 보인다. 문명의 주체를 남성 주체와 여성 주체로 구분하고 "우리 여자 동포"로 대상을 호명하는 동시에 여성들에게 문명의 주체가 되기를 촉구하고 있기 때문이다.

《여ᄌᆞ지남》 1호에 실린 박은식의 〈여자보학원유지회취지서女子普學院維持會趣旨書〉와 비교해 보면 김운곡과의 차이를 분명하게 볼 수 있다. 성리학자이자 독립운동가였던 박은식은 《황성신문》의 주필로도 활약한 인물이다. 박은식의 취지서는 여성교육의 필요성을 강조하면서 여자보학원[21]을 계속 유지할 수 있도록 도와 달라고 호소한 것이다. 이 글은 필자를 밝히지 않은 채 1908년 5월 9일 《황성신문》 별보에 〈여자보학원에서 계속 유지를〉이라는 제목으로도 실렸다.

박은식은 남자나 여자나 상제의 자녀라는 점에서 똑같은 존재이며, 남녀 모두 차별 없이 지각을 부여 받았기 때문에 직분상의 능력에도 우열이 없다고 본다. 그러나 조선은 남존여비의 풍습 때문에 여자는 남자의 종이 되어서 압제를 받거나 즐거움을 제공하고, 현숙한 자질이나 총명한 지식이 있어도 집 안에 갇혀 집안일만 하고 바깥일을 전혀 알지 못하고 남편이나 아들의 손에 그 삶이 달려 있게 되었다.[22] 이처럼 여성을 차별하고 바깥일에서 배제해 왔기 때문에 여성은 집 안에 갇혀 배운 게 없어 식견이 좁고 편벽한 성품을 갖게 되고 우울한 기운이 쌓이게 되었다. 여기서 여성에 대한 편견은 반복되고 있다.

또한 부인이 학문이 없어 세상일을 알지 못하므로 식견이 소통치 못하여 편벽된 성품을 이루면 가정의 화목함을 잃는 자도 있고 우울한 기운이 쌓여 신체의 병을 이루는 자도 많으니 그가 낳은 자녀도 화순한 천성과 건전한 체질이 부족할 것이며 또 부인이 학문이 없으면 가정교육을 알지 못하여 자녀의 덕성을 배양치 못하니 이로 보면 여자계에 교육이 없으면 남자계의 교육이 또한 완전을 얻지 못할지라.
또 하물며 지금은 인종이 경쟁하는 시대라 소수가 다수를 당하지 못하며 야만한 자가 문명한 자에 맞서지 못하는 것은 당연한 형세라. 우리 대한의 인구가 이천만이라 하나 여자가 그 반수이니 만약 반수의 여자가 모두 교육을 받지 못하여 야만한 자가 되고 일천 만 남자 중에도 교육이 완전치 못하여 문명한 자가 소수에 머물면 어찌 남녀가 일치하여 개명한 다수의 타국 인민을 대적할 능력이 있으리오. 그런 즉 여자교육의 필요는 인종의 생존기관이라 이를 만할지라.[23]

여자교육이 제대로 되어 있지 않으면 남자교육도 온전할 수 없다. 따라서 가정교육을 위해, 문명한 국가를 위해, 타국 인민을 대적하기 위해 여성교육이 필요하다는 것이 박은식의 주장이다. 박은식은 남녀가 동등하다는 입장에서 여성교육의 중요성을 주장한다. 하지만 여성교육의 목적을 가정과 국가에 종속시키고 있다. 국가경쟁력을 기르기 위해서 국민의 반인 여성을 교육시켜야 한다는 당시의 여성교육론을 그대로 보여 준다. 김운곡은 교육 차별로 인해 남녀의 하는 일이 달라지고 그 결과 여성들이 무능하고 무용한 존재가 된 것을 비판한다. 그녀 역시 여성교육을 통해 나라를 부강하게 해야 한다고 주장하지만 여성 주체의 발전과 능력 계발에 대한 격려를 잊지 않았다.

이지춘의 여자교육 시급론과 장경주의 여자교육론

이지춘과 장경주. 이들은 《대한매일신보》 1908년 4월 4일 자, 8월 11일 자에 〈여자교육의 시급론〉, 〈여자교육〉이라는 제목의 글을 투고했던 여성들이다. 이 두 글에는 1905년 을사조약 이후 위기의식이 드러나는데 이들의 신상에 대해서는 알려진 바가 없다. 이지춘은 국가의 위급한 상황 앞에서 동포들에게 깊은 잠에서 깨어나라고 호소하고, 신학문과 신지식을 배워 여자도 남자와 같이 국가를 위해서 일하자고 호소했다.

경쟁시대를 당하여도 애국사상 전혀 없고 양반집의 문벌자랑 산림학자 도덕자랑 청루상의 풍류자랑 소년자제 호사자랑뿐이로다. 여보시오, 동포 자매들이여 긴 밤 꿈 속 깊은 흔잠을 어서 깨어 열심히 나라 위합시다. 여자로 말한다면 남자와 같이 교육하여 학문을 배운 뒤에야 지식도 있고 법률에도 능통할 것이니, 지식이 있고 법률을 알고 보면 애국심이 절로 생겨나서 정치와 농업과 공상을 못할 게 없고, 무예를 연습해도 남자만 못하지 않을 것이오. 그러나 우리나라 습관이 여자는 남자를 모시는 노비같이 음식이나 맡아보고 간혹 명민한 여자가 있어 가사를 간섭하면 암탉이 새벽에 운다고 하며 일생을 속박하여 남자를 순종할 따름이오. 비록 출중한 재주가 있을지라도 헛되이 빈 방을 지키고 길쌈과 바느질로 백년을 종사하니 인민 된 의무가 어디 있는가? 동포 자매여! 귀하신 총명 재질로 문명 발달만 하고 보면 남녀동등이 될 뿐 아니라 국권 회복이 절로 될 것이니 규중에서 자란 몸이라 부끄럽다 생각 말고 자유 독립 힘쓰시오! 동물 중에 귀한 것은 사람이 제일인데 비록 남녀의 다름이 있으나 자유행동이야 무슨 다름이 있으며 세계 각국 사람과 우리나라 동포들을 비교해 보면 상등인의 이름을 듣는 자는 눈 하나 더 있는 것이 아니라 두 눈이 같고, 입 하나 더 있는 것이 아니라 입도 하나도 한가지요, 두 손과 두 발도 같은데 상등·하등의 구분이 웬일인가? 동포 자매여! 깊이들 생각하시오. 상하 구분이 판이함은 학문 발달과 문명진보의 단체가 되는 데 있으니. 슬프다! 자매 형제여! 이천만 중 한 분자인 의무로 한 가지 재주라도 능통하여 공업을 세우고 외국 사람의 노예를 면하시오. 대현군자와 동서양의 유명한 영웅들이라도 어려서부터 가르치고 배움이 없으면 오늘날 어찌 영웅의 사업을 하리요? 순임금 같은 성인도 착한 말씀과 착한 행실을 듣고 보기 전에는 들판의 사람과 같았으니 이는 타고난 자질이 비록 좋아도 학문을 의지한 연후에 인재로 성취되는 것을 가히 알 것이요. 배워서 성취하기가 어찌 남자만 그러하겠소? 비록 여자라도 교육하면 여중군자도 될 수 있을 것이요, 규중호걸도 이룰 수 있으니 이때를 잃지 말고 열심 공부하여 남녀동등의 권리를 찾고 보면 국가도 진보가 되고 사가에도 행복이 되리니 신학문과 신지식을 바삐 바삐 공부하여 여자인 우리들도 남자와 같이 국가 일을 힘써서 세계에 하등국 사람이라는 이름을 씻어 버리기로 기약합시다.[24]

이 글은 외인 침범 이전의 태평시대와 이후의 위급함을 대비시켜 1905년 을사조약 이후의 위기의식을 드러낸다. 비록 여중군자, 규중호 걸과 같이 '여중', '규중' 같은 한계를 둔 표현을 쓰고 있으나 동포 자매를 국민의 한 사람으로 주체화하고, 그 권리를 분명히 하면서 의무와 책임까지 부여하고 있다. 여성들에게 친숙한 장르인 가사의 율문체로 쓰인 이 글은 동포 자매를 거듭 호명하면서 '열심히 나라 위하자'고 하고, '자유독립에 힘쓰라'고 하고, '깊이들 생각하라'고 하며, '여자인 우리도 남자와 같이 국가 일에 힘써서 하등국 사람이라는 이름을 씻어 버리자'고 지시하고 권유한다. 이러한 글쓰기는 여성독자들을 불러 내서 그 의식을 일깨우고 감정을 격동시키고 연대의식을 갖게 하는 효과를 낳았을 것이다.

그 얼마 후에 〈여자교육〉이라는 글을 투고한 장경주는 나라와 백성이 망하게 된 것은 "여자를 교육하지 못한 데 있"으니 가정교육이 급선무이고 여자교육이 그 근본이라고 선언한다. 여자는 국민 될 자의 어머니가 될 사람이고 가정교육을 주장할 사람이니, "교육이 있는 여자라야 영걸한 인재와 동량의 재목을 양성할" 수 있다는 것이다.[25] 이 역시 당시의 여성교육론의 자장 안에 있는 주장이다. 장경주는 자신을 학식이 적고 문견이 낮고 사상이 어두우며 재주가 없다고 했다. 그러나 맹자의 어머니를 거론하고 신소설을 언급한 것을 보면 전통에도 일정한 지식이 있으면서 새로운 문화도 수용한 여성으로 짐작된다. 을사조약 이후 국가에 닥친 위기 앞에서 장경주는 "여보시오 우리 동포들이여, 국가흥망에 근심하시는 우리 동포들이여"라고 동포를 부르며 문명국가로 나아가기 위해 "죽음을 벗어나고 살 길을 얻을 방법은 곧 교육 일단이오 교육의 장원한 근본은 또한 여자교육이라"[26]고 반복해서 호소했다.

혹은 의심하여 말하기를 어찌 여자교육이 이같이 긴중하뇨? 하니 말하기를 맹자의 어머니는 세 번 집을 옮겨서 맹자를 가르쳐 큰 선비가 되게 하였으니 그 어머니가 무식하고야 어찌 그 일을 하였으리오? 여자교육의 긴중함을 어찌 의심하리오? 여자교육이 남자교육에 선진이 될 뿐 아니라 근일에 신소설 《애국부인전》과 《라란부인전》을 볼지라도 그 사람도 또한 일개 여자로되 이같이 큰 사업을 성취하였으니 그 사람들은 어찌 무식한 여자로 이를 하였으리오?

우리 여자 된 동포 자매들은 일찍 교육에 진취치 못하여 사회상에 참여치 못함을 한층 분개하여 지금부터 상제께서 품부하신 자유의 천성을 잃지 말고 남자를 의지하지 말고 여자교육을 성취하고 여자 사회를 확장하여 이로써 남자를 교육하며 이로써 민족을 보전하고 이로써 국가를 문명한 지경으로 나아가게 하여 태산반석의 무궁한 복락을 누리기를 위하는 간절한 마음에 용졸한 글로 부족한 언사의 부끄러움을 생각하지 않고 이같이 경고하노라.[27]

여성교육이 이렇게 중요한데 그래도 그 중요성을 믿지 못하고 묻는 사람들을 향해 장경주는 자녀교육에 가장 성공적이었던 맹자 어머니를 예로 들고, 스스로 큰 사업을 성취한 여성들인 애국부인과 라란부인을 예로 든다. 그리고 그녀들이 무식했으면 이런 일을 할 수 있었겠느냐고 반문한다.

장경주는 여기서 그치지 않았다. "우리 여자 된 동포 자매"들을 향해 일찍 교육을 받지 못해 사회에 참여하지 못하는 것을 "한층 분개하라"고 분발을 촉구하며 자유로운 여성, 독립된 여성, 문명한 세계를 이끌 여성으로 나아가라고 당부한다. 상제가 부여해 준 자유의 천성을 잃지 말고, 남자를 의지하지 말고, 여자교육을 성취하고, 여자 사회를 확장하여 남자를 교육하여 민족을 보전하고 국가를 문명한 곳으로 나아가게 하라!

여기서 잠깐 장경주가 언급한 《애국부인전》과 《라란부인전》이 어떤 책인지를 들여다볼 필요가 있을 것 같다. 당시 신문에 투고한 여성들이 어떤 책을 읽고 영향을 받았는가를 볼 수 있기 때문이다. 《애국부인전》은 장지연(1864~1921)이 번안한 책으로 프랑스의 여성영웅 잔 다르크의 생애를 다룬 전기이다. 《라란부인전》은 프랑스혁명 당시 지롱드파에서 활약했던 롤랑 부인의 전기이다. 이는 중국의 양계초가 지은 《근세 제일 여걸, 라란부인전》을 모본으로 번역한 것[28]인데 1907년 《대한매일신보》 국문판에 연재되었다. 개화기에 간행된 전기류들 가운데 이 두 책은 예외적으로 여성을 주인공으로 한 작품들[29]로 영웅적이고 혁명적인 여성상을 보여 준다.

《애국부인전》은 여성독자들에게 공적 영역에 참여할 것을 북돋우고 남녀가 평등하다는 명제를 강렬하게 설파했으며,[30] 《라란부인전》의 번역자는 여성에게는 규중에 갇혀 있던 자유롭지 못한 나약한 마음을 깨고 나와 라란 부인을 어미로 삼고, 남성에게는 기꺼이 남의 아래 있는 비루한 성품을 잘라 내고 라란 부인을 스승으로 삼으면 대한이 구주 열강과 동등하게 될 것이라고 격려했다.

번역한 자 가로되, 대저 라란 부인은 천하고금에 처음 난 여자 중 영웅이라.…… 홀로 법국에서만 자유의 선각자이며 혁명의 지도자가 될 뿐 아니라, 나라에마다 스승이 될 것이요 사람에게마다 어미가 될 것이다. …… 무릇 이《라란부인전》을 읽는 자여! 여자는 그 하나님이 품부稟賦하신 보통 지혜와 동등 의무를 능히 자유하지 못하고 규중에 갇혀 있던 나약한 마음을 하루아침에 벽파劈破하고 나아와 이 부인으로써 어미를 삼고, 남자는 그 인류의 고유한 활동 성질과 자유 권리를 능히 부지하지 못하고 남의 아래 있기를 달게 여기던 비루한 성품을 한 칼로 베어 버리고 나아와 이 부인으로서 스승을 삼아, 이천만인이 합하여 한마음, 한뜻, 한 몸이 된 즉 대한이 구주 열강과 더불어 동등히 되지 못할까 어찌 근심하리오?"

을사조약 이후 신문이나 학회지는 국권회복을 위한 여성들의 참여를 독려하기 위해 잔 다르크나 롤랑 부인 같은 여성 위인을 소개했는데 이를 읽고 분발한 여성의 글을 싣기도 했다.

의주 사는 김춘곡의 별호는 산홍인데 집이 가난하여 글을 배우지 못하였는데 시세의 변함을 격분하여 여학교에 입학하니 총명한 재질로 한문도 열심히 공부하고《라란부인전》을 주야로 읽으며 가로되 "저도 여자

요 나도 여자라 어찌 저만 여중영웅의 이름이 만국에 전파하였느뇨. 나
도 열심히 일을 행하면 저와 다름이 없으리라" 하니 이런 여자는 남자보
다 낫다고 칭찬들 한다더라.[32]

시국의 변화에 격분해서 여학교에 가고, 혁명에 가담한 여성의 전기
를 읽으며 닮아 가려는 김춘곡의 글은 당시 전국 각지의 여성들이 시국
에 얼마나 민감하게 반응하고 나라를 위한 일을 하려고 분발했는가를
생생하게 전해 준다. 이 글은 《라란부인전》을 연재한 《대한매일신보》
에 〈여중호걸〉이란 제목으로 실렸다. 신문사 측에서는 자사 신문에 연
재한 글을 보고 쓴 것이기에 관심을 가지고 실었을 법하지만 여성의 전
기가 여성들에게 얼마나 큰 영향을 미쳤는지를 볼 수 있다.

남녀동등, 여자의 독립, 여자 사회의 발전을 위한
여성교육의 필요성

강국의 침략을 받게 된 위기의 시대, 생존경쟁의 시대라는 인식 하에
학교를 설립해서 신학문을 가르쳐야 한다는 것은 남녀를 불문하고 가
지고 있었던 시대의식이었다. 당시 새로운 매체로 등장한 신문에 교육
을 강조하는 논설이 실리고, 학교에 관한 소식이 주를 이룬 것은 바로
이러한 시대의식을 반영한 것이었다. 유길준이 《서유견문》(1895)에서
어린아이를 잘 양육하기 위해서는 여성교육이 필요하다고 주장한 이
래, 서재필을 비롯한 남성지식인들은 문명화된 국민을 길러 내기 위해

서는 여성교육이 필요하다는 주장을 펼쳤다.[33] 이들 개화지식인뿐만 아니라 유교지식인들도 여성교육의 필요성에 공감했으며, 당시 신문들도 사설을 통해 여성교육의 필요성을 강조했다. 당시 신문의 사설을 쓴 필자들은 주로 남성들이었음은 물론 여성독자를 표적으로 하는 신문들조차 주요 필자는 남성들이었고, 여성교육은 민족주의운동의 남성지도자들의 주요 활동 영역이었다.[34]

여성들은 계몽의 대상으로 간주되었을 뿐이다. 그러나 당시 여성들은 이러한 시대를 목도하면서 남성들의 여성교육론을 수동적으로 받아들이고만 있지 않았다. 이들의 주장에 호응하면서 자신들의 목소리를 냈다. 이들이 여성교육을 강조한 논리는 두 가지였다. 하나는 남녀는 평등한데 지금까지 남자의 압제를 받아 규방 안에 갇혀서 살았다는 것, 따라서 이러한 삶을 벗어나 동등한 삶을 살기 위해서는 교육을 받아야 한다는 것이고, 또 하나는 위태로운 국가를 구할 인재를 길러 내기 위해서는 이러한 인재를 길러 낼 어머니를 교육해야 한다는 것이었다. 후자의 논리에 대해서 여성의 역할을 어머니에 국한했다고 보는 시각이 있지만 이러한 시각을 재고할 필요가 있다. 여성독자 투고에 나타난 여성교육론은 남성들의 여성교육론과 비슷한 주장을 하는 것 같지만 차이가 있기 때문이다.

앞서 보았듯이 여성 투고자들은 당시의 문명개화론에 입각해서 교육의 유무에 따라 문명과 야만을 구분하고, 문명으로 나아가기 위해 여성교육이 필요하다고 주장하고, 어머니로서의 여자의 역할을 강조했다. 이는 남성필자들의 주장과 크게 다르지 않다. 여성 투고자들이 당시 신문의 주장에 호응하면서 자신들의 생각을 개진했기 때문에 남성필자들의 견해가 수용된 것은 일정 부분 당연한 일이다. 그러나 여성 투고자들은 여성교육의 중요성 못지않게 남녀평등, 여자의 독립, 학문의 성취, 여자 사회의 발전을 중요하게 이야기했다. 여성 투고자들은 남자(아들) 교육도 교육 받은 여자가 할 일들 중의 하나로 보았지만 동시에 자유롭고 독립적인 여성 주체의 탄생을 기대하고, 이를 사회로까지 확장하고자 했다. 이러한 높은 수준의 여성의식은 여성 투고뿐만이 아니라 당시 여성들이 남긴 글에서도 확인할 수 있다.

《경성유록》의 저자 강릉 김씨 부인은 서울에 가서 전차나 기차를 타보고 영화관에 가서 영화도 보면서 신식 문물에 대해 큰 관심을 드러낸다. 그러나 무엇보다 비상한 관심을 보이는 대상은 여학교이다. 지인의 집에 묵게 된 김씨 부인은 여학생인 그 집 딸을 보고 여학교에서 무엇을 배우는지, 학생이 몇 명이나 되는지 물어보며 "여학교 있다는 말만 들었는데 진정한 여학도를 만난 것"[35]을 신기해하고 그 집 딸이 글씨 쓰는 것을 보고 부러워하면서 같이 간 딸에게 "너도 학교에 다닐라냐? 우리 강릉도 여학교 세우고 청년여자 모아들여 교육사업 하여 볼까?"[36] 묻지만 곧 재정 문제로 그것도 어려운 현실을 떠올린다. 또 대한제국 궁궐 안에 일본인들이 원예모범장을 만든 것을 보고 분개하다가도 여성교육을 생각한다.

남녀를 물론하고 국민 되기는 일반이다. 남자 사회 아무리 문명한들 여자 사회 미개하면 중흥사업 어려우니 아무쪼록 열심히 여자교육 하여 볼까. 강릉 일 생각하니 남학교도 드문데 여학교를 어찌하여 설립할까. 참담하고 원통하다.[37]

김씨 부인은 나라를 중흥하기 위해서는 여성교육이 필요하다는 것을 절실하게 느끼지만 현실적으로 강릉에 여학교 세우는 일이 어려움을 깨닫고 참담해한다. 하지만 김씨 부인의 학교에 대한 관심과 학생에 대한 기대는 여행 내내 이어진다. 김씨 부인은 중앙학교, 보성학교, 오성학교, 휘문의숙, 진명여학교, 숙명여학교, 동덕여자의숙, 관립 고등여학교 등 남녀 학교를 둘러보고, 학생들을 보면서 그중에는 건국영웅도 있을 것 같다고 흐뭇해한다. 서울 구경 중에서도 가장 귀하고 반가운 것이 학생 구경[38]이라고 할 정도로 교육에 큰 관심을 드러낸 김씨 부인은 영국의 여왕, 영국 여성들의 참정권운동의 배경에는 여자계의 발달이 있다고 보고 이를 다시 여성교육과 연결시킨다. 그리고 남대문 정거장에서 사무 보는 일본 여자들을 보고 여성의 계몽을 촉구하는 말로 여행기를 마무리한다. 김씨 부인의 예는 근대 계몽기 신학문을 배우지 않은 여성들이 여성교육, 여학교, 여성의 역할, 여자계에 대한 관심이 얼마나 많았는가를 보여 준다.

근대 계몽기에 설립된 여학교의 교과과정은 현모양처를 길러 내는 것을 중요한 목표로 삼았다. 그러나 여성 투고자들이나 강릉 김씨 부인의 여성교육관은 단지 어머니로서의 역할만을 강조하지 않았다. 어머니로서 국가의 인재를 길러내기 위해 여성교육이 필요하다고 말한 경우도 있지만 그 근저에는 남녀평등에 대한 인식이 깊이 깔려 있었다. 물론 더 깊이에는 전통적으로 이어져 온 남녀 불평등에 대한 인식이 깔려 있었다. 이들은 교육의 필요성에서 나아가 여성교육을 강조함으로써 조선시대 내내 공적 교육에서 배제되어 온 여성들의 교육 받을 권리와 여성의 사회적, 정치적 참여를 고무했다.

2. 부인계의 새 사상, 남녀동등사상

한국 부인계의 새 사상, 자유와 평등

1908년 8월 1일자 《대한매일신보》에는 자유와 평등사상을 주장하는 〈한국 부인계에 싀 사샹〉이라는 글이 실렸다. 같은 신문 국한문본에도 〈我韓婦人界新思潮〉라는 제목으로 실린 이 글의 투고자는 여사 김송재였다. "사십이 지나도록 신학문과 신지식은 전혀 알지 못하는" 인물[39]이라고 소개한 것으로 미루어 김송재는 1870년 전후에 태어났으며 신교육을 받지 못한 인물일 것이다. 그러나 글의 내용이나 문체를 보면 당시 여성 문제에 많은 관심을 가졌고 글쓰기도 익숙했던 인물로 짐작된다.

국한문본에 이름이 金松哉로 표기되어 있는데 당시 여자교육회 활동을 하고 1기 총무를 지낸 金松齋라는 인물일 가능성도 있다.[40] 김송재는 개화와 문명과 경제와 여학교와 부인 사회에 대해서는 들은 적이 없다고 했다. 그러나 투고 내용은 남녀평등사상과 여자교육, 애국충정에 대한 것이어서 여자교육회 활동을 한 金松齋로 볼 여지도 있다. 한글로 투고된 편지를 국한문으로 옮기면서 기자가 임의로 金松哉로 잘못 표기했을 수도 있기 때문이다.

원래 자유는 공공의 일이요 한정한 바가 없거늘 오호 천지간 인류 중에 우리 한국 여자는 자고로 지금까지 교육이 없어서 자유함을 얻지 못하여 사광師曠의 총명함과 이루離婁의 밝음이 있는 자라도 개명 발달의 목적을 전연히 알지 못하더니 근래에 문명 발달한 시대를 당하여 풍기가 크게 변하야 규중에 칩거하였던 여자도 남자와 동등권이 있는 것을 깨달아서 동등의 학문과 동등의 지식과 동등의 기예와 동등의 사업을 무한히 함께할 희망만 있을 뿐 아니라 여자학교와 여자 사회가 점점 발달하여 국한문의 새 교육으로 개명한 신지식을 확충하여 충군애국 하는 사상이며 활발 진취하는 지기와 온유 자선할 심덕으로 일취월장하는 정신을 면려하여 세계 각국에 통행하는 부인계의 지위를 새로 찾아서 보전케 되었으니 일세에 이름을 날리고 백대에 영화를 전함도 얻기가 어렵지 아니하며 이천만인이 일심 단체 되어 유신의 사업을 성취하여 국권을 회복함도 기필할지니 노소를 물론하고 각기 의무를 잃지 말고 학문과 교육을 열심히 하여 새로 찾은 남녀동등의 권도 보전하고 규중에 칩거하였던 여자의 행동과 사업이 육대주에 예부터 자유가 자재하던 여자계에서 눈이 절로 뜨이게 하여 대한제국이 천하에 문명국 되게 함을 남자에게만 맡겨 두지 아니함이 우리 여자의 의무일까 하노라.[41]

김송재는 '일반 부인계'를 향해 자유와 동등과 의무를 핵심어로 삼아 활달한 문장으로 자신의 주장을 펼친다. 이 글은 이제 규중에 갇혀 있던 여자도 자유와 남녀동등권이 있다는 것을 깨달았으니 학문과 지식과 기예와 사업을 함께할 수 있다는 희망과 여자 사회와 여자학교가 발달해서 부인계의 지위를 찾게 되었으니 이름도 날릴 수 있고 국권도 회복할 수 있을 것이라는 기대에 차 있다. 이를 실현하기 위해 여자는 의무를 다하여 대한제국이 문명국이 되게 하는 일을 남자에게 맡기지 말고 함께하라는 것이 이 글의 요지이다. 문명국이 되게 하는 일을 남자의 손에만 맡기지 않는 것이 여자의 의무라고 한 것은 그동안 국가의 일에서 배제되어 온 여성이 주체가 되어 국민의 의무를 수행해야 한다는 뜻이다.

이 기사는 국한문판에도 실렸다. 기자는 이 글을 실은 이유를 이렇게 밝혔다. "여권이 일어나지 못하는 것은 남자에게 의지하는 마음이 있어서이고, 민권이 일어나지 못하는 것은 인민이 정부를 의지하는 마음이 있어서이고, 국권이 떨치지 못하는 것은 나라가 외국을 의지하는 마음이 있어서인데, 이 투고는 이상이 원만하고 문체가 간결할 뿐더러 부인계에 새로운 사상이 일어나 의지하는 마음을 잘라 낸 것이 더욱 존경할 만해서 실어 알린다."[42] 그는 김송재의 글이 남자를 의지하는 마음을 잘라 냈기 때문에 더욱 존경할 만하다고 평가했다.

국한문본의 기사는 김송재의 국문 투고를 기자가 번역해서 실은 것으로 보인다. 그런데 두 기사 사이에는 작은 차이가 발견된다. 번역하는 과정에서 실수로 놓쳤을 수도 있지만 빠진 부분의 내용을 보면 그렇게만 보기 어렵다. "자유가 자재하던 여자계에서 눈이 절로 뜨이게 하여", "남자에게만 맡겨 두지 아니함이 우리 여자의 의무일까 하노라"라고 하는 내용이 빠졌기 때문이다. 이는 하필 여자계의 각성과 여자의 의무를 이야기하는 문장이다. 그렇다면 단순한 실수라기보다는 여성이 남성의 역할에 적극적으로 도전하는 것으로 여겨져서 국한문본의 주 독자층인 남성들을 의식해서 생략한 것은 아닐까?

이 시기 여성의 권리에 대한 자각이 생기면서 여성에 대한 국민화가 이루어졌다. 그러나 여성들이 주체적이고 능동적인 국민으로서 활동하거나 특히 정치 참여와 같은 공적 영역의 자유로운 활동이 보장된 것은 아니었다. 오히려 여성들의 정치 참여나 공적 활동이 고려되지 않거나 배제되었다고 평가된다.[43] 김송재의 글은 여성에게 주어진 자유와 평등한 권리를 발견하고 희망과 기대에 부풀어 있지만 그대로 이루어지기 어려운 현실이었음은 근대 여성의 역사가 보여 준다. 하지만 김송재의 글은 당시 여성들이 자유와 평등을 자각하면서 주체적으로 자신들의 권리와 의무를 획득해야 한다는 당당한 의지를 보여 준다. 김송재를 비롯한 여성 투고자들의 글은 근대 남성 주체들의 여성 국민화에 대한 기획을 넘어서고 있었다. 그러나 김송재의 잘려 나간 문장은 여성들의 초과된 의식이 언제든 지워질 수 있는 것이었음을 보여 준다. 기자는 남자에게 의지하는 마음을 잘라 낸 것을 높이 평가하면서 부인계의 새로운 사상을 의지하는 마음을 잘라 낸 것이라고 했다. 자유를 강조하면서 남녀동등권을 주장한 김송재의 글을 여성의 의존 문제로 단순화한 것이다. 이를 남녀가 보이는 시각 차이로 일반화하는 것은 무리가 있다. 하지만 적어도 이 사례는 남녀평등, 여권, 여성교육의 필요성에 동의한다 하더라도 원인이나 필요성에 대해 남녀 간의 인식 차이를 드러낸다. 앞서 기자가 생략한 문장을 사소한 실수로 보고 그냥 넘길 수 없는 이유가 여기에 있다.

여성을 위한 의료의 필요성

이처럼 여성독자의 투고가 여성교육, 남녀동등권에 대해 거듭 언급하고 있던 중 여자의 병에 대해 언급한 투고가 있어 주목을 끈다.《제국신문》1906년 8월 23일 자에 실린 투고로 여자의 몸, 여자의 건강과 관련한 내용을 담고 있다.

생각하여 보시오. 여자의 병은 흔히 생산하는 데에서 납니다. 병이 나니 의원이나 잘 보게 해 주오. 사시장철 추우나 더우나 시원한 거동 보지 못하고 안방구석에서 끓소. 그래도 욕심 많은 사나이는 자식 낳기만 바랍디다. 여보 의복 음식 걱정 없고 만사가 태평으로 지내는 대관네 부인들 생각하여 보시오. 우리가 병 곧 들면 고명한 의원 어디 있소. 고명한 의원은 있는지 모르거니와 전국에 여자 의사 하나도 없으니 아무리 부귀가 흔천동지하더라도 죽을 수밖에 없소. 여자교육회니 잠업시험장이니 여자회니 하는 것이 급선무가 아닌 것은 아니로되 여자가 성함이 급선무로 나는 생각하오. 왜 그런고 하니 우리가 전국 인구를 번성케 하는 처지에 우리 속에 병이 있고는 자녀 간 암만 많이 낳더라도 또 변변치 못한 병든 자녀를 낳아 이 시대 사람보다 더 나을 것이 없을 듯하오.[44]

이 글은 여자교육회, 잠업시험장, 여자회도 중요하지만 여자의 건강이 급선무라고 하며 병이 들었을 때 치료라도 잘 받게 해 달라고 요청한다. 투고자는 여자는 생산을 많이 하기 때문에 그로 인한 병이 많은데 남자들은 자식 낳기만 바란다고 하고, 전국에 여자 의사 하나 없으니 아무리 부귀해도 죽을 수밖에 없는 현실을 지적하고 있다. 여성 건강의 문제를 자녀의 건강과 결부시킴으로써 여성의 역할을 어머니의 역할에 한정한 것 같지만 새로운 여성 문제를 제기했다는 점에서 의미가 있다.

여성의 힘, 윤정원의 여성 인식

1907년 10월 3일 자 《제국신문》에는 당시 유럽에서 공부 중이던 윤정원(1883~?)의 글 〈추풍일진〉이 실렸다. 윤정원은 탁지부 주사를 지낸 운정雲庭 윤효정(1858~1939)과 창원 황씨의 딸로 일본 유학을 한 뒤 한국 여성으로는 처음으로 유럽에서 유학했다. 윤정원은 윤효정이 1898년 고종 양위음모사건에 관련되어 일본으로 망명하자 따라가서 동경 메이지여학교 보통과와 고등과를 졸업하고 여자학원에 입학하여 영어와 서양음악을 공부했다. 그 뒤 벨기에를 비롯해서 영국, 프랑스, 독일과 미주 등지를 다니며 공부하고 1909년 한성고등여학교 교수를 역임했으며[45] 같은 해에 동경 유학생 최석하와 결혼했다.[46] 윤정원은 귀국하여 교수로 활동하기 시작한 뒤 《황성신문》,[47] 《매일신보》,[48] 《대한매일신보》[49] 등이 그의 동정을 보도한 기사를 계속 실을 정도로 사회적 주목을 받았다. 윤정원은 귀국한 뒤 순종비 윤황후에게 《논어》를 강의하는 강관講官으로 임명될 정도로 동양 고전에 대해서도 지식을 가졌던 인물이다. 한일병합 뒤 교수직을 사임한 윤정원은 1911년 중국 북경으로 망명해 독립운동에 참여했다. 윤정원은 해방 이후 귀국하지 않고 북경에 머물렀는데 그 이후 행적은 자세히 알려져 있지 않다.

윤정원은 유학생 잡지인 《태극학보》에 〈공겸의 정신〉, 〈혁신적 정신〉, 〈본국 제형 제매에게〉, 〈추풍일진〉, 〈몸을 바치는 정신〉 등 여러 편의 글을 투고했는데, 그중 〈추풍일진〉, 〈공겸의 정신〉, 〈몸을 바치는 정신〉이 《제국신문》과 《대한매일신보》에 재수록되었다. 이 글들은 단체 활동을 할 때 지녀야 할 태도에서부터 국가와 동포, 여성의 권리에 대한 생각에 이르기까지 논하고 있는데 이를 표현하는 방식이 과감하고 독특하다. 문명세계를 석탄세계로 규정하고 석탄이 수만 년 눌려 있다가 석탄이 된 것을 옛날 식물이 생명을 버린 결과로 보고 헌신을 강조한다든지, 인간세계를 갈등과 불평곤궁의 세계로 보고 이를 극복할 수 있는 것은 여성임을 강조하는 것이 그 예이다.

《제국신문》은 윤정원을 "지식과 학문이 남자에게 지지 않아서 일본 동경 귀부인과 신사 사회에서 윤씨의 높은 이름을 모르는 사람이 없고 지금은 구라파 벨기에에서 유학 중"이라고 소개하고 "《태극학보》에 윤씨의 논설이 한 편이 있기로 그 전문을 등재하여 전국 동포에게 소개"한다고 하고 〈몸을 바치는 정신〉을 게재했다. 엄밀하게 말하면 이 글들은 처음부터 신문에 투고된 것이 아니고 신문사에서 게재한 것으로[50] 길이가 길고 논문 형식으로 씌어 있어 다른 독자 투고와 성격이 다르다. 따라서 독자 투고와 달리 다루어야 할 것이나 다른 글들과의 차이를 보기 위해 그중 한 편인 〈추풍일진〉을 보기로 한다.

〈추풍일진〉에서 윤정원은 우주 만물 가운데 다른 모든 것은 조화로운데 사람만 불쾌한 얼굴과 불평한 마음으로 밤낮으로 방황하는 이유가 무엇인지 질문하고 여성의 힘에 대한 새로운 견해를 밝혔다.

…… 이는 다름 아니라 사람마다 심중에 두 주인(선악)이 있음이라. 착한 주인이 하고자 하는 바는 악한 자가 못하게 하고 악한 자가 하고자 하는 바는 착한 자가 허락지 아니하여 일인의 심중이 선악양인의 전장이 되어 몽매 중에라도 쉬지 아니하니 어찌 그 사람이 일시라도 평화를 얻을 길이 있으리오? 이러므로 일가도 평화를 얻지 못하고, 일국도 평화를 얻지 못하고, 천하에 이르러서도 평화를 얻지 못해 나라와 나라는 항상 호표같이 싸우고 붕우 친척 형제는 얼음같이 냉랭하여 정히 인생세계는 불평곤궁의 전장이 됨을 면치 못 하는도다.

이러므로 자고로 허다한 성인군자와 학자가 이 곤궁을 없앨 방법을 연구하여 왈 종교 도덕 미술 철학이라 하나 종교의 세력은 미약불성하고 도덕의 광채는 암연불명하며 미술과 철학의 사상은 아직 유지 부족함을 어찌하리오? 연고로 종교가는 열심히 전도하고 성현은 열심히 가르치며 학자는 열심히 연구하나 오직 이 가운데서 몸으로 실행하는 자는 다만 여자뿐이라. 자선, 교육, 간병, 전도, 위로, 면려 등 사업은 여자의 본분이라. 이런 사업의 목적을 십분 이루게 하는 자는 어찌 여자가 아니리오? 여자는 억지로 힘쓰지 아니하더라도 천생으로 여차한 아름다운 성질을 가진 자라. 예수가 장차 이 세상을 버리시지 않을 수 없으실 그때에 그 제일 귀중한 머리털로 그 발을 씻은 자와 십이인 제자는 다 각각 그 생명을 보전코자 하여 동서남북 몸을 감추고 다만 일인도 그 뒤를 따라 아니하는 때를 당하여서도 십자가 밑에 엎드려 눈물 흘리는 자는 어찌 여자가 아니리오? 만국 사막에 물을 주고 가는 곳마다 황홀한 향기로 천하를 빛나게 하는 자는 어찌 여자가 아니리오? 철학자의 만권서가 추호도 쓸모가 없고 궁리 의론이 조금도 인심을 위로치 못하는 때 깊은 동정

2부 신문 한 귀퉁이에서 세상을 향해 말하다

의 한 마디 말로 능히 우려를 흩어지게 하고 가련하게 애원하는 눈물로 능히 환란 쟁투를 화합게 함도 어찌 여자가 아니리오? 이를 비컨대 남자는 전심 전력하여 발명 연구하는 자요, 우리 여자는 즉각 실행하는 자라. 연고로 제일 꼭 맞춰 착실하게 그 본분을 깨닫고 지키는 자는 여자라 하고, 제일 바르게 그 길을 밝게 하는 것을 여자의 학문이라 하고, 이 길을 좇아 가르치는 것을 여자교육이라 한다 하노라.[51]

앞서의 글들이 문명과 야만, 선진세계와 낙후한 한국, 과거와 현재를 대비시켜 본 것과 달리 윤정원은 먼저 자연과 인간세계를 대비하여 자연세계는 조화로우며 변함없는 세계로, 인간세계는 불평과 곤궁의 세계로 표현한다. 이러한 세계 인식을 바탕으로 윤정원은 불평과 곤궁, 환란과 투쟁을 해결할 수 있는 자는 바로 여자라는 주장을 전개한다. 여자는 그 본분을 깨닫고 착실하게 지키는 사람이고, 여자의 학문은 바르게 그 길을 밝히는 것이며, 여자교육은 그것을 가르치는 것이다. 윤정원은 "다만 여자뿐이라"라고 단언하거나 "어찌 여자가 아니리오?"를 반복함으로써 여자의 본분, 여자의 학문, 여자교육에 대한 자신의 주장을 강화하고 있다.

이 글에 나타난 윤정원의 여성 인식은 당시 남녀동등권, 여권을 주장한 여성들의 독자 투고나 여성들이 쓴 글과 비교해 볼 때 독특한 면을 드러낸다. 윤정원은 자선, 교육, 간병, 전도, 위로, 격려 등 전통적으로 여성의 영역으로 간주되던 것을 여성의 본분으로 들고 있다. 남성의 세계를 문명의 세계로, 여자의 세계를 돌봄의 세계로 보는 것은 남성을 이성, 문명의 영역에, 여성을 신체, 감정, 자연의 영역에 두는 이분법적 사고를 드러낸다. 이러한 이분법적 사고는 서구 근대 계몽주의사상의 특징이기도 한데 이 체계에서 남성은 여성보다, 문명은 자연보다 우월한 위치에 놓인다. 윤정원은 이 관계를 뒤집어 남성의 학문보다 여성의 실행력, 감성이 더 낫다는 말로 여성의 특질이 남성의 특질보다 우월하다는 주장을 펼친다.

윤정원의 이러한 인식은 페미니즘에서도 제2의 물결 이후에나 가능했던 인식을 선취한 것으로 평가되기도 한다. 윤정원이 남성들이 이룩한 문명세계를 지양해야 할 투쟁의 세계임을 지적하고, 소위 근대의 속성인 이러한 투쟁을 끊고 평화의 세계를 지향할 수 있는 '원리'를 여성이 지니고 있다고 역설했다는 것이다.[52] 여성의 원리를 강조하고 돌봄과 여성성을 강조하는 윤정원의 사상은 당시 남성지식인들이나 다른 여성독자 투고에서 볼 수 있는 것과는 확실히 다르다. 뿐만 아니라 참정권운동으로 대변되는 20세기 초의 페미니즘 경향과도 차이를 드러낸다. 그렇다면 그 차이를 어떻게 이해해야 할까?

윤정원이 독자적으로 이러한 여성의 원리를 앞서 인식했을 가능성도 있지만 윤정원이 유럽에 유학했을 당시 유럽의 분위기에서 영향을 받았을 가능성도 생각해 볼 수 있다. 그렇다면 윤정원이 유학했을 무렵 서구의 여성 담론은 어떠했을까? 19세기 말 20세기 초의 담론을 중심으로 근대성과 여성성의 관계를 분석한 리타 펠스키의 논의를 참조하면, 19세기 말은 서구 문화 속에서 여성의 형상이 다양한 표현 양식 안에서 의미 변화를 일으키던 때였다. 그중 하나가 여성이 보다 자연적인 과거를 상징하게 되고 산업화로 인해 상실된 이전 사회의 순환적인 리듬과 동일시되는 경향이었다.[53] 이러한 경향 하에서 여성은 역사 바깥의 존재로 간주되고, 남성이 되찾아야만 하는 잃어버린 진실의 저장고로서 중요한 역할을 담당하게 된다. 여성적인 것에 대한 이러한 이상화는 세기말의 여러 문화적 표현 형식들 속에서 여성과 자연과 고대적인 것을 비유적으로 서로 연결시키는 방식으로 되풀이해서 나타났다.[54] 원초적인 여성성을 상정하고 이를 이상화하는 관점은 단순히 남성적인 환상만은 아니었다. 이후 다른 많은 여성작가들 역시 여성의 충만함을 대항 비전으로 삼아 남성 지배적인 사회에 대한 자신들의 비판을 정립했기 때문이다.[55] 윤정원의 여성 원리에 대한 강조, 여성성에 대한 이상화도 이러한 경향과 어느 정도 연관이 있는 것은 아닐까?

인간의 마음은 선과 악이 투쟁하고 있어 집에서 천하에 이르기까지 불평과 곤궁과 전쟁터가 되었다. 윤정원은 남성들이 이를 해결하기 위한 방법을 찾았지만 이를 실천하는 것은 여자라고 해서 여성을 남성학자, 예술가, 종교가들보다 나은 존재, 즉 세상의 불평과 곤궁을 해결할 수 있는 존재로 격상시킨다. 여성교육은 남성과 동등해지기 위해서가 아니라 여성이 가진 자질을 밝히기 위해 필요하다는 것이 윤정원의 주장이다. 이는 〈여학교설시통문〉에서부터 발아한 여성의식이 한층 급진적인 형태를 띠면서 이론화된 양상을 보여 준다.

3. 시국 문제에 대한 적극적 견해 표출

앞서 조선시대 여성들의 상언과 상소를 통해 여성들의 시국에 대한 이해와 정치에 대한 관심, 정치적인 판단력을 보았다. 근대 계몽기에 신문사에 기고한 여성들은 나라를 위하는 데 남녀가 없다고 생각하고 국민의 한 사람으로 시국에 대한 자신의 견해를 적극적으로 표출했다. 여성교육도 시국 문제를 해결하는 방편의 하나로 제시된 것이지만 보다 직접적으로 국가 재정이나 열강의 침입에 대해 경고하는 목소리들이 나왔다. 평안도 출신의 신소당과 경기도 출신 한남 부인의 투고가 대표적이다.

신소당은 평안도 안주 출신이지만 판서, 학부대신 등을 지낸 김규홍의 부실副室, 즉 첩으로 주로 서울에서 살았다. 신소당은 교육운동과 국채보상운동에 적극적으로 참여한 인물로 1907년에는 광동학교를 설립하고, 1906~1907년에 여자교육회 활동을 하면서 1907년 진명부인회를 설립했고, 1910년에는 양정여자교육회, 양정여학교 관련 활동을 했다. 또 신소당은 1896~1910년 사이에 《제국신문》, 《대한매일신보》, 《만세보》, 《황성신문》에 총 6차례나 투고해서 자신의 주장을 펼친 논객이기도 했다.[56]

국가 재정에 대한 평안도 여노인의 의견

〈여학교설시통문〉과 상소가 나오고 나서 얼마 지나지 않은 1898년 11월 5일 자 《제국신문》은 "어떤 여인이 귀글을 지어 본사에 보내며 자칭 평안도 여노인이라 하였는데 유리한 말이 많기로 기재한다"[5]고 했는데 '어떤 여인'은 바로 신소당이었다. 신소당이 '평안도 여노인'이라는 필명으로 쓴 글은 절용절검에 대한 것인데 가사투가 역력하다.

날마다 신문 보니 논설마다 절담일세 남자로 태어나서 충의가 없게 되면 남자라 할 것 있소. 남자로 생겼으면 대장부 사업하오 사업이라 하는 것은 충효의리 으뜸이라 충효의리 품었으면 두려울 것 전혀 없소. 충성 충 굳게 잡아 보국안민 하옵시다. 나라가 태평하고 백성이 안온하면 그 아니 좋으리까. 삼천리 우리 강산 격양가를 부르려면 부국강병 속히 되게 절용절검 하오소서. 절용절검 하오시면 부강이 될 듯하오. 대한 천지 창생들은 동심합력하오소서. 개명 진보 속히 하여 강국 침노 받지 마오. 개명 진보 더디 되면 삼천리가 보전되기 어려울 듯 독립협회 연설 소문 절절이 충군이요, 말마다 애국이라 우매한 여자들도 연설을 들어보니 충애지심 격발하나 여자 몸이 되었으니 보국안민 할 수 있소. 여학교 설시하여 개명 규칙 배운 후에 남자와 동등 되어 충군애국 목적 삼아 황실을 보호하고 민생을 구제하면 그 아니 좋으리까.
여학교 회원들은 깊이 생각하여 보오. 나라 재산 핍절한데 《제국신문》에 난 것 보니 탁지에서 지출한 돈 사천 원이 적잖으니 양식 경비 쓴다 하니 어찌들 요량하오. 사천 원 도로 바치고 나라에서 예산하여 학교 설립하게 하되 회원들의 숙식일랑 처소에서 하게 하고 공일이면 집에 와서 의복 입고 가게 하되 대한국 옷감으로 검소하게 입게 하오. 규칙을 엄히 하여 방탕한 잡념 없게 하고 학원에서 호사하면 회장이 걱정하고 걱정해도 안 듣거든 회중에서 축출하면 기강이 엄정하고 ○○ 공부가 착실할 듯하오. 아무쪼록 성취하여 외국 비웃음 받지 마오. 각국 부인 보조금은 학교 지으라고 준 것이니 학교 시종 없어지면 그 비웃음 어이 하리. 학교가 굳게 되면 외국에도 빛이 날 듯. 십칠 일 기원절에 여러 만 냥 내렸다니 이 생각 같을진대 그 돈 도로 바치고 각 회와 각 부에서 자비하여 놀았으면 외국 빛이 적을 듯. 남의 빚 많으면 필경 갚아야 할 것인데 무엇으로 갚으리. 국가든지 개인집이든지 빚 없어야 지탱하오. 심중소회다 하려 하면 충언이 역이 될 듯.[58]

신소당은 먼저 남자를 향해서는 충효의리를 품고 보국안민을, 여자들을 향해서는 여자 몸으로 보국안민할 수 없으니 여학교를 세워 개명 규칙을 배운 뒤에 남자와 동등하게 황실을 보호하고 민생을 구제하면 좋지 않겠느냐고 권한다. 그리고 여학교 회원들을 향해 여학교 경비와 황제 즉위 기념일인 기원절 경비를 줄일 방안을 제시하고 절용절검해서 국가든 개인집이든 빚이 없어야 한다는 의견을 피력하고 있다.

신소당이 투고하기 사흘 전인 11월 2일 자 잡보에 학부에서 탁지부에 여학교를 세우는 경비 4천 원을 지출해 달라고 했는데 이는 11월부터 12월까지 쓸 경비[59]라는 기사가 실렸다. 이에 신소당은 탁지부에서 받은 4천 원을 돌려주라고 하고, 학교는 나라 예산으로 설립하되 숙식은 각자 해결하라고 제안한 것이다. 신소당은 또 기원절 비용으로 수만 냥을 내린 데 대해서도 각 회와 각 부가 이를 도로 바치고 자비로 하면 좋겠다는 의견을 제시했다. 기원절은 고종이 황제의 존호를 받은 날로 외부에서 잔치를 열고 각국 공사와 영사를 초청했다.[60] 기원절을 맞아 정부에서는 각 부에 백 원씩 내리고 군부에 496원, 독립협회에 2백원을 내렸다. 그런데 기원절에 잔치를 연다는 기사가 실린 10월 27일자 잡보에는 탁지부 재정이 군색하다는[61] 기사가 실렸다. 신소당은 이러한 기사들을 통해 나라 재정의 추이를 살피고 있었던 것으로 보인다. 국가 재정이 궁핍해서 외국에도 많은 빚을 지고 있었을 때 국가든 개인집이든 빚이 없어야 산다는 신소당의 말은 소박하지만 확실한 경제관념을 보여 준다.[62] 신소당은 경제 문제에 관심을 가졌을 뿐만 아니라 그 문제를 해결하기 위해 직접 의견을 제안했다. 이는 당시 신소당을 비롯한 여성 투고자들이 신문을 읽고 당시의 정세와 국가 문제에 대해 구체적으로 이해하고 있었기 때문에 가능한 것이었다. 공적인 문제에 대한 여성들의 이 같은 적극적인 관심과 주체적인 태도는 이 시기 여성 투고 전반에 깔려 있는 것으로 국민으로 만들어지는 여성이 아니라 스스로를 국민으로 만들어 간 여성의 모습을 보여 준다.

열강의 침략에 대한 유식한 여노인의 경고

1900년 3월 21일 자 《제국신문》 논설란에 〈유식한 여노인의 편지〉라는 제목의 꽤 긴 글이 실렸다. 기자는 이 글을 실으며 두 번째 보니 한문만 유식한 게 아니라 '활달한 도량과 시원한 풍치와 시무의 능통함'이 유식한 남자도 따르지 못할 것 같다고 평했다.[63] 〈유식한 여노인의 편지〉라는 제목은 신문사 측에서 붙인 것으로 보인다. 편지 내용 중에 스스로를 "늙고 병든 여자 누에 같은 잔챙이"라고 표현한 것으로 보아 스스로를 유식한 여노인이라 부르지는 않았을 것으로 생각되기 때문이다.

"좋다 이때가 어느 때요 광무 사년 경자세 중춘이라"로 시작하는 이 글은 가사의 율문체로 전개되며 황제에 대한 충성심을 바탕에 깔고 있다. 이 글은 먼저 겨울이 지나 봄이 오는 즐거움을 묘사하고, 비바람 순조로워 풍년을 기약하니 "어찌 즐겁지 아니하리오"라는 말로 황제의 하해 같은 은혜를 기린다.[64] 이어서 요순보다 어진 황제를 생각하면 태평한 시대인데 탐관오리 때문에 곳곳에 원성이 높고 불한당이 나오고 민란이 일어난다고 하면서 관료들이 상납전을 훔쳐 먹고 이리저리 모면하면서도 수치를 모르는 탐관오리를 비판한다.[65] 이렇게 탐관오리를 비판하면서 여노인은 전에 없던 시대를 맞은 위기의식을 표현한다.

하물며 이 세계는 천고만대에 처음 있는 시국이라. 세계의 상인이 한 집 되어 장사들의 셈속에 외양은 틈이 없이 화목한 듯하지만 실상은 남의 집안 모든 이익 다 빼 가고 토지까지 잠식하며 남의 집에 일 있기를 바라고 기다리며 남의 감추어진 허물을 찾고 틈을 보는 눈은 번개같이 번쩍번쩍 요령막임 언론을 듣는 귀는 황새같이 기웃기웃 하는 때에 어리석고 염치없고 호강스런 사람들은 자기 일신 이익만 도모하여 성은도 생각지 아니하고 국가의 수치도 돌아보지 아니하니 애닯고 분하도다.[66]

천고만대에 없던 시국은 외국 상인이나 자본이 조선에 들어와서 조

2부 신문 한 귀퉁이에서 세상을 향해 말하다

선의 경제를 침탈하는 것을 말하는 것으로 보인다. 이는 19세기 이후 자본주의와 제국주의 침략이 자행된 조선의 현실을 지적한 것이다. 여 노인은 제국, 식민, 자본주의 같은 언어 대신 생활에서 나온 소박한 언어를 사용하고 있지만 자본주의 침략을 보면서 느꼈을 위기의식과 절박함을 그대로 드러낸다. 이러한 위기를 넘길 대안으로 '유식한 여노인'이 제안한 것은 청렴함이다. "예로부터 성현이 유언하여 개가천선을 허락하셨으니 탐할 탐자 내던지고 청렴 렴자 생각하오"라고 하며 청렴함으로 나라를 다스리면 백성들이 편안하게 일을 할 수 있고, 그렇게 되면 국가는 부국강병에 이르러 도리어 남을 압제하고 세계가 범을 보듯 무서워하게 된다[67]는 것이다. 청렴함은 다시 충의지심의 발휘로 이어진다.

나 같은 늙고 병든 여자 누에 같은 잔챙이나 전세부터 끼친 충의지심 어찌 남녀 분별이 있으리까? 타국 겸치와 관인의 명예는 일신 진로 굉장한데 우리 대한국 정치와 동포의 명예는 어찌 그리 적막하게 소식이 없는지 내 마음 분울하여 희허 탄식 한마디에 두어 마디 설명하오나 욕낱이나 퍽 듣겠소.[68]

여노인은 스스로를 늙고 병들고 미미한 존재라 여기면서도 충의지심에 어찌 남녀 분별이 있겠느냐고 하고 다른 나라에 비해 대한제국의 정치와 동포의 명예가 없는 것이 분하고 답답해서 한숨 쉬고 탄식한다. 앞서의 "애닲고 분하다"는 정서의 연속이다. 하지만 이 글로 욕을 많이 듣겠다는 염려를 표하며 글을 마무리한다. 겸양으로도 보일 수 있지만 돌아올 비난에 대한 염려일 수도 있다. 하지만 여노인은 글을 써서 투고했고 세상을 향해 자신의 의견을 이야기했다.

여노인이 당면한 세계는 두 세계다. 어진 황제가 있는 태평세계와 한집 같지만 실은 자기의 이익만 챙기는 세계, 자국과 타국이다. 자국에 탐관오리가 없어지고 부국강병이 이루어지면 세계가 자국을 무서워하겠지만, 현재는 정치와 동포의 명예가 없다. 자국이 타국보다 못한 것에 울분을 느끼고 탄식하면서 여노인은 자국의 부강, 세계가 두려워하는 강한 존재가 되는 방향으로 나아가야 한다고 생각한다. 이 글이 문제삼고 있는 탐관오리의 폐해, 서양 각국의 이권 침탈 문제는 당시 신문이 많이 다루던 주제였고, 그 내용을 이야기하며 서양과 조선을 비교하며 수치와 분노를 호소하는 수사도 많이 활용된 것이다.[69] 그러나 여노인의 투고가 다른 점은 나라를 생각하는 데는 남녀가 없다는 것을 인식하고 여성 주체로서 분발을 촉구했다는 점이다.

《제국신문》 1900년 4월 12일 자 〈여노인의 기서〉도 위의 시국 인식과 비슷한 인식을 드러낸다. 이 투고를 쓴 여노인은 위의 3월 21일 자 투고를 쓴 여노인과 동일인인 것으로 보인다. 역사 개관으로 시작해서 황상에 대한 충성과 청렴을 강조하고, 우리도 열심히 노력하면 남의 압제를 벗어나 남을 압제하는 날이 있을 것이라는 글의 내용이 〈유식한 여노인의 편지〉와 유사하기 때문이다. 그중 시국에 대한 인식을 드러내는 부분을 보자.

지금 청국이 저렇게 위태하다 하니 남의 일 같지 않소. 각국 공사들이 강함을 믿고 남의 나라 미약함을 능멸하여 틈을 타서 남의 집 전래하던 토지와 이익을 감언이설로 달래기도 하고 위협으로 압제도 하여 천만 방법으로 빼앗는 행위는 현인군자의 차마 보고 들을 바 아니로되, 자기 나라에는 지모가 유여하고 자기 나라 임금의 명령을 욕되게 하지 아니한다 할지니 우리에게는 해로우되 자기 나라에는 충신이라. 남의 나라 신하는 어찌하여 저러하고 우리나라 신하는 어찌하여 이러하오?[70]

여노인이 시국을 보면서 발견한 것은 청국의 위태로움과 이해관계에 따라 움직이는 국제관계이다. 여노인은 자국의 이익을 위해서라면 부도덕한 일도 서슴지 않는 각국의 공사들에 대해 현인군자로서는 차마 보고 듣지 못할 일이라고 하면서도, 그들이 자기 나라에는 충신일 것이라고 평가한다. 이해관계가 중심이 된 국제관계를 인정하고 이해관계를 따라가야 한다고 본 것이다. 여노인은 제국주의적 침탈에 대한 문제의식을 가졌으나 자국의 이익을 추구하는 것이 더 중요하다는 인식을 드러낸다.

국채보상운동 참여를 촉구하는 목소리들

여성들의 시국에 대한 독자 투고가 많이 이루어진 것은 1907년 국채보상운동이 시작되면서이다. 국채보상운동은 일제가 통감부를 통해 식민지 지배를 위한 시설 개선 등의 명목으로 높은 이율의 차관 도입을 강요하여 1,300만 원의 빚을 지게 되자 대구 지역을 중심으로 일어나서 전국적인 운동으로 확대된 국채 갚기 운동이었다. 이 운동은 1907년 1월

29일 대구 광문사 사장이었던 김광제와 서상돈 등의 발의로 시작되었는데, 《대한매일신보》 1907년 2월 21일 자에 김광제와 서상돈의 이름으로 된 〈국채 일천삼백만 원 보상 취지서〉가 실려 큰 반향을 일으켰다.

일반 국민으로서 이 빚에 대해 의무로 말한다면 알지 못한다 할 수 없을 것이요, 형편으로 말한다면 또한 갚지 않는다 할 수 없을 것입니다. 빚을 갚은 한 가지 길이 있으니 수고롭지 않고 손해 보지 않고 재물을 모을 수 있는 방법입니다. 이천만 사람들로 하여금 3개월 기한으로 담배 피는 것을 그만두게 하고 그 대금으로 각 사람마다 매달 20전씩 거두면 대략 계산해서 약 1,300만 원이 됩니다. 만약 다 차지 않으면 응당 자원해서 일 원·십 원·백 원·천 원을 내는 사람이 있을 것입니다.[71]

김광제와 서상돈은 신하와 백성의 충의를 강조하고 청일전쟁과 러일전쟁 당시 일본 국민들이 돈을 모아 전쟁에 이긴 예를 들었다. 그리고 담배를 끊어 국채를 갚자고 구체적인 방법을 제시하고 있다. 이 취지서는 전국적인 호응을 얻었다.

이천 만 민족 전체가 참여하자고 했지만 제시된 참여 방법이 3개월 간의 담배 끊기를 중심축으로 하고 있을 뿐이기 때문에 결과적으로 일천만 남성이 중심이 되어 일천만 여성의 몫까지를 책임지게 하는 남성 중심적 운동이었다[72]는 지적도 있다. 실제로 김광제와 서상돈은 이천만 사람들이 3개월 기한으로 담배 피는 것을 그만두고 담배 값 20전을 매달 모으면 된다고 계산했다. 이들이 일본의 예를 들면서 신발을 만든 사람, 반지를 모은 여자를 거론한 것을 보면 남녀 모두가 참여하는 운동을 의도했던 것으로 보인다. 그럼에도 담배 끊기를 제안한 것은 남성을 운동의 대변자로 생각했다는 것을 드러낸다.

국채보상운동이 시작되었을 때 가장 신속한 반응을 보인 것은 여성계였다.[73] 대구를 비롯한 각지에서 여자도 국민의 한 사람으로 국민의 의무를 다한다는 국민 평등의식에 따라 각계각층의 여성들이 의연금을 내기 시작했다. 이는 여학교 통문부터 지속적으로 이야기해 온 남녀동등권을 가시화할 수 있는 기회이기도 했다. 1907년 2월 23일에는 대구에서 부녀들의 국채보상운동 조직이 결성되었다.[74] 해외의 여성들도 국채보상운동에 적극 동참했다. 의연금을 보내고, 부인이라고 가만히 있는 것은 부끄러운 일이라며 돈만 보내지 말고 금은패물과 곡식도 조금이라도 내자는 내용의 투고도 했다.[75] 이들은 나라 위하는 마음에는 남녀가 없으니 세계 열강이 서로 다투고 빈약한 나라를 빼앗아 삼키려는 시대에 빚을 갚고 자유를 찾아 문명한 독립국이 되자고 하며 국채보상운동에 동참했다. 반지 등 패물을 의연금으로 내는 것 이외에도 아침저녁 밥을 반으로 줄여 석 달간 의연금을 내자는 감찬, 감반 운동이 일어났고, 약방 기생, 태의원 의녀, 궁내부 기녀, 지방의 기녀 등 다양한 계층의 여성들이 참여했다.[76]

1907년 3월 8일 자《대한매일신보》잡보란에는 대구의 부인들이 은반지와 은장도를 내면서 부인들의 참여를 촉구한 〈경고 아부인 동포〉라는 제목의 글이 실렸다. 이들은 자신들을 정운갑 모 서씨, 서병규 처정씨, 정운화 처 김씨 등으로 소개하고 '은지환 일불 두 냥 중', '은장도 일개 두 냥 중' 등을 낸다고 밝히고 있다. 이어서 〈국채보상부인회취지서〉가《대한매일신보》1907년 3월 15일 자와《황성신문》1907년 3

월 16일 자에 발기인 이씨, 송씨, 김씨, 박씨, 계씨 등의 이름으로 실렸다. 이들은 여자도 국가의 은혜를 입었으니 애국심이 없으면 신민의 도리가 아니라고 하면서 국채보상부인회에 의연금을 내면 본회 회원으로 올리고 성명과 금액은 신문에 알리겠다고[77] 했다.

《대한매일신보》 1907년 4월 23일 자에는 〈탈환회 취지서〉가 실렸다. 4월 23일 취지서가 실린 이후 4월 30일, 5월 1일에는 〈폐물폐지부인회 취지서〉가 연속해서 실렸는데 취지서를 투고한 사람들은 탈환회의 발기인인 장의근의 장모 공씨, 김덕유 조모 엄씨 등이었다.

〈탈환회 취지서〉는 탈환脫環, 즉 반지를 빼서 국채를 갚겠다는 취지를 밝힌 글이다. 이 글은 하늘이 사람을 낼 때 남녀를 똑같이 냈는데 한국의 여자는 학문에 종사하지 못하고 방적에 골몰하고 반찬 만드는 데 분주해서 바깥일을 알지 못했다는 말로 먼저 바깥일에서 배제된 한국 여자의 불평등한 위치에 대해 이야기했다. 그리고 일천 삼백만 원이나 되는 빚으로 인해 사천년 고국의 오백년 종사와 삼천리 강토의 이천만 백성이 빚값에 다 없어지게 될지도 모른다고[78] 위태로운 시국에 대해 경고하고 반지를 내자고 제안했다.

대체로 이천만 중 여자가 일천만이오 일천만 중에 가락지 있는 이가 반은 넘을 터이오니 가락지 매 쌍에 이 원씩만 셈하고 보면 일천 만 원이 여인 수중에 있다 할 수 있습니다. 도리어 가락지의 이해를 생각하여 봅시다. 무릇 그 물에 물건 된 것이니 배고픔이나 추위에 상관도 없고 다만 손가락을 속박하는 것뿐이오. 여인의 사랑하는 바이지만 자녀에게야 비할 것인가? 우리나라 수백 년 풍습이 일용사물로 소용없는 것을 이렇듯 사랑하는 것이 무슨 일인지 알지 못하였더니 오늘날 이 중대한 일을 성취하는 데 비함이로다. 이렇듯이 국채를 갚고 보면 국권만 회복할 뿐 아니라 우리 여자의 이름 세상에 전파하여 남녀동등권을 찾을 것이니 여보시오 여보시오 우리 여자 동포님네 동성일심하여 때를 잃지 말고 가락지 한 번 벗게 되면 일천 만 명 무명지에 속박한 것 벗음으로 밖으로 수모를 알지 못하고 자유 국권 회복하여 독립기초의 날이니 충군애국하는 민 충정 최 면암은 생명도 아끼지 않고 학문 종사하는 일본 유학생은 손가락도 끊었거든 하물며 쓸데없는 가락지로 생명지체 그 아니 용이하오? 동포님네 동포님들 깊이깊이 생각하면 못할 일이 아니오니 어서 속히 결단하여 일시 벗는 날은 나리의 행이오 생령의 행이외다.[79]

김광제, 서상돈의 〈국채 일천삼백만 원 보상 취지서〉가 이천만 국민을 향해 취지를 발표한 것과 달리 〈탈환회 취지서〉는 "여보시오 여보시오 우리 여자 동포님네"를 부르며 이천만 중에 여자가 일천만이고, 일천만 중에 가락지 있는 이가 반은 넘을 것이고, 가락지 한 쌍에 이 원이면 일천만 원이 될 테니 가락지를 빼자고 호소한다. 여기서 여성들은 국민의 한 사람으로 국권을 회복케 하는 주체이자 남녀동등권을 찾게 할 여성 주체를 발견하게 되고, 이 운동은 국채를 갚아 국권을 회복하는 운동에서 남녀동등권을 획득하게 할 여성운동으로 전환된다.

여성들이 투고한 이 취지서는 국채 같은 당면한 시국 문제를 외면하지 않으면서도 남녀동등권을 가져야 한다는 목표를 잊지 않았음을 보여 준다. 따라서 국채보상운동이 "여성을 근대적 국민의 일원으로 재탄생시키기 위한 계몽의 프로젝트 가운데서 가장 뚜렷한 계기"[80]라는 지적에 동의하기 어렵다. 여성들이 쓴 글을 보면 여성들 자신의 적극적 참여의식이 분명하게 드러날 뿐만 아니라 자신들의 적극적인 참여의 목표 중 하나는 언제나 남녀동등권임을 의식하고 있다. 국채보상운동 역시 여성을 '재탄생시키기 위한' 계몽의 프로젝트였다기보다는 여성이 자발적으로 '탄생'한 계기 중의 하나라는 표현이 더 적절하지 않을까? 독자 투고를 쓴 여성들은 계몽 대상이었을 뿐만 아니라 그녀들 자신이 계몽 주체이기도 했기 때문이다. 위에서 보았듯 여성들의 목소리는 남성들의 선창에 화답하는 메아리가 아니었던 것이다.

서울 양반의 딸로 태어나 외당 유홍석의 큰아들 유제원과 결혼한 윤희순(1860~1935)의 의병운동과 독립운동은 국권회복을 위한 여성의 자발적이고 주체적인 실천 양상을 보여 준다. 양반가의 부인으로 자녀를 기르고 집안 살림을 했던 윤희순은 명성왕후 시해사건과 단발령으로 유생들의 의병운동이 일어났을 때 시아버지가 의병으로 나서자 따라가려 했으나 시아버지의 만류로 집에 남게 되었다. 그러나 집에 남은 윤희순은 웅변으로 마을 사람들을 설득해 의병운동을 도왔다. 특히 부녀자들의 동참을 촉구해서 군자금도 모으고 밥도 해 주었다. 1905년 을사조약 이후 시아버지 유홍석이 다른 의병장들과 더불어 의병 6백여 명을 모집하고 의병 훈련을 했을 때도 마을 부녀들을 모아 군자금을 거두고 또 직접 화약, 탄환을 만들었으며 의병 훈련에도 참여했다. 또 의병들의 사기를 돋우기 위해 의병가를 지어 보급했다. 1911년 온 가족이 중국으로 망명한 뒤 윤희순은 노학당을 세우고 본격적인 독립운동을 펼쳤으며 일흔에 이르기까지 멈추지 않았다.[81] 국채보상운동에 여성들이 적극 참여하고 참여를 호소하는 전국 여성들의 투고가 끊이지 않

앞던 것도 같은 윤희순의 자발적이고 주체적인 나랏일 참여와 연장선
상에 있는 것으로 보인다.

부인계에 권고함

1908년 3월 19일 자《대한매일신보》국문판에 〈부인계에 권고함〉이라
는 한남 여사漢南女士의 글이 실렸다. 이 글은 3월 20일 자《대한매일신
보》국한문판에 〈勸告婦人界〉라는 제목으로도 실렸다. 한남 여사는 그
녀 스스로 사궁四窮을 겸했다고 밝힌 것으로[82] 미루어 자녀가 없이 혼자
근기 지방에 살았던 20대 후반의 양반 과부로 추정된다.[83]《대한매일신
보》,《기호흥학회》등에 글을 보내 여러 차례 자신의 의견을 피력한 한
남 여사는 시국의 심각함을 이야기하고 여성들에게 국권회복의 책임을
함께 질 것을 촉구했다. 한남 여사의 글 역시 여성들의 해방과 여성들
내부의 가능성을 끌어내려 했다는 점에서 새로운 여성 주체의 탄생을
예고한 것이었다.

　〈부인계에 권고함〉은 생존경쟁을 하며 강함을 믿고 약자를 억누르는
시대, 세계 여러 나라가 피차없이 그 소란함을 당하는 중에 유독 대한
제국 이천만 백성이 가장 비참한 지경에 이르러 동포의 마음이 아프고
뼈가 저린다[84]는 말로 시작한다. 그리고 조선의 역사와 금수강산의 아
름다움, 충신열사와 영웅호걸을 열거한 뒤 여자도 뛰어난 재능이 있지
만 평생 집안에서 바느질, 베 짜기와 밥하고 술 빚는 것으로 일을 삼았
기 때문에 "남자보다 열 배나 뛰어난 부인이 있어도 초목과 더불어 적

적히 묻혀 사라짐을 면치 못한다"[85]고 개탄한다. 그렇다면 어떻게 해야 할 것인가? 한남 여사는 역동적이고 생생한 문체로 개명시대를 맞아 여자들이 속박으로부터 벗어나 애국으로 나아가야 한다고 주장한다.

하늘을 놀래고 땅을 움직이는 이런 개명시대를 당하여 홀연 한 가지 귀를 떨치는 바람이 하늘을 흔드는 듯이 들이불어 자물쇠를 분지르며 닫은 문을 열어젖히고 몸에 속박하였던 것을 다 풀어 놓으니 이에 신선한 공기를 쏘이며 남자와 같이 교육을 받으면 본시 영리하고 총명한 자질로 구학문에 신지식을 겸하여 발달할 것이다. 충군애국하는 사상이 날로 솟아나서 남을 믿고 의뢰하는 마음은 이천만민의 가슴 가운데와 마음속에 있는 삼천 장 되는 업원의 불로 모두 살라 버리고 애국하는 정성과 자유로운 사상은 뇌수에 충만하리라. 그리하면 동포를 사랑하여 환난을 서로 구원함을 남이 먼저 할까 염려하고 서로 응하고 서로 합하여 천만 입이 소리를 같이 하고 일심단체로 문명진보하여 유신한 사업을 성취하는 날이 멀지 아니하리니 장하도다 우리 대한제국 동포 자매여. 비록 여자나 명예와 부귀라도 가히 할 것이요 백대에 아름다운 이름을 남기는 일도 가히 하리니……남자와 동등하게 유신한 사업을 성취하여 국권회복하기를 이천만 인의 사천만 어깨에 짊어지고 있는 줄로 아시오.[86]

세계 열강 중 가장 비참한 지경을 당했지만 덕이 있고 재능 있는 여성들이 전혀 재능을 발휘하지 못했던 조선시대와 달리 여성들도 남성들과 동등하게 사업을 성취하고 국권회복에 힘써야 한다. 이것이 한남 여사의 주장이다. '하늘을 흔들 듯 불어온 개명의 바람'은 한남 여사의 문장에도 활기를 불어넣은 듯 한남 여사는 긍정적이고 활달한 어조로 문명진보와 국권회복을 위해 남자와 동등한 역할을 하라고 '대한제국 동포 자매'들을 고무시킨다. 한남 여사에게 개명의 바람은 자물쇠를 부수고, 닫은 문을 열어젖히고 몸의 속박을 풀어 주는 바람이라고 했다. 이 바람을 타고 남자와 함께 교육을 받으면 여성도 구학문에 신지식을 겸할 수 있다고 했다. 개명의 바람을 환영하지만 구학문을 버리지 않는다는 뜻이다. 그러나 다음에 살펴볼 투고는 당시의 교육 문제를 비판하고 있어 당시의 여성 투고자들의 문명개화나 남녀동등에 대한 시각 차이를 볼 수 있다.

신교육에 대한 비판의 목소리:
경성이 이러하니 어찌 통곡처가 아니리오

1908년 6월 5일 자《대한매일신보》국한문본에 농운 낭자가 쓴〈교육이 지금의 제일 급선무〉라는 글이 실렸다. 농운 낭자는 18세의 기생이었던 것으로 보인다. 기자는 이 글을 실으면서 농운 낭자를 어린 '홍군紅裙'이라 했는데 홍군은 미인 또는 기생을 뜻하는 말이다. 농운 낭자가 스스로를 '일개 미천한 여자'이며 '잔약한 몸'으로 다른 사람의 속박을 받아 평생 자유를 얻지 못하고 남을 대하면 말과 웃음을 억지로 하며 그 뜻을 혹시 거스를까 두려워하는, 십팔 세가 되도록 쓸데없는 몸이라고 소개한 것에서도 농운 낭자가 기생이라는 것을 짐작할 수 있다. "고요한 때에 침석에 기대어 앞뒷일을 생각하고 한심하여 통곡함을 그치지 않다가 흐르는 눈물을 억지로 거두고"[87] 쓴 이 글에서 농운 낭자가 이야기한 것은 경성의 교육자들에 대한 것이었다.

농운 낭자는 생존경쟁의 시대에 가장 시급한 것은 교육이라 여기고 경성으로 가서 각 학교들을 돌아보고는 교육자들의 신식 옷차림에 놀랐던 것으로 보인다. 교육자들은 '단발을 좌우로 갈라서 짙은 기름을 바르고 맥고모자를 쓰고 구두를 신은 신식 차림'을 하고 있었던 것이다. 농운 낭자는 이들을 보며 과연 교육자인지 얼개화자인지, 실속 없이 남들을 따라하는 자들이 아닌지 의아해한다. 그리고 이들에 대해 신학문이니 교육이니 하는 말만 잠깐 듣고 구학문을 심하게 논박하니 문명 교육계의 '마귀'라고까지 한다. 농운 낭자는 서양 여러 나라가 문명 부강하게 된 것은 교육의 효력이라고 하여 그 중요성을 인식하면서 교육자들의 신식 차림과 구학문 비판에 대해서는 반감을 드러낸다.[88] 그렇다면 농운 낭자가 시급하다고 한 교육 문제는 무엇이었을까?

저 하늘이 사람을 낳으시매 신체발부와 이목구비와 오장육부를 고루 주시고 밝은 영혼도 함께 주셨거늘 무슨 까닭으로 이렇게 어리석어 학문이 무엇인지 교육이 무엇인지 독립이 무엇인지 자유가 무엇인지 동서를 분간하지 못하면서 백성의 지혜를 발달케 한다, 국권을 회복한다고 팔을 흔들며 큰소리치며 연설 몇 구절이나 외치면 능사로 자신하고 실제 연구는 전혀 없으니 어찌 안타까운 바가 아니리오? 청컨대 눈을 들어 이 말을 익히 보고 귀를 기울여 이 말을 자세히 들을지어다. 천지만물 중에 가장 귀하고 가장 신령한 인류로 어두운 먼지와 그을음이 뇌수에 가득

차 일이 혹 이뤄지지 않거나 시운이 혹 불리하면 궁벽한 마을에 홀로 서서 팔자며 운수라고 자문자답하던 것은 우리나라 사람들의 수백 년 내려오는 관습이다. 이런 관습을 새롭게 씻어 내는 것은 완전히 학교를 확장하는 데 있으니 우리 동포여, 정신을 살펴 조국사상과 대한의 혼을 잃지 말지어다. 본인이 국문《매일신보》를 매호 열람하니 언론이 간절하고 필법이 광명하여 한국 동포로 독립자유에 감발하게 하는 고로 침식은 하루 거를지언정 신보는 하루도 거르지 못하니 시국을 작은 식견으로나마 보는 것 또한 이것으로 말미암은 것이다.[89]

농운 낭자는 교육자들이 학문과 교육, 독립과 자유가 무엇인지도 모르고 연구도 하지 않은 채 연설이나 하는 것을 비판하면서 시운이 불리하면 팔자나 운수로 돌리는 우리나라 사람들의 나쁜 관습을 벗어나기 위해서는 학교를 확장할 필요가 있다고 말한다.

그런데 경성에 와서 연희장을 구경하러 가니 학생들이 짝을 지어 돌아다니고 여자에게 추파를 던지며 음담패설을 하고 있었다. 농운 낭자는 인천에도 연희장이 있지만 학생들을 볼 수 없다고 하며 이런 경성은 '통곡처'라고 한심해하고 학교 교육에 뜻을 둔 사람이라면 새로운 서적을 수집하고 국민의 지식과 도덕과 마음을 계발하라고 당부한다. 그리고 자신은 스스로 우매함을 탄식하고 유학하기로 결정했다고 하며, "조국 동포를 위하여 슬프고 비창하여 탄식함을 이기지 못하고 한 번 고하니 무식한 여자의 언론이라고 물리치지 말라"[90]고 한다.

농운 낭자는 교육의 중요성을 인정하고 학교를 확장해야 한다고 하면서 경성의 교육계를 비판했다. 기자가 글 말미에 나이 어린 기생의 말이지만 사람을 놀라게 하는 곳이 많고 경성 교육계를 비평한 말은 한 번 읽고 세 번 감탄할 만한 뜻이 있다'[9]고 한 데서도 보듯이 이 글은 경성 교육계에 대한 비판으로 받아들여졌다. 그런데 비판의 내용을 보면 교육을 한다는 사람들의 외모, 당시 학생들의 행동, 연희장의 모습에 대한 것들이다. 짧은 글에서 오는 한계가 있지만 피상적인 비판이라 할 수 있다.

이 글에서 주목되는 것은 농운 낭자의 자기 재현 양상이다. 농운 낭자는 스스로를 '미천한 여자', '잔약한 몸', '자유롭지 못하고 남의 눈치나 보는 쓸데없는 몸'이지만 나라의 앞일을 생각하면 한심해서 통곡을 그치지 않고, 침식은 거를지라도 신문은 하루도 빼지 않고 읽어 시국에 대해 알고 있으며, 우매함을 자탄하여 머지않아 외국에 유학하기로 확정하고 조국 동포를 위해 '처창감탄悽愴感歎'을 이기지 못하는 모습으로 재현한다. 이는 농운이 스스로를 신분은 미천하지만 나랏일을 걱정하고 우매함을 벗어나려는 계몽된 정치적 주체로 인식했거나, 그런 주체를 지향했음을 보여 준다.

4. 신문을 통한 여성들의 연대와 신문에 대한 여성들의 지지

애국부인회를 방해하는 남성에 대한 성토와 지지

국채보상운동에 호응하는 여성들의 투고가 이어지는 가운데 1907년 3월 19일 자《황성신문》에는 〈꾀꼬리 소리가 까마귀를 성토하다鶯聲討鴉〉라는 제목의 국한문체로 된 글이 실렸다. 이 글은 다음 날인 3월 20일 자《대한매일신보》에 〈부용이 향을 내뿜다芙蓉吐香〉라는 제목으로 다시 실렸다. 이 글은 진주 애국부인회 발기인인 부용이 투고한 것으로 각기 다른 제목의 두 글은 한두 부분을 제외하면 같은 내용이다. 이 글은 여성들의 독자적인 운동을 폭력적인 방식으로 방해한 남성들을 공개적으로 성토한 것이다. 제목은 기자가 쓴 것으로 보이는데 부용의 말을 "꾀꼬리 소리"라고 하거나 연꽃의 한자어인 부용의 이름을 가져와 '향기를 토하다'라는 제목을 붙인 것은 부용이 기생 출신이라는 것을 상기시킨다. 애국부인회의 활동을 한 여성이지만 신문은 그녀를 여전히 꽃으로, 꾀꼬리로 재현하는 관습을 따르고 있다.

진주에서 애국부인회를 만든 부용은 어떤 인물인가? 그 자신의 소개에 의하면 "어린 시절 박명하여 교방敎坊에 빠져 노래하고 연주하는 곳에서" 보내다가 "늦게 못난 선비를 만나 평생의 계획을 세운"[92] 인물로 젊은 시절 황실의 탄신이나 가례 잔치에 부름을 받아 궁궐에도 가고 황실에서 상도 받았던 이름난 기녀였다. 부용은 국채보상운동이 진행되던 1907년 애국부인회를 결성해서 국채보상운동에 동참했다. 실제로 진주 애국부인회는 진주 지역 기생들이 조직한 단체였다. 그러나 애국 부인회는 뜻밖의 방해에 직면했고 부용은 "비분함을 이기지 못해" 신 문에 그 사실을 알리고 함께 성토해 달라고 했다. 부용의 글을 본 신소 당은 얼마 뒤 답 글을 투고하고 부용을 지지했다. 다음은 《대한매일신 보》에 실린 투고로 《황성신문》을 참조해서 보완한 것이다.

이달 6일에 마침 의봉루 밑을 지나가는데 남녀가 구름같이 에워싸고 아 홉 번 탄식에 열 번 눈물을 흘리고 있어 물어보니 몇 분의 신사가 애국상 채회를 창설하고 누대에 올라 연설을 한다는 것이었습니다. 제가 돌아 와 동지들에게 말하기를, "우리도 일찍이 천지가 낳아 기른 만물 중의 하나입니다. 옛날 한창일 때 탄신 잔치와 축하연에서 임금님 얼굴을 가 까이서 뵙고 여러 번 은혜를 입어 화려한 누대를 돌아보니 천상에 있는 것 같았습니다. 이런 빚을 갚는 의무를 당해 은혜를 갚는 까마귀에 무슨 자웅이 있으리오?" 하니 이에 여러 사람이 같은 뜻으로 이야기하여 마침 내 부인애국회를 결성하고 적은 돈을 모았습니다. 아아, 좋은 일에 마가 많고, 어리석은 사람이 시기심이 많은 법이지요. 성중에 일개 무력을 쓰 는 강주식이란 자가 있어 사람을 보내 유인하기를 '우리도 한 회를 창설 하니 너희 회가 모은 금화를 우리 회에 넣어 함께 합치는 것이 좋겠다' 고 했습니다. 그러자 좌중에 있던 왕손만이 물리치며 말하기를, "나라에 보답하는 마음은 각각 개인의 의무에서 나오는 것이요, 예로도 함께 앉 을 수 없고, 의로도 함께 모이기 어렵다"고 하였습니다. 갑자기 이 강주 식이가 사나운 무리를 많이 이끌고 <u>일본 순사 한 사람</u>과 함께 갑자기 내정에 들어와서 위력으로 회를 방해하니 이 광경은 가히 눈이 꽃밭에 떨어지는 것이오, 매가 난새 무리에 들어온다는 말과 같았습니다. 제가 애국이 본래의 뜻이라고 애걸하며 설명하니 <u>일본</u> 순사는 본래 개명한 나라 사람이라 대답하고 물러갔으나 강주식은 본래 타고난 부랑자로 끝까지 회를 방해한 까닭에 비분함을 이기지 못해서 이에 감히 말씀 올립니다. 귀사는 춘추필법이요 월조평안이니 이 글을 게재하여 퍼뜨려서 회를 방해하는 사람을 성토해 주시기를 삼가 바랍니다. <u>진주 애국부인회 발기인 부용.</u>[93]

《황성신문》 기사에는 위의 밑줄 친 부분 중 '일본 순사'라는 말이 지워져 있고, '진주 애국부인회' 대신, '경남 애국채상소부인회'라고 되어 있다. 또 부용 앞에는 '진주 애국부인회 발기인' 대신 '진주 퇴기'라고 되어 있다. 부용의 글은 1907년 3월 애국부인회를 결성한 과정과 부인들의 활동을 방해한 강주식 등의 폭력적인 행동을 고발하고 있다. 부용이 지나갔다는 의봉루는 진주 객사의 대문 앞에 있던 누각으로 진주 지역 국채보상운동의 집회 장소였다.

부용의 글은 여성들의 모임이 어떻게 만들어졌으며 이를 방해하는 남성들과 대면해서 어떻게 자신들의 모임을 유지했는가를 보여 준다. 부용은 의봉루에서 국채보상운동을 위한 단체 설립을 주장하는 신사들의 연설을 듣고 애국부인회를 만들었다. 부용이 부인들을 설득한 말은 천지가 기른 만물 중의 하나로 그간 임금에게 받은 은혜에 보답하자는 것이었다. 남녀평등론이나 국민의 일원으로서의 책임이 아니라 나라에 대한 보답이 그 주된 동기였다. 그런데 강주식이라는 사람이 와서 부용을 비롯한 회원들에게 모은 돈을 합하자고 했다. 강주식은 안확, 강상호 등과 진주지역 국채보상운동을 조직한 인물로 알려져 있다. 부인회의 일원인 왕손만은 나라에 보답하는 마음은 개인 각각의 의무이고, 예의로 보면 함께 앉을 수도 함께 모일 수도 없다고 거절했다. 나라에 보답하는 것은 개인의 의무에서 나오는 것이니 각각 하면 되는 것이지 굳이 같이할 필요가 없다는 말이고, 남녀가 한자리에 앉을 수 없고, 함께 섞이기 어렵다는 말은 남녀칠세부동석, 남녀유별 같은 유교적 규범이 있으니 그렇게 할 수 없다는 말이다. 왕손만이 개인이라는 것을 내우면서도 유교의 예와 의를 언급한 것은 애국부인회가 아직 유교적 규범에서 벗어나지 못했음을 의미한다. 하지만 여기서 유교적 규범은 남성들의 회에 합해져서 애국부인회가 묻힐 수도 있는 것을 거부하고 자신들의 조직을 고수하는 데 효과적으로 사용되었다.

부용은 일본 순사가 개명한 사람이어서 순순히 돌아갔다고 했다. 여기서 일본 순사는 개명한 자로, 강주식은 개명하지 못한 자로 대비되면서 개명, 즉 문명개화의 가치가 은연중 부각되고 있다. 문명개화의 가치를 부각하면서도 유교적 규범을 근거로 강주식의 제안을 거부한 것은 유교적 가치와 문명개화의 가치가 섞여 있는 양상을 그대로 보여준다.

애국부인회가 모금한 돈을 합하지 않겠다고 하자 일본 순사까지 동원해서 방해하며 졸렬하게 행동한 강주식에 대해 부용은 "천생적발피天生的潑皮", 즉 "타고난 부랑자"라고 하면서 비분함을 이기지 못해 알리니 이 '글을 게재하여 퍼뜨려서 애국부인회를 방해하는 사람을 성토해 주기를 바란다'고 호소했다.

부용의 글을 본 신소당은 《대한매일신보》 1907년 3월 27일 자 잡보에 〈진주 부용 형 전 사례서〉를 보냈다.

천도가 순환하사 국채보상에 민심이 단결되어 의무가 발달하오니 단군 사천 년과 우리나라를 세운 지 오백 년에 이런 놀라운 행동은 처음이온지라. 이 몸이 여자이오나 이천만 동포 중에 참여한 몸이온즉 국가가 낳고 길러 낸 것 중 하나라. 국채보상 발기하여 부인회를 설시하였사오나 이 마음이 부끄러운 바는 무식한 것이고 그 가운데 다행히 여기는 바는 동포 부인께서 열심인 것입니다. 조심스런 마음으로 밤낮으로 생각하기를 애국성심은 남녀가 일반이요 경향이 없으니 향곡에서 어떠하신 부인께서 사업을 성립하오시고 일체 합심하려는지 희소식 들으려고 각 신문을 점검하고 있습니다. 그런데 천만의외에 진주군 부용 형이 애국부인회를 고동하오시니 진주에는 논개 씨가 계시옵고 평양에는 계월향 씨 계시더니 애국성심 미진하여 형의 충의 발달하니 충성 충자는 고금이 없사온 듯. 두 겨드랑이에 날개 없어 곧 가서 치하하지 못하오나 남산에는 지남석이 있고 북산에는 쇠가 잇(단) 말이 두 사람 두고 이름인 듯. 형의 충의를 우리나라 신민으로 어느 누가 감동치 않으리까? 각국 사람들도 찬송치 않을 이 없사올 듯. 강주식이라 하는 자는 알 수 없도다. 어떠한 자이기에 강포와 세력을 믿고 감히 막고자 하니 이는 만민의 죄인이요 나라의 도적이라. 신명이 위에 계시오니 어찌 앙화가 없으리까? 강주식의 만만층 악한 죄상은 차제에 드러나 이천만 생명의 공분함을 신설하올 것이니 원컨대 부용 형은 대의를 버리지 마시고 도내에 유지하신 동포부인들과 단결 합심하셔서 형과 저와 같은 여자들도 국은 일만 분

의 일이라도 갚아보기를 천만 번 축수 바라옵나이다. 경성 대안동 사심통사무소 신소당.[94]

이 편지는 며칠 뒤 4월 2일 자 《만세보》에도 〈기부용 형 서[부용 형에게 보내는 글]〉라는 제목으로 실렸다. 이 글은 "경성 대안동 사심통사무소 신소당"이라는 발신인의 이름을 뺀 대신 앞에 "첩은 근본 평안도 안주 사람으로 김 판서 규홍 씨를 종사하와 경성에서 거한 세월이 삼십 년이라. 평생 한이 되는 바는 이 몸이 여자 되어 나라 일을 못하여 보고 초목같이 썩을 신세를 생각한즉 이 한 생각이 촌장에 사무치더니 다행히"라고 자신을 소개하면서 나랏일에 참여하기를 열망하는 심정을 토로한 부분을 첨부했다.[95] 이 글은 진주 애국부인회를 방해하는 강주식의 죄상을 성토하는 것이지만, 신소당이 여성들의 참여에 얼마나 관심이 많았는가도 보여 준다. 어떤 부인이 참여하는지 그 희소식을 보려고 각 신문을 점검하는 신소당의 모습은 개인 여성이 아니라 여성 전체의 운동과 연대에 관심을 둔 운동가의 면모를 드러낸다.

부용은 신문이라는 새로운 매체를 통해 자신들이 애국부인회를 결성한 과정을 알리고 또 자신들이 겪은 부당한 일을 적극적으로 알렸다. 신소당은 답글을 통해 부용과 진주 애국부인회에 적극적인 지지와 연대를 표명하고 더 나아가 여성들의 단결을 통해 국은을 갚자는 말로 여성의 연대를 촉구했다. 부용과 신소당의 투고는 여성들이 신문이라는 공론장을 통해 지지와 연대의식을 확인한 예를 보여 준다. 이처럼 신문을 통해 공개적으로 의견을 소통하고 지지와 연대를 확인하는 과정을 통해 여성들은 국채보상운동의 주체, 즉 당면한 시국 문제에 적극적으로 개입하는 주체로 성장해 갔던 것이다.

어진 스승이자 좋은 벗인 신문

신문은 여성들에게 억울함을 하소연하거나 사회를 보는 창 역할을 했다. 신문이 자신들의 의견이나 사정을 공론화할 수 있는 새로운 장임을 깨달은 여성들은 신문을 빠짐없이 읽고 적극적으로 글을 투고했다. 다음은 함경북도의 이금사라는 여성이 신문이 세계의 사정을 역력히 알려 주고, 애국사상을 불러일으키며, 국민의 지식 발달을 권하는 장임을 깨닫고 선뜻 신문대금 육 개월 분을 보내며 쓴 글이다.

경계자 본인은 하향 벽읍의 일개 여자로 세상에 생겨난 후 발자취는 성문 밖을 떠나지 못하였으니 앉은뱅이와 다름없고 눈은 한 줄 글도 보지 못하였으니 장님이나 다름없사오나 이것은 우리나라 풍속이 여자에게는 교육을 허락하지 아니하고 학문을 가르치지 아니한 연고라. 본인이 매양 혼자 탄식할 뿐이거니와 이미 가정교육을 받아 국문을 약간 학습하여 가장이 상판 차로 출타한 후면 고담 책이나 보다가 근자에 다행히 귀사 신문 한 장을 얻어 보니 그 사의가 공평성대하여 세계 사정을 역력히 기재함과 애국사상을 불러일으키게 권고하고 국민의 지식 발달을 권하여 인도하는 정성을 한 번 보매 이미 보던 고담 책의 허탄함을 가히 깨닫겠는지라. 이것을 자주 듣고 오래 보았으면 앉은뱅이와 장님의 병신 책망을 십분의 일이나 면할까 요량하여 위선 육 개월 선금 지전 이원 십

전을 동봉하여 부치오니 살펴보신 후 특별히 애휼하시는 성령으로 편지 당도하는 날로부터 시작해서 귀 신문 한 장씩 부쳐 주시기 바람. 정미 이월 초이일 함경북도 길주읍 서문 외 합동 이금사 상서.[96]

이 글은 성문 밖을 나가지도 못하고 제대로 교육을 받지 못한 시골 여성 이금사가 신문을 통해 세계의 사정을 알게 되고, 애국계몽사상을 보게 되면서 생각이 변화하는 과정을 보여 준다. 이 여성은 육 개월 치의 신문대금까지 보낸다고 했다. 신문사가 반겼을 만한 투고이다.

이금사는 고담 책과 신문을 대비했다. 고담 책이란 옛날이야기 책, 즉 고소설을 가리키는 것으로 보인다. 여성독자 투고에서 옛이야기 책을 문제삼은 것은 흔치 않다. 뒤에 살펴볼 한남 여사는 독자들을 끌어들이기 위해서는 옛날이야기도 필요하다고 하며 신문에 게재해 줄 것을 요청하기도 했다. 이일정같이 알려진 인물도 신문 구독을 권하는 글을 투고했지만[97] 위의 경우처럼 무명의 독자가 신문을 보고 감격해서 신문을 신청하며 보낸 글들이 이어졌다. 《제국신문》 1908년 3월 24일 자에 실린 평안북도 운산 읍내의 표준경이라는 여성이 보낸 글도 그 한 예이다.

경계자 본인은 한낱 여자라 협읍에서 생장하여 배워 아는 것도 본래 없고 듣고 본 것도 별로 없어 세월이 가는지 시대가 변하는지 국가가 무엇인지 다만 입고 먹으면 사는 줄만 여겼더니 여간 국문글자나 알기로 하루 저녁에는 너무 심심하여 제국신문 한 장을 어디서 빌어다 본즉 제삼면에 기차라 제목한 국문풍월 모집광고가 있어서 부끄러움을 무릅쓰고 웃음거리 삼아 변변치 못한 말을 기록하여 보내었더니 요행 방말에 합격하여 상품으로 신문 발송하심을 받게 되어 매일 읽어보니 격하고 절실한 언론과 은근한 권고에 비록 용졸한 여자나 어찌 감각함이 없으리오? 그 시면에 가정학이라 함은 사람 사는 집에 날마다 쓰이는 일이니 불가불 볼 것이오. 외보와 잡보는 방안에 앉아서도 만리타국 일이며 전국 내 사정이 눈앞에 보이는 것 같고 논설, 소설, 기서 등은 악한 일을 징계하고 선한 일을 찬양하여 사람의 마음을 흥기할 뿐 아니라 자국의 정신을 길러 애국하는 사상을 발하게 하고, 기타 광고 등은 모든 일을 일조에 널리 퍼뜨리니 그런즉 신문은 세계의 귀와 눈이라 하여도 무방하도다. 대저 이 세상에 사는 사람이 세상 소식을 모르고 무슨 재미로 살리오? 들은 즉 외국 사람은 조석 밥은 굶을지언정 신문은 폐치 못한다 하더니 참으로 옳은 말이로다. 슬프다 우리 남녀동포 이천만에 신문 보는 이 몇 사람인고. 본인 사는 곳을 두고 보아도 천분의 일도 되지 못할 듯 싶으니 이러하고 어찌 문명국이 되기를 바라리오? 하물며 제국신문은 순국문으로 발간하여 한문 모르는 사람도 보기 쉬우니 우리 전국 남녀 동포는 문명 행복을 누리고자 하거든 각각 이 신문을 구람하여 먼저 지식을 넓히기를 바라옵고 아울러 귀사의 더욱 확장함을 깊이 축하하옵니다.[98]

시대가 변했는지 국가가 무엇인지도 모르던 자신이 신문을 받아 본 뒤로 계몽되어 세상을 알게 된 고백이기도 한 이 글은 신문의 계몽적 효과를 그대로 보여 준다. 비록 "용졸한 여자"지만 신문을 읽고 세상에 대한 감각이 생기고, 세상 사는 사람이 세상 소식을 모르고 무슨 재미로 사느냐고 할 정도가 된 것이다. 그래서 외국 사람은 신문을 많이 읽는 데 비해 우리 동포는 신문 보는 이가 몇 명 없으니 신문을 읽어야 한다고 하고, 《제국신문》은 순국문으로 발간돼서 읽기도 쉬우니 '문명 행복을 누리려면 신문을 읽어 지식을 넓히자'고 마치 《제국신문》 광고와 같은 발언을 하고 있다. 이를 통해 교육을 받지 못한 여성들에게 신문이 어떤 역할을 했는지 다시 한번 확인할 수 있다.

1908년 2월 29일과 3월 20일 자 《대한매일신보》에는 한남 여사가 신문의 중요성에 대해 쓴 〈축 매일신보〉라는 글이 실렸다. 한남 여사는 먼저 봄이 돌아오는 모습, 예의지국으로서의 대한의 면모를 묘사한 뒤 신문에 대해 이렇게 이야기했다.

아아, 천고 이전 만대 이후까지 없던 이러한 시국에 우리 대한제국 이천만 동포 자매여 어찌하여 이런 시대를 당하였는고? 나도 이천만 동포 중의 한 분자로 선후가 없다는 것을 늘 탄식하나 불행히 여자가 되고 사궁을 겸한데다 불학무식하여 허송세월한 지 십칠 년이라. 근년에 뜻 있는 신사께서 신문을 발간하여 세계에 이목을 기울여 관심을 갖게 하고 우리 동포 형제의 완고한 꿈을 불러 깨워 문명진보하게 하며 세계 형편을 목격하듯이 문장이 격절하고 언론의 충성이 어진 스승과 좋은 벗과 같은지라. 항상 엄한 스승을 대한 듯 늠름히 공경하여 받드는데 심지어 매일신보는 춘추필법으로 공정하고 곧은 언론이라 난신적자가 두려워하고 신문구독자로 하여금 눈물을 금치 못하게 하노라. 세 번이나 다시 읽으니 저절로 지면에 보풀이 일어나고 나같이 우매한 마음에도 세계 신문을 엄한 스승과 이목으로 알고 애독하는 사상이 있으니 하물며 우리 대한 이천만 동포 형제 중 스승에게서 바른 가르침을 받아 돈독하고 훌륭한 학문에 이러한 개명한 시대의 신학문을 겸한 동포 자매야 애독하심을 다시 논할 필요가 있겠는가?[99]

한남 여사는 불행히 여자이고, 사궁을 겸하고, 배우지 못해 무식한 채로 17년이나 허송세월했는데 신문이 문명진보와 세계 형편을 알게 해주었다고 하며 시국을 보는 스승이자 벗과 같은 신문에 대한 믿음을 피력하고 애독을 강조했다. 한남 여사는 또 사장 배설에게 감사를 표하며 "더욱 권면하여 우리 대한 전국 동포 형제자매로 하여금 시시로 각성케 하고 날로날로 진보케 하여 명예가 육대주에 진동하고 제일 문명국 상등인물이 되게 하기를 밤낮으로 바란다"[100]고 했다. 《대한매일신보》를 축하하는 글이었기 때문에 신문에 대한 신뢰나 기대는 당연하다고 할 수 있지만, 보풀이 일어날 정도로 신문을 읽고 또 읽었다는 말에서 당시에 신문이 얼마나 중요한 읽을거리였는가를 알 수 있다.

이처럼 신문에 무한한 믿음을 표현한 한남 여사는 "기담이나 고적 古蹟 같은 한가로운 설화"를 실을 겨를이 없겠지만, 배움이 없는 부녀나 아이들이 재미를 붙일 수 있도록 재미있는 이야기를 실어 달라고 요구했다. 한남 여사는 요구하는 데 그치지 않고 1908년 3월 12일, 13일, 14일, 15일, 17일 다섯 차례에 걸쳐 《대한매일신보》 잡보란에 〈편편기담〉이라는 제목으로 정조 대의 이조판서 윤행임, 오성 이항복과 관련된 이야기, 시골의 재담을 잘하는 한량에 관한 이야기, 족제비와 관련된 이야기 등을 국문으로 써서 싣기도 했다.

한남 여사는 자신의 지식이나 교양을 인정하지 않고 스스로를 불학

무식하다고 했다. 그러나 한남 여사의 글 뒤에 간단한 평을 쓴 기자는 신사임당, 허난설헌까지 거론하면서 한남 여사의 글은 한국에서 얻기 어려운 재능을 보여 준다고 평가했다.

기자는 말한다. 우리나라 여자 학문의 폐단이 오래되었다. 여자라고 하면 십팔 층 아비지옥 같은 깊고 깊은 규문 안에 갇혀 학문도 배우지 못하고 출입도 못하고 한 점 처량한 등불 아래서 비극적 생애를 보낼 뿐이니 사임당 같은 여자의 모범과 난설헌 같은 문장을 구하여도 수백 년에 어쩌다 한 번 볼 수 있는 뛰어난 인물이니 해외 문명국의 여사 같은 자를 장차 어디서 구하리요? 이 글이 체제는 아주 좋다고 하기 어려우나 이 또한 현재 한국에서 얻기 어려운 뛰어난 재능이기에 위에 ○하여 일반 독자의 안목을 깨우노라.[101]

이 무렵 신문에 투고한 여성들은 국채보상운동이나 문명개화의 필요성에 적극 호응하면서 신문의 필요성을 강조했다. 이 여성들은 스스로를 '용졸한 여자', '불학무식한 여자' 등으로 표현하고 있지만 이들은 신문을 통해 세계의 사정을 알고자 했고 자신들의 생각을 글쓰기를 통해 적극적으로 표현해서 독자의 안목을 깨웠다. 기생도 첩도 투고를 통해 자신의 생각을 표현할 수 있었다. 이 여성들은 계몽의 대상이 아니라 스스로 계몽의 주체가 되어 다른 여성들을 향해, 혹은 이천만 동포 자매를 향해 발언했다. 뿐만 아니라 부용과 신소당의 예에서 보듯 신문이라는 매체를 적극 활용해서 다른 여성과의 연대를 형성하기도 했다.

5. 첩과 과부의 목소리

슬프다 대한의 천첩된 여인들아

조선 사회는 처첩제도를 두어 처와 첩을 구분하고 첩도 양인 출신의 첩과 천인 출신의 첩을 구분했다. 육례를 통해 혼인한 처와 그렇지 않은 첩의 구분은 엄격했고, 처첩 담론은 처의 지위를 확고히했다. 처가 죽은 뒤 재혼하지 않고 집안 살림을 맡기기 위해, 후사를 잇기 위해, 외지에 오래 머물면서 시중들 사람이 필요해서 등 첩을 두는 명분은 다양했다. 처첩의 구분은 엄격했고 첩은 가족 내부에서 매우 취약한 위치에 놓여 있었다. 처와 첩에 대한 차별은 처와 첩 사이, 즉 여성들 사이를 위계화하면서 경쟁관계로 만들었다. 이러한 분리는 가부장제가 여성을 지배한 방식이었다. 첩은 불안정한 위치에서 불안한 삶을 유지하고, 처는 안정된 위치에서 불안한 삶을 유지했다.[102]

근대 계몽기에 이르러 축첩폐지론을 비롯한 처첩에 대한 담론들이 나오기 시작했다.[103] 1896년, 1903년, 1906년 한성부 호적을 대상으로 첩이 있는 호戶를 조사한 조은과 조성윤의 연구에 의하면 당시 서울에 첩이 있는 호는 총 11,364호 중 633호로 전체의 5.6퍼센트에 해당한다.[104] 적지 않은 수치이다. 1899년 3월 여학교찬양부인회가 여학교 설치를 요구하는 상소를 올리고, 그다음에 축첩 반대 상소를 올린 것을 보면 당시 여성들에게 축첩제도가 여성교육 다음으로 중요한 문제였음을 알 수 있다. 조선시대 내내 처는 처첩제도를 드러내 놓고 문제삼을 수 없었다. 이런 사정을 생각하면 이 시기에 와서 축첩을 문제삼게 된 것은 여성들에게 일어난 큰 변화라 할 수 있다. 하지만 이는 어디까지나 처의 입장에서 나온 것이었다. 그런데 첩도 가만히 있지 않았다. 첩도 목소리를 내기 시작했다. 다른 무엇이 아니라 자기 자신, 즉 첩에 대한 편견에 대해 목소리를 냈다. 이것은 매우 중요한 변화이다. 1898년 11월 10일 자 《제국신문》에 실린 〈어떤 유지각한 시골 부인의 편지〉가 바로 첩의 입장을 대변한 글이다.

신문이라 하는 것이 대한에 처음 나서 우매한 여인들도 세상 형편 알게 하니 감축하기 그지없어 각 처 신문 보옵더니 일전에 제국신문 논설 보니 말마다 당연하나 부인 평론 논설 중에 분간이 희미하기에 대강 들어 설명하오. 부인도 층층이요, 사부도 층층이요, 남의 첩도 층층이지 사부의 딸이라고 행세가 방탕하고 제멋대로여도 부인입니까? 상놈의 딸이라도 생각 없는 남자들이 후취, 삼취, 사취까지 함부로 해 온 것도 부인 축에 가오리까? 첩이라도 상처한 후 들어와서 고락을 같이 겪고 봉제사 접빈객에 자식 낳고 일부종사하는 첩이 부인만 못하리까? 방탕하고 제멋대로 구는 첩과 같이 옥석으로 구분해서야 어찌 아니 분하리까? 여학교를 세운다니 학교 세우기 전에 이 구정을 먼저 하기 천만 축수하나이다. 슬프다, 대한의 천첩된 여인들아! 음력 구월 이십사 일 제국신문 논설 끝을 가슴에 새겨 두오. 당초에 첩이라고 생겨나서 천대하는 것은 첩이 없으라고 한 것인데 우매한 우리 대한 여인들이 광풍 같은 남자 말을 믿고 맡겨서 차차 풍습이 되어 지금에 이르러서 첩 천지가 되었으니 이 구습을 어이하리? 우리도 개명되면 이렇게 천할 터이니 부디부디 딸 가지고 남의 시앗 주지 말고 첩 노릇을 하지 마오. 세상에 못할 노릇 그 밖에 또 있는가. 깊이깊이 생각하고 아무쪼록 학문 배워 외국 부인과 동등하게 되게 한마음으로 합력하오.[105]

이 편지를 쓴 시골 부인은 누구일까? 이 편지는 잡보란에 실렸는데 바로 위에 신소당의 글이 실려 있고, 신소당이 첩 출신인 점으로 미루어 이 글도 신소당이 쓴 것으로 볼 수 있다. 이경하는 이 시골 부인이 신소당일 가능성이 전혀 없는 것은 아니지만, 신소당이 상처한 후 들어가 고락을 함께한 첩이 아니고, 서울에 살고 있었기 때문에 신소당이라고 단정하기 어렵다[106]고 한 반면 박애경은 이를 신소당의 글로 보았다.[107]

시골 부인을 신소당으로 보기에는 조심스러운 부분이 있다. 이 편지가 실린 11월 10일 자 신문은 이 편지 앞에 "평안도 안주 여노인 신소당은 또 기재하노라"[108]라고 밝히고 신소당의 만민공동회에 관한 글을 싣고 있기 때문이다. 만약 시골 부인의 편지가 신소당의 글이라면 같은 날 신문에 한 사람의 글을 두 편이나 싣는 셈인데 그것이 가능했을까?

그런데 글의 배치를 보면 신문사 측은 신소당의 투고를 하나의 글로 간주해서 실은 것으로 보인다. 이 잡보란은 새 기사가 시작할 때마다 ○ 표시를 해서 기사를 구분하고 있는데 "평안도 안주 여노인 신소당은 또 기재하노라" 위에는 ○ 표시가 있으나 〈어떤 유지각한 시골 부인의 편지〉 위에는 이 표시가 없다. 그런데 다음 기사 위에는 또 ○ 표시가 있다. 이로 미루어 시골 부인의 편지는 앞의 글과 연결되는 것으로 볼 여지가 있다. 게다가 신소당이 당시 서울에 살았다고 하지만 자신을 평안도 안주 여노인으로 불렀으니 스스로를 시골 부인으로 불렀을 수도 있다. 그런데 신문사 측은 시골 부인의 편지에 대해 해명하면서 신소당에 대해 전혀 언급하지 않았다. 이 편지 앞에 실린 글이 신소당의 글이고, 이 편지도 신소당의 것이라면 신소당의 편지라고 밝힐 만도 한데 그렇게 하지 않은 것이다. 따라서 어떤 유지각한 시골 부인을 신소당으로 단정짓기는 어렵다.

이 글은 첩에 대한 편견을 드러낸 《제국신문》 논설을 문제삼은 것이다. 투고자는 그동안 신문 논설을 당연한 것으로 받아들였으나 부인에 대해 평가한 《제국신문》 논설 중에는 제대로 분간하지 못한 것이 있었다고 문제를 제기했다. 사대부 딸이라도 방탕하고 제멋대로면 부인이라고 할 수 없고, 첩이라도 상처한 뒤 들어가서 고락을 같이하면 부인만 못하지 않으니 처와 첩에 대한 고정된 인식이 잘못됐다는 것이다. 그리고 첩에도 좋은 첩과 나쁜 첩이 있으니 학교 세우기 전에 이것부터 구분하라고 했다. 대한의 천첩들을 향해서는 음력 9월 24일(양력 11월 7일) 논설 끝을 가슴에 새기고, 딸을 남의 첩으로 주지 말고 첩 노릇을 하지 말라고 호소했다. 비록 첩 노릇을 하지 말라는 호소지만 '대한의 천첩'이란 호명은 타자의 위치에 있던 첩들을 가시화하는 효과를 낳았다.

그렇다면 문제의 음력 9월 24일 자 논설은 어떤 것일까? 이 논설은 우리나라는 옛날부터 남녀를 상중하 3등으로 구분하고 그 한 등에서도 각각 층을 나누어 분간했는데 그 실상을 따지면 하늘이 사람을 동등하게 낸 것을 저버리는 악습이니 없애야 한다[109]는 말로 시작한다. 그러나 우리나라 사정상 없애지 못할 층이 있는데 그것은 첩이라고 하며 "남에게 첩 노릇하는 여인은 하늘이 같이 품부한 권리를 지키지 못하는 인생이라 불가불 한 등 천한 사람으로 대접하여야 세상에 명분이 바로 된다"[110]는 말로 첩에 대한 차별을 노골적으로 드러낸다.

대저 사나이가 첩 두는 것은 제일 괴악한 풍속이거늘 우리나라에서는 여편네가 남의 첩 노릇하는 것을 부끄러이 여기지 않고 으레 마땅한 일로 알아 무슨 일이며 어느 좌석이던지 거리낄 것이 없다. 이전에 반상 등분을 없게 하고 보니 정실과 천첩의 등분이 없으면 명분이 자연 섞여서 괴악한 풍습을 고칠 날이 없다. 근자에 우리나라에 부인회도 생기고 여학교도 설시할 터인즉 그중 규칙 마련이 어떠한지는 모르거니와 만일 남의 첩이나 혹 천기 명색을 가리지 않고 함께 참예한 지경이면 사대부가 부인네가 천한 사람들과 동등하게 아니 하려 할 터이오, 만일 동등하기를 싫어 아니 한 지경이면 이는 대단히 불행한 일이다. 행동 처신이 탕잡한 계집들이 배울 터이면 누가 딸이나 누이나 아내를 내세워 회석에 참예하며 학교에 다니게 하기를 좋아하리오? 그러므로 우리나라에서는 여인회를 설시하던지 여학교를 설립하던지 마땅히 규칙을 달리 마련하여 남의 첩 노릇 하는 계집들은 일절 동등권을 주지 말아 등분을 밝히 하여야 첫째 사부가 부녀들이 회석에 참예하며 학교에 다닐 터이요, 둘째 천첩 노릇하는 여인들이 저의 몸이 세상에 천한 인생 되는 것을 부끄럽게 알아 괴악한 풍속이 차차 덜릴 터이니 어제는 부끄러운 줄을 모르고 괴악한 행습을 행하였거니와 오늘은 알고 행실을 고치거든 곧 동등 부인네로 대접을 하였으면 몇 백 년 유전하는 악습이 가히 변할지라. 무슨 연회에든지 부디 첩은 데리고 가 참석하지를 마시오. 만일 남의 정실네가 동석에 있으면 이는 곧 그 부인네를 욕하는 모양이니 필경 시비가 있을 터이오, 남의 첩실을 하는 것이 부끄러운 줄을 알아 하늘이 정한 명분이 자연 밝아질 터이니 범연히들 보아 넘기지 마시오.'"

이 논설은 신분제가 없어지고 처첩의 구분이 사라져 부인회나 여학교에서 정실과 천첩이 함께 섞이게 되면 사대부가의 부인들이 오려 하지 않을 것이니 첩에게 동등권을 주면 안 된다고 했다. 그래야 세상에 명분이 바로 서고 하늘이 정한 명분을 흐리는 것을 부끄럽게 여긴다는 것이다.

이는 누구의 입장을 대변하는 것일까? 말할 필요도 없이 처의 입장을 대변한 것이다. 첩에 대해서는 "행동 처신이 탕잡하다"는 표현으로 성적인 방종을 암시한다. 게다가 첩을 둔 남자와 첩을 두지 않은 남자를 구분하고 이들이 한자리에 섞이는 것을 문제삼는 것이 아니라, 정실들이 모이는 자리에 첩은 나타나지 말라고 하며 첩이 된 여자를 부끄러운 존재로 만든다.

'시골 부인'은 이 논설을 반박하면서 여학교를 세우기 전에 이 구분부터 제대로 하라고 하고, 첩을 천대한 것은 첩이 되지 말게 하려는 것이었는데 남자 말만 믿고 첩이 되어 '첩 천지'가 되었다고 하면서 여자들에게 첩 노릇 하지 말라고 당부한다. 그리고 '대한의 천첩된 여인들'에게 학문을 배워 외국 부인과 동등하게 될 수 있도록 한마음으로 힘을 합하라고 한다. '시골 부인'은 자신이 첩이라고 확실하게 밝히지는 않았지만 "옥석으로 구분하니 어찌 아니 분하리까"라고 분개했다. 이로 미루어 첩의 입장에서 쓴 것으로 보인다.

시골 부인의 편지에 대해 신문사 측은 짤막하게 다시 자신들의 입장을 밝혔다. 자신들이 첩이 천하다고 한 것은 상하귀천에 관계없이 남의 '시앗 노릇'을 하거나 탕잡한 것이 천하다고 한 것이고, 상처한다든지 과부가 되어 개가한 것을 나무란 것은 아니라는 것이다. 그리고 이 편지가 개명에 유의하는 마음이 있어 감사하여 발간하니 신문을 보는 부인들은 이런 편지한 부인의 뜻과 같이 진보하기를 힘쓰라[112]고 했다.

이 편지는 첩에 대한 차별적 발언에 움츠러들지 않고 대한의 천첩된 여인들을 호명함으로써 하나의 집단으로 가시화하고, 여학교, 부인회를 이야기하고 모두가 동등하다고 하면서 여자를 다시 위계화하는 남성들의 모순적인 태도에 대해 첩의 입장에서 당당하게 문제를 지적했다. 뿐만 아니라 첩제도에 대해서도 남자 말을 믿고 맡겨서 풍습이 된 것이라고 하여 그 책임이 남자에게 있다는 것을 분명히 했다. 이 글은 일부종사하는 첩과 탕잡한 첩을 구분함으로써 앞의 논설이 보여 준 편견을 반복하지만 첩의 입장을 공적인 공간에서 당당하게 이야기했다는 점에서 처첩 담론에 일어나고 있는 변화를 보여 준다.

적서차별을 통해 처첩의 위계를 분명히 했던 조선 사회에서 첩의 목소리를 듣기는 어려웠다. 그러나 조선 후기 삼호정에 모여 시회를 벌인 김금원, 김부용(운초), 박죽서 등은 뛰어난 시인들로 첩이었다. 이들의 활동은 뛰어난 재능을 지닌 첩들의 존재를 스스로 가시화한 사례로 볼 수 있지만 오래 지속되지 못했다. 근대 계몽기에 접어들면서 첩 출신 계몽운동가들이 등장했다. 신소당, 이일정 등이 그들이다. 이들은 독자 투고와 계몽운동을 통해 공적 영역으로 진출하고자 했다. 이들의 시도는 제도 내로 들어가서 새로운 근대 질서 속에서 국민 주체가 되기 위

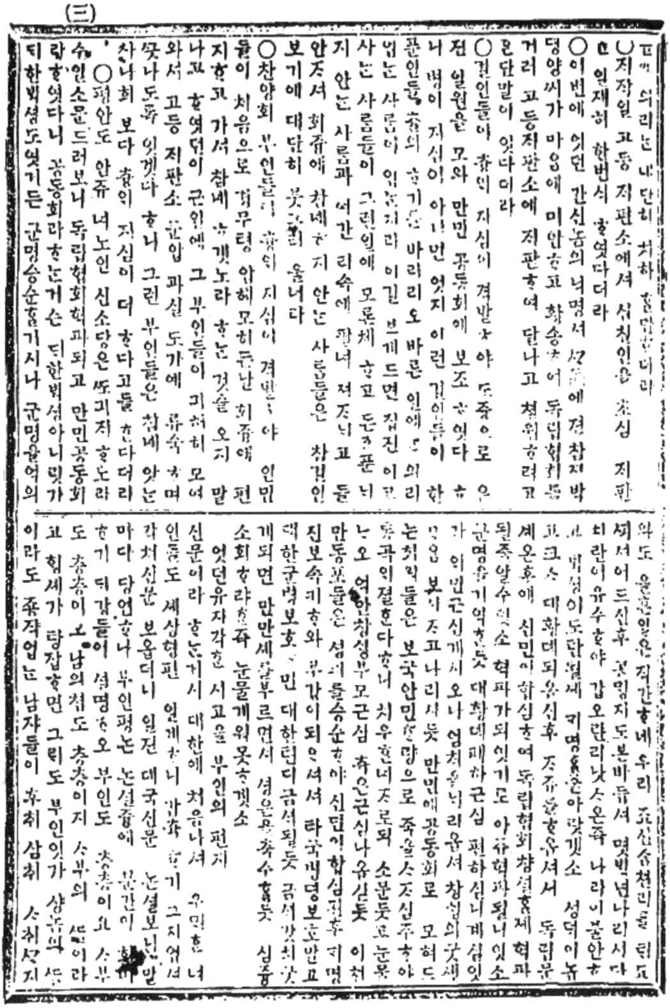

〈그림 1〉 1898년 11월 10일 자 《제국신문》

한 것이었다.[113]

'대한광녀'의 청춘과부 개가론

첩의 목소리에 과부의 목소리도 더해졌다. 자신을 '대한광녀'라고 밝힌 여성이 직접 과부의 처지를 말하고 개가를 막는 관습을 비판하는 목소리를 낸 것이다. 갑오개혁을 통해 과부 개가가 허용됐지만 열녀 관념을 통해 여성의 섹슈얼리티를 통제해 오던 관습이 하루아침에 바뀌기를 기대할 수는 없었다.

여학교가 생기고 여성들의 바깥 활동이 시작되자 전통 유학자들은 여성들의 변화를 부인하고 전통의 윤리로 여성을 통제하려고 했다. 그중 하나가 열녀전을 쓰는 것이었다. 위정척사론을 대표하는 유인석(1842~1915)은 열녀전을 써서 서양이나 일본에 대한 도덕적 우위를 강조하고,[114] "여자들이 대회를 열고 아내가 남편을 무시하는데 하물며 열행을 하겠는가? 내가 유인儒人에 대해 말한 것은 장차 세상을 경계하려는 것이다"[115]라고 하며 여성들의 활동에 대해 노골적인 반감을 표시했다. 그리고 열녀의 존재를 드러내 세상을 경계하고자 했다. 이외에도 영남 남인 출신의 의병으로 독립 투쟁을 한 곽종석(1846~1919), 호남 출신으로 노론 산림을 대표하는 전우(1841~1922) 같은 유학자들도 위기의식 속에 여성의 몸을 더욱 통제하기 위해 정절을 강조하고 열녀전을 창작했다. 개화기는 물론이고 그 이후에도 열녀들은 계속 나왔고 칭송의 대상이 되었다. 조선총독부는 정표 정책을 실시하여 1910년 메이

지 천황의 생일에 맞추어 효자, 열녀에 대한 표창식까지 거행했다.[116]

《황성신문》을 비롯한 당시 신문들 역시 개가 문제에 관심을 가졌다. 1898년 《황성신문》은 논설을 통해 개가론을 개진했고 '과부를 근심하는 사람'이라는 뜻을 가진 리우생釐憂生을 필명으로 쓴 기고자는 개가에 반대하는 글을 썼다. 하지만 열녀 관념은 여전히 강하게 남아 있었고 개가론이 적극적으로 논의되지는 못했다. 과부가 개가에 대해서 목소리를 내는 것은 더욱 어려웠다.

그런데 1899년 스스로를 과부라 밝힌 여성이 개가 문제를 남녀평등이라는 대의와 연결시켜 쓴 글을 《제국신문》에 투고했다. 자칭 '대한광녀'라 한 여성의 글이 그것이다. 광녀란 말은 曠女, 즉 홀어미, 과부를 말한다.[117] 신문 편집진은 "말이 가장 유식하기로 기재한다"고 하고 "필연 그 여인이 청년과부로서 개가할 생각이 매우 간절한가 보다"라고 하며 글을 게재했다.

대한광녀는 먼저 서양과 동양의 여성 삶을 비교한다. 서양에서는 남녀가 동등한 교육을 받고 결혼한 뒤에는 동등한 권리를 갖고 동등한 대우를 받으며, 과부가 되면 집안에서 재혼을 시키는 데 비해 동양에서는 여자가 일곱 살만 되면 남자와 한자리에 앉지 못하게 하고 집안일만 시키고 언문만 가르치며 문밖을 나가지 못하게 해서 세태 물정과 천하의 형편은 고사하고 이웃집 일도 알지 못한다고 비판한다. 그런데 그중에서도 "차마 말하지 못하는 것"은 청춘과부의 일로 그 "참혹한 광경"은 이루 말할 수가 없다고 한다.

대한광녀가 말한 청춘과부의 참혹한 광경이란 무엇인가? "적적히 빈방"에서 외로운 침상을 의지해 "이 생각 저 생각에 심사를 둘 데 없어

짧은 한숨 긴 탄식에" 팔자타령을 하고, 봄바람 가을 달에 애가 끊어지고, 겨울밤 여름날에 잠 못 들어 원한이 사무치는 것으로 적게는 한 집안의 재앙이고 크게는 나라의 재앙이다.[118] 과부의 문제를 외로움의 문제로만 보는 것 같지만 대한광녀는 이것이 집안의 문제일 뿐만 아니라 국가의 문제라고 보고 나름의 해결방안을 제시한다. 대한광녀는 먼저 조선이 여성을 교육시키지 않는 고루한 풍습을 비판하면서 이천만 중의 반이 되는 여성을 교육시키지 않고는 개명진보도 부강기초도 이룰 수 없다고 한다.[119]

또 과부들로 말하여도 본래 행실이 탁월하여 송죽같이 굳은 절개와 금석같이 단단한 마음으로 평생을 마치고자 하는 이는 그 뜻을 가히 빼앗지 못하려니와 그렇지 못하고 시부모와 동기 간에 압제를 받아 후원 깊은 방에 앵무새를 가둔 것 같이 밤낮으로 홀로 앉아 무정한 세월은 꿈결같이 지나갈 제 생각하는 것은 남의 부처 해로하는 것이오, 들리는 것은 남의 아들 딸 낳은 것이라. 무릇 사람이란 것은 가두게 되면 착한 마음이 나고 편하게 하면 음란한 마음이 난다 하니 당초에 학문 없이 자라나서 직업 없이 홀로 앉은 저 청상들이 착한 마음이 있을는지 음란한 마음이 있을는지? 만일 문호에 누추한 행실이 타인의 이목에 들려서 문호의 욕이 되고 신세를 그르칠 지경이면 차라리 일찍이 조처를 잘한 것만 같지 못하니 인정은 일반이라 그 과부의 시부모나 동기 간 되는 이가 어찌 그런 생각이 없으리오? 그러나 개가한 사람의 자손은 좋은 벼슬을 주지 않는 까닭에 목전의 가화는 생각지 않고 다만 미래에 벼슬하기만 중히 여겨 이같이 남에게 적악을 하더니 개화 이후에 성은이 하늘 같아서 과부 개가하는 것을 허하셨건마는 지금까지 점잖은 집 과부 시집갔단 말을 듣지 못하였으니 무슨 까닭인지 알 수 없거니와 적선지가에 필유여경이라 하였으니 어찌 아니 좋으리오? 우리는 바라건대 처음에 하늘과 땅이 음양 기운으로 차등 없이 내신 남녀들을 일체로 교육하여 국가의 개명 진보와 부강기초도 발달케 하려니와 또한 과부 있는 집에서들은 적선하기를 생각하여 이치를 거스르지 말면 나라가 흥왕할 듯하도다[120]

대한광녀가 제시한 해결방안은 명료하다. 과부 본인이 절개를 지키기 원하면 그 뜻대로 하게 해 주고, 그렇지 않은 경우에는 개가하게 하는 것이다. 대한광녀는 수절 자체를 문제삼지는 않는다. 과부 본인이 원치 않는 수절을 가족의 이익 때문에 강요당하거나, 개가가 허용되었는데도 점잖은 집안에서 개가시키지 않는 것을 비판한다. 대한광녀는 "학문 없이 자라나서 직업 없이 홀로 앉은 저 청상"이 착한지 음란한지 알 수 없으며, 누추한 행실이 가문의 욕이 될 수도 있다든지 하는 말로 과부가 개가를 원하는 것을 음란한 것으로 표현한다. 여전히 수절이라는 관념을 다 버리지 못하고 있는 것이다. 그럼에도 과부 본인이 원하는 대로 해 주어야 한다는 것이 대한광녀의 생각이다. 그녀가 재현하는 과부는 학문 없이 자라나서 직업 없이 홀로 앉은 모습이다. 그리고 여성에게 교육이 없는 것을 문제삼는다. 여기서 여성교육 문제와 과부 개가는 연관 없이 나열되어 있는 것처럼 보인다. 그러나 그 이면에는 학문이 있으면 직업이 있을 것이고, 그러면 후원 깊숙한 데 갇혀 있지 않고 자립적으로 살 수 있다는 생각이 깔려 있는 것으로 보인다. 과부에게는 경제적 자립이 중요하고 경제적 자립을 위해서는 직업을 가져야 하고 그러기 위해서는 교육이 필요하다는 것이 이 글의 내적 논리이다.

　과부의 개가 문제는 조선시대에도 내내 문젯거리였다. 남성 문인 학자들은 열녀를 기리는 글도 많이 남겼지만 과부의 정욕이나 개가 문제에 대한 글도 남겼다. 대표적인 것이 연암 박지원의 〈열녀 함양 박씨전〉이다. 연암은 이 작품에서 과부로 평생을 산 여성이 정욕에 대해 직접 이야기하게 한다. 그러나 이는 허구적인 설정 속에서 가능한 것이었다. 수절의 고통을 이해하지만 개가는 허용하지 않는 것이 현실이었다. 20세기에 들어와서도 개가를 시키는 것이 오히려 주목을 받을 정도였다. 운양 김윤식(1835~1922)은 일찍 과부가 된 외손녀를 개가시켰는데 이는 당시 사회의 주목을 받은 일대 사건이었다. 김윤식은 개가는 왕정에서 금한 것이 아니며 어진 정치는 반드시 개가로부터 시작해야 한다[121]고 하며, 청상이 된 외손녀의 개가를 주선했다. 그때는 1908년 무렵이었으니 대한광녀의 투고가 이루어진 지 10년 조금 못 되었을 때였다.

　김윤식의 외손녀는 홍사필과 결혼한 장녀의 딸로 21세에 청상이 되었다. 청상이 된 홍씨는 4, 5년간 김윤식, 즉 외조부의 집에서 지냈다. 외손녀를 불쌍하게 여기던 김윤식은 궁내부 시종인 이교영이 상처했다는 말을 듣고 직접 청혼을 하고 소실 집에서 결혼식을 올린 다음 날 시집으로 보냈다.[122] 그러나 시집에서는 과부로서 개가한 홍씨를 냉대했던 것으로 보인다.

　김윤식 외손녀의 개가는 당시 신문에도 보도되었다. 《황성신문》과 《대한매일신보》는 1908년 7월 8일 김윤식 외손녀의 혼사 소식을 각각 〈도영화기導迎和氣〉, 〈홍씨재초洪氏再醮〉라는 제목으로 전했다. 1908년 7월 15일자 《황성신문》은 이 일로 김윤식이 남들에게 조롱받을 것이라고 한 북촌 대관의 말을 전한 뒤 그 대관의 '완고한 사상'을 비웃지 않는 사람이 없다[123]고 하며 김윤식의 외손녀 개가를 지지하는 듯한 입장을 취했다. 《대한매일신보》는 7월 22일 〈완고부인〉이라는 제목으로 시어머니가 홍씨에게 어머니라고 부르지 못하게 해서 집안에 불화가 있다는 소식을 전했다. 7월 24일 자 《황성신문》은 또다시 홍씨 관련 기사를 싣고 홍씨의 시집인 이씨 집안에서 당초에 홍씨를 받아들이지 않았어야 하는데 결혼한 뒤에 무리하게 구니 내외국의 비판을 면치 못할 것이고, 천지의 화기를 손상하니 복을 누리기 어려울 것이라고 비판했다. 그리고 계속 이씨 집안을 살피겠다[124]고 했다. 개가한 며느리를 받아들이려 하지 않는 시집의 태도를 비난하며 끝까지 추적하겠다는 것이다. 이 기사들은 당시 과부의 개가에 대한 갈등과 논란을 보여 준다. 그러나 이러한 논란은 모두 당사자가 아닌 남성들 사이에서 이루어졌다. 홍씨가 개가에 대해 어떤 생각을 가졌는지는 알 수 없다. 외조부인 김윤식이 이교영에게 청혼해서 이루어진 결혼이기 때문이다. 그런 점에서 대한광녀의 투고는 이름도, 사는 지역도 알 수 없지만 과부의 입장을 대변한 목소리로 중요한 의미를 갖는다.

4장
분개하듯 노래하듯
자유와 평등을 주장하다

신문은 여성들을 독자로, 투고자로 끌어들였다. 〈여학교설시통문〉을 비롯해 축첩 반대 상소처럼 통문과 상소도 여전히 있었지만 〈여학교설시통문〉이나 기생 농희의 상소는 신문에 실림으로써 더 널리 알려졌다. 이렇듯 새로운 매체인 신문을 통해 여성들도 공론장을 경험하고 활용했다.

　당시 여성들은 토론회에도 활발하게 참여해서 의복, 교육, 남녀 문제에 대해 의견을 발표했다. 《황성신문》이나 《대한매일신보》를 보면 '여회토론', '부인연설'에 대한 기사가 종종 눈에 띈다. 그만큼 여성들의 토론회가 많이 개최되었으며, 사회의 관심도 컸던 것이다. 다룬 주제도 재미있다. 1907년 6월 19일 자 《황성신문》에 소개된 토론회 소식에는 6월 20일 여자교육회 주최로 부인들의 토론회를 열고 신사들도 초대해서 지식을 교환한다고 전하고 있는데, 그 주제는 '여자의 총명함이 남자보다 낫다'[1]는 것이었다. 여성들의 투고도 이러한 토론회에 참여하는 것과 비슷한 행위로 볼 수 있다. 토론회가 개최 지역이 한정된 데 비해 투고는 전국 각지에서 할 수 있었기 때문에 더 다양한 지역과 계층의 여성들이 참여할 수 있었다. 또한 투고는 어느 정도 익명성이 보장되기 때문에 참여가 좀 더 쉬웠을 수도 있다.

1907년부터 《제국신문》 기자로 일했던 이해조가 1910년 발표한 소설 《자유종》은 네 명의 개명한 양반 부인들이 등장해서 토론을 하는 내용으로 이루어져 있다. 이 부인들이 토론하는 주제 역시 당시 토론회나 여성독자 투고에서 다룬 것들과 크게 다르지 않다. 아마도 이해조가 기자로 일하면서 여성들의 투고 행위나 투고 내용을 본 경험도 반영되었을 것이다.

여성독자 투고는 과거 여성들이 교육을 받지 못해 공적 영역에서 배제된 데 대해 분개하고 이제 여학교가 생기고 여성들에게도 자유와 권리가 있음을 깨달으면서 희망과 기대를 갖는 여성들의 모습을 보여 준다. 그리고 이들은 무엇보다도 여성으로서 글을 쓰고 있다는 분명한 자의식을 드러낸다. 여성독자 투고자들은 대부분 여성이라는 정체성을 잊지 않는다. 이는 남성들이 쓴 글에서 굳이 남성이라는 정체성을 드러내지 않는 것과 대조적이다. 독자 투고를 쓴 여성들은 스스로를 '하향 벽읍의 일개 여자', '일개 미천한 여자', '우매한 여자', '잔약한 여자', '학식이 적으며 문견이 낮고 사상이 어두우며 재주가 없는 첨약한 여자'로 부르고, "불행히 여자가 되었다"는 인식을 드러내면서 '야만 종을 면치 못하는 일천만 자매', '일천만 자매', '여자 동포님네', '우리 여자 동포', '우리 여자 된 동포 자매들'을 향해 호소한다.

이처럼 여성이라는 정체성을 의식하면서 스스로를 미미한 존재로 표현한 것은 글을 쓰는 여성 스스로가 글을 쓴다는 행위가 자신이 본래 할 일이 아니라는 것을 의식한 데서 나온 것으로 보인다. 그러한 의식의 저변에는 자신들이 글을 써서 의견을 이야기할 자격이 없거나, 자신들이 글을 썼을 때 다른 사람들이 자신들의 의견을 인정하지 않을 거라는 생각이 깔려 있을 수 있다. 이는 공론장에서 오랫동안 배제되어 온 경험과 무관하지 않을 것이다.

이처럼 자신이 여자임을 굳이 밝히면서 글을 쓴 것은 조선 후기의 여성들도 마찬가지였다. 글을 읽고 쓰는 것이 본래 남성의 활동이기 때문에 글을 쓰는 것이 여성의 한계를 벗어난 일이라는 것을 늘 의식했다. 더욱이 독자 투고를 한 여성들은 스스로 밝히고 있듯이 교육도 받지 못했다는 자의식을 갖고 있다. 이런 언급은 오랜 시간 제한된 교육을 받거나 글을 쓰는 것이 허용되지 않았던 여성들이 사회를 향해 목소리를 내는 데 대한 불안의 반영일 수도 있다. 글쓰기의 역사에서, 특히 공론 형성의 장에서 여성들의 자리가 부재했기에 여성 작가들은 종종 (남성 예술가들의 것이었던) 예술의 가부장적 권위에 대한 두려움이나 여성이 예술가로 창조하는 것이 부적절할지도 모른다는 불안을 가졌다.[2] 이처럼 여성 투고자들도 글쓰기의 가부장적 권위에 대한 두려움이나 여성의 공적 발언의 부적절성에 대한 불안을 드러낸다. 이는 소수자의 말하기, 타자의 말하기의 한 방식이다. 그러나 여성독자 투고의 필자들은 이러한 불안과 두려움을 극복하고 자신의 주장을 적극적으로 펼쳤다.

그리고 전통적 여성의 삶을 거부하면서 남녀동등을 주장하고 국가의 일에 참여하려는 의지를 강하게 드러낸다. 여성 투고자들은 남녀평등, 여성교육에 대한 담론들에 힘입어 자신의 목소리를 내면서 "남녀의 내외 구별"이나 남편의 속박, 남녀를 차별하고 여성을 교육에서 배제시켰던 전통이나 풍습을 비판한다. 여성 투고자들은 "자유함을 얻지 못하여" 총명한 자라도 개명발달의 목적을 전혀 알지 못하는 현실을 탄식한다. 이들은 한결같이 "불행히 여자"가 되고, "불학무식"하며 "우매한 여자"로 지금까지 교육이 없어서 나랏일에 참여하지 못하고 초목과 같이 썩을 신세가 안타까워 그 한이 가슴에 사무칠 정도라고 한다.

하지만 이들은 "원래 자유는 공공의 일"임을 깨닫고 교육을 통해 남녀평등을 이루고 국가에 충성할 국민의 하나가 되자고 격정적으로 호소한다. 그리고 글을 써서 공론의 장인 신문에 자신의 의견을 냈다. 그런 점에서 여성 투고자들은 '일개 미약한 여자'라는 자각과 더불어 여자도 국민의 한 사람이며 남녀가 동등하다는 것을 자각한 주체들이 되었다.[3] "이목구비와 사지오관육체가 남녀가 다름이 있는가?"라는 〈여학교설시통문〉의 질문부터 "대저 인생이 시작할 때 한 남자 한 여자는 똑같이 상제의 자녀"라는 여자보학원의 글, "하나님이 내신 남녀는 한 가지"라는 북창동 이 소사의 글에서 보듯 남자와 여자는 동등하다는 것을 뚜렷하게 자각하고 있다.

여성들이 쓴 글은 당시 남성들이 쓴 문명개화 담론과 같은 맥락에 있다. 그러나 남성들이 이천만 동포라고 하면서 남성 주체를 중심으로 사고한 데 비해 여성들은 이천만 중의 반을 차지하는 여성이라는 자각을 분명히 했다는 점에서 차이를 보인다. 여성 주체로서의 자각은 남녀가 평등하다는 인식과 연결된다. 따라서 국채보상운동을 비롯한 사회 문제에 대해 국민의 한 사람으로 참여할 수 있다고 인식했다. 여성 투고자들은 성별 정체성을 자각한 가운데 "일천만 자매", "여자 동포"를 호명하고 여성 개인을 넘어 여성 집단을 향해 이전의 삶을 바꾸라고 촉구한다. 남녀동등권을 주장하고 여성 주체로서의 자각을 촉구할 뿐만 아니라 여성 투고자들은 여성 집단의 연대를 도모한다. 부용이 여성들이 중심이 된 모임을 방해한 남성의 횡포를 성토하자 신소당이 여기에 적극 호응하면서 지지한 것이 그 예이다.

　여성독자 투고는 노래하듯 자신의 의견을 펼친다. 근대 계몽기 신문에 글을 쓴 여성들은 대부분 신식 교육을 받지 않은 여성들이다. 신분도 상층 양반집안 출신의 여성도 있지만 첩, 시골 부인, 기생 등으로 다양하다. 그러나 이 여성들은 자신의 견해를 글로 표현하고자 하는 의지도 강했다. 《제국신문》에서 국문 풍월을 모집하는 광고를 보고 부끄러움을 무릅쓰고 기록해서 보내 당선된 경험을 이야기한 표준경의 투고는[4] 공론장에 참여하고자 하는 적극적인 의지를 보여 준다. 이들은 구어적이거나 편지투, 가사체의 문체를 구사하며, ‘충효, 의리, 보국안민, 격양가, 천지창생, 개명진보, 여학교, 충군애국’ 등 전통시대에 사용하던 어휘와 새로운 시대를 알려 주는 어휘를 섞어 쓰고 있다. 다음은 《제국신문》 1898년 11월 5일 자에 실린 ‘평안도 여노인’ 신소당의 글로 산문 형식으로 실려 있지만 가사체의 문장을 구사하고 있다.

　우미흔 녀ᄌ들도 연셜을 들러보니
　츙이지심 격발ᄒ나 녀ᄌ몸이 도엿스니
　보국안민 ᄒᆯ 수 잇소 녀학교 설시ᄒ야
　기명규칙 빅온 후에 남ᄌ와 동등되여
　츙군이국 목적슴아 황실을 보호ᄒ고

민싱을 구졔ᄒ면 그아니 죠흘잇가
녀학교 회원들은 깁히 싱각ᄒ여 보오.[5]

내용 면에서도 비슷한 점이 발견된다. 1912년에 창작된 가사 《경세가》는 남녀동등, 여성교육을 통해 여성을 계몽한다는 점에서 독자투고와 비슷한 면을 보인다.

세상에 부인네들 이네말삼 들어보소
부인 역시 사람이라 남자와 다름업소
병신이를 면하고서 올은 사람 되어보세
남자압제 밧지말고 실심으로 교육하야
중학교 데학교를 제조듸로 졸읍하야
외국에 유학하고 견문을 확충하며[6]

이는 가사 향유층과 독자 투고층이 겹친다는 것을 의미한다.

여성 투고문은 "우리 부인 동포님네", "우리 동포여", "여보시오, 여보시오" "동포님네 동포님들" 같이 청자를 끌어들이는[7] 말투에 "애닯고 분하도다", "슬프다 대한의 천첩된 여인들아"와 같이 감정을 격발시키는 감정적인 문체를 구사한다. 청자를 끌어들이는 청유형의 말투는 "어와 벗님네야"와 같은 유의 것으로 가사체에서 흔히 사용하는 것이다.

소설이 아닌 논설에서 여성이 자신의 감정을 드러내고 감각 주체로서의 '개인'을 확인하기는 이 시기가 처음이라고 하면서 근대 이전에 여성은 이성적 사고의 주체도 아니었고, 감성적 주체는 더더욱 아니라는[8] 견해가 있으나 이는 전근대 여성에 대한 오해이다. 앞서 살펴본 여성들의 상언과 상소, 《규한록》 등의 글은 감정의 주체이자 사고의 주체로서의 여성을 분명하게 보여 준다. 조선 후기의 성리학자인 임윤지당의 철학적 글이나 풍양 조씨의 《자기록》 같은 자전적 글쓰기에서도 여성으로서의 자기 인식, 열을 실천해야 한다는 관습적 사고를 벗어난 여성 주체를 발견할 수 있다. 여성독자 투고가 이들의 글과 다른 점은 공적인 공간을 향해 비슷한 감정을 공유함으로써 공동체 의식을 강화하는 목소리를 냈다는 점이다. 공론의 장에 투고함으로써 소통하는 경험은 이 시기 여성들에게 낡고 완고한 구습에서 벗어난 존재라는 구별된 정체성을 깨닫게 해 주었고, 그것은 과거와 단절하고 새로운 시대를 열어 가는 역사의 주체로서 자신을 느끼게 하는 압도적인 경험이었을 것이다. 그 경험은 격정적 문장을 통해 표출되었다. 여성독자 투고는 다양한 근대 계몽담론의 주제들을 수용, 재생산하면서 자신이 그러한 대사회적 발화를 할 수 있는 주체임을 확인하는 행위였다.[9]

그렇다면 이들 여성 투고자들은 어떤 존재들이었는가? 여기에는 스스로를 과부, 여노인, 첩, 기생, 소사로 명명한 다양한 여성들이 포함되어 있다. 이들은 1920년대에 출현한 신여성과 대비되는 존재인 구여성에 속한다.[10] 그 개념이 명확하게 정리되어 있지는 않지만 구여성은 신여성과 같은 시대를 공유했으나 전혀 다른 감각과 윤리와 습관을 체화시키고 있는 존재,[11] 도시 중심의 근대적 화제에서 소외될 수밖에 없었던 존재,[12] 20세기 초 전통적인 삶을 유지하면서 유교 이념을 내면화하고 있었던 향촌 여성, 신여성에 비해 상대적으로 보수적인 성향을 갖는 존재,[13] 근대적 변화와는 무관한 삶을 살았던 시대의 낙오자로서의 이미지를 벗어나지 못하는 존재[14]로 이해되어 왔다. 어머니나 부인의 이름이 아니어도 여성으로 공동체에 설 수 있는 여성상[15]으로 보는 견해도 있지만 구여성은 신여성에 대비되는 '구식의, 전통적인, 향촌의, 신식 교육을 받지 못한, 유교적'인 여성이라는 의미를 내포한다. 그러나 여성 투고자들은 이러한 구여성상을 깨고 있다. 이들은 한편으로는 계몽의 대상이었지만 글쓰기를 통해 그녀들 스스로 계몽의 주체가 되었다. 특히 국채보상운동에 참여한 여성들의 목소리를 통해서 보았듯 이들의 목소리는 남성들의 선창에 화답하는 메아리가 아니었다. 이 시기 여성들의 독자 투고는 여성들이 공론장에 자신의 목소리를 내고, 여성 집단을 향해 동의를 구하고 여성의 권리를 주장했다는 점에서 여성주의적 주체의 형성을 보여 주는 장이자, 페미니즘의 출발을 보여 주는 장이었다고 할 수 있다.

말하는 여성, 여성주의적 주체의 발견
— 여성독자 투고의 특징

조선시대 여성 상언들은 공적 공간으로 나온 여성들의 목소리를 들려
주었다. 상언할 수 있는 범위가 한정되어 있었던 탓에 상언의 내용은
가정 내 문제나 가족 문제를 넘어서지 못했다. 그러나 여성들은 필요한
경우 당파적인 입장에서 자신의 정치적인 의견을 표하기도 하고, 국법
을 어기기도 했으며, 당대의 규범을 넘는 발언을 하기도 했다. 양반 여
성의 상언이나 원정이 가문의 문제를 벗어나지 않는 것에 비해 기생 초
월의 상소는 왕을 비롯한 정치, 경제, 관료, 사회 전반에 걸쳐 통렬하게
비판하고 남편까지 신랄하게 비판함으로써 남편과 분리된 여성 주체의
면모를 보여 준다. 초월의 관심은 남편이나 가정 문제에 머물러 있지
않았다. 초월은 여성이라는 자신의 위치를 의식하면서도 국가로 관심
을 확장한 예를 보여 준다.

　근대 계몽기 여성들은 상소 형식을 취하기도 했지만 그 내용은 달라
졌다. 조선시대 여성들과 달리 이들은 여자들 자신들의 문제인 여학교

설립 문제, 처첩 문제를 들고 나왔다. 신문에 글을 투고한 여성들은 천고만대의 새로운 시대, 위기의 시대에 맞서 여성도 남성과 동등한 권리를 가지며, 여성도 국민의 일원임을 자각하고, 여성이 보다 적극적으로 교육 받을 권리가 있다는 것을 주장했다. 여성으로서의 자각이 이 시대만의 산물인 것은 아니다. 이러한 자각은 조선시대 여성들에게서도 발견된다. 18세기의 여성철학자 임윤지당은 남녀가 품부 받은 성품이 같다면 여성도 성인이 될 수 있는가 질문했고, 여자도 성인이 될 수 있다고 했다. 김금원도 여성으로 받는 제약, 남녀의 차별적 지위에 대해 언급하고 여행을 통해 여성이 받는 제약을 뛰어넘고자 했다. 그러나 조선시대 여성들의 자각은 개인을 넘어서지 못했다. 이에 비해 여성 투고자들은 개인을 넘어 여성 집단의 각성을 촉구했다는 점에서 차이가 있다.

근대 계몽기 여성들은 국권 상실의 위기에 처해 국민의 한 사람으로 책임을 다해야 한다고 생각했지만 동시에 교육을 통해 여성도 개명한 주체가 되고 여자계를 확대하는 책임도 다해야 한다고 주장했다. 자녀교육을 위해 여성교육이 필요하다는 논리를 편 글도 있지만 앞서도 언급했듯이 자녀교육은 교육 받은 여성들이 할 일 중의 하나로 간주했을 뿐이다. 여성들은 오히려 더 적극적으로 남녀동등사상을 표현했다. 이는 결국 드러나지 않았던 젠더 구도를 가시화하는 역할을 했으며 여성 자신은 이러한 글쓰기를 통해 새로운 주체 형성의 가능성을 열어 나갔다.

새로운 주체의 형성이란 여성 주체에서 여성주의적 주체로 나아가는 과정을 말한다. 여성주의적 주체는 호명된 여성 주체에서 출발하면서도 그것으로부터 거리를 둘 수 있는 의식화된 주체를 말한다.[1] 조선시대에 공적 발언을 한 여성들은 사적 공간인 규방을 나가 공적 공간에서

에필로그

가문을 대표해 발언하고, 재혼할 수 있다고 하며 유교적 정절관을 따르지 않고, 시집 어른과 대결하며 비판하는 글을 쓰고, 아들의 무죄를 주장하며 국왕의 잘못된 판단을 비판하고, 정치 전반을 비판하기도 했다. 이들은 유교 가부장 사회가 호명한 여성 주체와 거리가 있다는 점에서 여성주의적 주체 형성의 가능성을 보인다. 이 가운데 양반 여성들의 경우, 대체로 가족과 가문이라는 틀을 벗어나지 않고 있기 때문에 오히려 가부장제를 공고히하는 데 기여했다고 평가할 수도 있다. 광산 김씨 부인처럼 가문을 유지하기 위해 종의 아들을 죽게 하고도 충성의 결과로 해석하는 양반의 특권의식을 드러내기도 한다. 그러나 이 경우에조차 이 여성은 호명된 주체라기보다는 이와 거리를 둔 주체라 할 수 있다. 그녀 자신이 가문, 즉 가부장제가 가장 직접적으로 작동되는 장인 가문의 모든 일을 주관하는 존재가 되었기 때문이다.

근대 계몽기 여성들은 사적 공간에서 신문이라는 공적 공간으로 나갔으며, 개인적 주체와 집단적 주체 사이를 오간다. 이 여성들은 개인 여성으로서의 자각을 갖는 한편 부인계, 부인 사회, 일천만 동포 자매, '대한의 천첩된 자들' 등 집단적 주체를 불러내기 때문이다. 당시 여성 독자의 투고에서 물질적 토대에 대한 언급을 찾기는 어렵지만 이들은 남성 권력의 억압과 지배를 인식하고 분개하며 그로부터 벗어나야 한다고 주장한다. 이런 점들은 분명히 여성주의적 주체의 면모라고 할 수 있다.

조선 후기의 공적 발언은 남성들의 공적 발언에 비해 극히 부분에 지나지 않고, 근대 계몽기 여성들이 신문에 투고한 글들은 당시 신문에 실린 글 전체의 극히 일부분이다. 신문의 입장을 대변하는 논설을 비롯한 대부분의 기사는 남성들이 쓴 것으로 채워져 있고, 독자 투고의 지면 일부에 여성들의 글이 실렸다. 《제국신문》이 여성독자를 염두에 두었다고 하지만 어디까지나 독자로 인식한 것이지 여성들이 필자가 되지는 못했다. 이처럼 신문의 지면 자체가 젠더 차별이 드러나는 공간이었지만 여성들은 독자로서 필자로서 적극적으로 읽고 썼으며, 여성을 억압해 온 전통에 분개하고, 여성들의 분발을 촉구하면서, 평등에 대한 희망을 드러냈다. 이들은 읽고 쓰는 과정을 통해 자신들의 억압에 대한 상황을 더욱 분명하게 인식할 수 있었다. 〈여학교설시통문〉을 비롯해서 신문의 자투리 공간을 통해 새로운 여성주의적 주체로 나아간 이 여성들의 목소리는 한국 페미니즘의 초기 형태이자 여성운동의 초기 형태로 주목해야 할 것이다. 물론 이들 앞에는 여전히 해결되지 않은 채 그들을 가로막았던 지난한 문제들이 놓여 있었지만 말이다.

주

들어가는 말

1   김창협, 〈누이를 위한 애사亡妹哀辭〉, 《농암집》, 한국문집총간 62, 313쪽, "婦人之
     歸夫家也, 猶士之於仕於朝也. 非是則無以見其德美焉", 조혜란·이경하 역주, 《17
     세기 여성생활사 자료집》3, 보고사, 2006, 364쪽.

1부 권력에 도전하는 목소리들

1장 상언

1   한국학중앙연구원, 《민족문화대백과사전》상언조.

2   《경국대전》형전刑典 소원訴冤.

3   《경국대전》형전刑典 소원訴冤.

4   한상권, 〈서울시민의 삶과 사회문제〉, 《서울학 연구》창간호, 1994, 79쪽.

5   김경숙, 〈조선 후기 여성의 呈訴活動〉, 《한국문화》36, 2005, 91쪽.

6   김경숙, 앞의 글, 92~93쪽.

7   여성 상언에 대해서는 임형택, 〈김씨 부인의 국문 上言: 그 역사적 경위와 문학적

읽기〉,《민족문학사연구》25, 민족문학사학회, 2004, 서경희, 〈김씨 부인 상언을 통해 본 여성의 정치성과 글쓰기〉,《한국고전여성문학연구》12, 한국고전여성문학회, 2006, 한길연, 〈해평 윤씨海平尹氏의 한문 상언上言〉,《여성문학연구》15, 2006, 황수연, 〈김씨 부인 상언의 글쓰기 전략과 수사적修辭的 특징〉,《열상고전연구》46, 2015 등의 연구가 있다.

8 김경숙에 의하면, 여성들이 올린 상언은 주로 후사를 잇는 입후立後 문제, 노비·토지·세금·소송·옥송·채무 등 일상생활에서 부딪치는 다양한 문제들이다. 그런데 양반 부녀자의 경우 입후, 산송 문제에 집중되는 반면, 하층민 부녀자의 경우 정소 내용이 다양하며 특히 세금·소송·옥송에 집중되는 현상을 보여 신분상의 차이를 드러낸다. 김경숙, 앞의 논문, 105쪽.

9 심노숭,《자저실기》, 휴머니스트, 안대회·김보성 외 옮김, 2014, 301·687쪽, 번역서에는 상언을 '호소'라고 번역했는데 원문에 상언으로 되어 있어 예문에 상언으로 바꿔 넣었다. "乙亥四月, 余以秋曹郞肅謝詣闕, 金虎門外有一女轎放在路傍, 女奴環立, 一士人席藁伏轎後. 怪問之, 李魯春夫人, 以魯春父病重, 乞宥魯春, 當直上言, 該府不捧, 轎在此暮歸朝出已一朔, 卿宰往來, 自轎中有訴, 不省二品夫人. 當直上言, 國典所許, 捧納後, 若有宥命, 自該府執藝繳還, 可也. 而上言不捧, 闕外女轎籲訴, 法例旣失, 瞻聆尤駭. 余見府堂金台魯敬言之, 金答: "事理則然, 魯春乞宥, 自吾輩豈可捧納乎?" 屢言卒不得. 旣知其事理則然, 但當從事理而已, 有何吾輩彼輩之可言! 此不可以黨議論, 卽惟曰風習之不淑也."

10 해평 윤씨의 상언에 대해서는 한길연, 〈해평 윤씨의 한문 상언上言〉,《여성문학연구》15, 2006 참조.

11 한길연, 앞의 글, "乃於壬戌春呈書相府, 則故領議政臣沈煥之左議政臣李時秀右議政臣徐龍輔, 卽日受單子, 與時原任輪覽, 而以爲旣係至冤事, 宜陳達云, 故每於賓對日, 躬進闕門之外, 泣乞于相臣造朝之路矣. 逮至癸亥正月餙慶之時, 自上特軫匹婦之冤, 至詢闕外之轎, 德意洋溢, 昊天罔極, 適其時闕外轎子盖有二焉, 而大臣承上敎, 取覽其原情, 一則以猥越曉諭退之, 至於臣女矣身所呈單子, 以前日所受也, 使之

依前, 還置于籌司云. 而今至三年, 尙無進退, 此莫非臣女矣身罪, 通神明誠, 未格孚之致. 而積年寃恨之一暴, 此生此世永斷其望, 今幸須臾無事, 連値郊幸, 又敢以呈于相府者, 冒死呼籲於法駕之前".

12 《중종실록》, 중종 4년 9월 11일, "철비의 상언을 해당 관청에 내렸다. 철비는 종실의 딸인데, 언문으로 상언을 써서 예에 따라 성상의 덕을 입어 사천私賤을 면해 주기를 바랐다. 정원이 아뢰기를, "철비는 언문으로 상언을 올렸으니 지극히 무례한데다 그 소원도 들어줄 수 없는 것이니, 추고推考하여 죄를 다스리시기 바랍니다"하니, 그대로 따랐다. 철비는 곧 이과李顆의 어미이다下鐵非上言于該司. 鐵非宗室女, 以諺字書上言之辭, 援例願蒙上德, 免爲私賤. 政院啓曰, 鐵非以諺呈上言, 至爲褻慢, 且其所願, 不可從也, 請推考治罪. 從之. 鐵非乃李顆母也."

13 《광해군일기》, 광해군 2년 5월 5일, "의금부가 아뢰기를, "죄를 받고 죽은 이홍로의 처 기씨가 언문 단자를 가지고 와서 당직청에 올렸습니다. 언문 상언을 한 전례를 일찍이 들어보지 못했으나 대신에게 관계된 것이고 사정이 절박하여 부득이 받아들이지 않을 수 없었다는 뜻을 감히 아룁니다"하니, 알았다고 전교하였다禁府啓曰, 罪死李弘老妻奇氏, 持諺書單子, 來呈當直廳. 諺書上言, 曾未聞有前例, 而係于大臣, 情理切迫, 不得不捧入之意, 敢啓. 傳曰, 知道."

14 《광해군일기》, 광해군 2년 5월 16일.

15 원경하, 〈아우 문중의 묘지仲弟文仲墓誌〉, 《창하집蒼霞集》 권8, 한국문집총간 속76, 142~143쪽.

16 박준원, 〈망실행장亡室行狀〉, 《금석집錦石集》 권10, 17쪽, "以遺安公繼後之未定, 終身爲至恨. 蓋遺安公臨終, 以蒼霞公第二子義孫爲後之意, 遺書託蒼霞公, 公許之而因循不爲旁題. 長老已盡, 舊事凱昧. 而義孫死矣, 尹恭人服以子喪, 事係變禮, 羣議紛然. …… 人莫有書其告辭者, 孺人盥手自書, 使子宗慶讀於柩前, 而命宗孫跪聽. 是日主家肅然無一語, 事將歸正, 而議者猶未已. 孺人病革, 爲書勉尹恭人固守勿動, 畢竟尹恭人上言蒙允. 而其幾敗終成者, 實孺人之血誠有以致之也."

17 《정조실록》, 정조 12년 9월 8일.

18 민암, 〈신도비명병서神道碑銘竝序〉, "時大夫人年近七十, 兩目不見物, 匍匐往金吾當直訟寃", 《수촌집》부록 권4, 8쪽.

19 《수촌집》해제, 한국고전번역원 DB.

20 김우철, 〈숙종 6년(1630) 吳始壽 옥사의 검토-老·少論 分黨의 시원적 배경-〉, 《역사와 담론》66, 2013, 102~104쪽.

21 《송자대전》부록 14권 〈어록〉, 한국고전번역원 DB. 이희조의 어록에 의하면, 송시열이 "오시수가 죽음을 면할 단서가 없겠는가?"라고 물었는데 이는 오시수의 어머니가 여러 대신들에게 아들을 살려 달라고 애걸한 일이 있었기 때문이라고 했다.

22 《숙종실록》, 숙종 6년 9월 30일 기사. 오시수의 옥사의 배경과 전개에 대해서는 김우철, 앞의 논문 104~126쪽에 실록과 〈오시수 추안〉을 중심으로 자세하게 정리되어 있다.

23 윤씨, 〈상언초〉, 《수촌집부록》권1, 3~4쪽, "臣伏聞, 乙卯勅行時, 臣矣子臣始壽, 以譯輩所傳張孝禮之言歸達於榻前之事, 問於其時差備譯官安日新等, 則譯官輩皆以全然不知爲對. 又問其後許積住館所與孝禮問答說話, 則譯官安日新, 亦以未得參問爲對. 故所謂大通官張孝禮所發不忍聞之言, 歸之於孟浪. 今番使行時, 安日新以首譯入去, 探問其事於孝禮, 則孝禮又稱以不言, 故臣子始壽方有拿鞫之命. 當初來傳孝禮云云之說者, 日新等也. 臣子始壽爲儐使, 不得不歸達, 而卽今日新等, 怵禍變辭. 日新又以首譯, 探問於孝禮以實所變之辭, 臣子始壽, 雖有百喙, 其何能暴其寃乎."

24 윤씨, 앞의 글, 4쪽, "臣中年失所天雙目俱瞽, 以子爲命者, 已十餘年, 積惡不死, 又將見子始壽無罪而入於不測之地, 臣豈不椎胸泣血, 仰首一呼於天地父母之前乎."

25 윤씨, 앞의 글, 4~5쪽, "往在乙卯年弔祭勅出來之時, 臣子以遠接使, 馳到灣上, 始聞弔祭之規異於己丑己亥, 心甚怪訝, 使譯輩探問其由. 行到龍川府, 譯官來傳孝禮所答, 而其所言說, 誠極駭愧. 及至金川, 又聞黃海監司尹階遇孝禮時說話, 與龍川館譯官輩所傳言意亦同. 彼人之一動一言, 儐臣例卽啓聞, 而此則誕妄莫甚, 不必煩諸文字. 故復命之日, 始爲仰達. 此固儐臣之所不當已者也, 豈有他意於其間乎. 今者,

朴廷藎則其言顯有囁嚅之狀, 欲吐未吐, 終沒實狀. 其他安日新卞爾輔金起門等, 則不但以渠輩全無所聞爲對, 幷與廷藎所傳而歸之於虛套. 至於日新, 則又謂館所質問之時, 無所預聞, 乃以萬不近似之言, 肆然抵諱. 噫, 此是朝家莫重莫大之擧, 實非黯黶難明之事, 而一二譯輩, 徒計自己之利害, 莫知陷人於死地, 一齊變辭, 曾不持難, 豈不冤哉, 豈不痛哉. 然皇天俯臨, 鬼神傍列, 請略擧譯官輩變辭之狀, 以竢聖鑑之下燭焉. 頃日臣子承譴發配之後, 校理朴泰遜疏論此事, 適會朴廷藎來訪臣子始亨而言曰, 只看方開花, 不見已落花, 世情則然也. 當初同行譯官, 到今幾盡變辭, 不但貽禍於大監, 欲幷與此身而驅以納諸必死之地. 世間安有如此事乎. 觀其氣色, 大有恐怯之意. 臣子始亨問曰, 家兄定配, 當初曲折, 無由審知, 君可詳言也. 廷藎答曰, 孝禮到龍川館, 求請等事酬酢之際, 果發臣強之說, 而至擧皇帝前日所言而證之. 吾與諸譯無不聞之也. 始亨又問曰, 兩度致祭之由, 不問於孝禮否. 廷藎答曰, 何得不問也. 前後探問, 非止一再, 所謂臣強之說, 雜出於問答之間云. 臣強之說, 則不敢諱之矣. 廷藎且曰, 頃因一二宰相之下詢玆事, 亦以此意對之, 則其宰相云, 汝之所言, 與他譯之言有異云矣."

26 윤씨, 앞의 글, 10~11쪽, "臣子歷事三朝, 年至半百, 其行己處心之如何, 不但同朝之所共知, 抑亦聖明之洞燭也. 猥以不才, 久叨金吾, 雖不能洞察逆堅之奸狀, 終被玩法之重誅. 而使臣子包藏禍心, 用意造言, 果如言者之言, 則其間亦嘗累當大獄矣. ……日月難回, 終恐死者負莫洗之恨, 而生者抱無涯之痛也. 臣夫家子姪得保首領, 以延是口刻者, 何莫非聖朝罔極之恩, 而臣子始壽, 以千千萬萬至冤極痛之事, 入於必死無生之中. 臣子四人, 而三子各竄於南北數千里之地, 臣子始壽之妻, 又以憂死, 臣年登七十, 兩目不見, 煢煢隻身, 以影爲隣, 晝夜飮泣, 號天叩地. 只欲先自溘然無知而亦不可得也. 臣子始壽, 至被誤恩, 忝叨大臣, 若有一毫冤枉之情, 而終不免沒身之誅, 則亦或有傷於聖朝仁厚之治也. 安日新, 卞爾輔, 金起門, 朴廷藎等, 旣已變辭, 與臣子酬酢之語, 必不肯直招. 而兩面相對, 則必有不能自諱者. 其他以參聞者, 亦命一一置對, 察之以情, 參之以理, 俾臣子暴其沈冤, 續其危喘, 未死之前, 母子得以相依. 若臣子情無可恕, 罪不可逭, 則俾臣騈首就戮, 以正誣罔之律云云."

27 《숙종실록》, 숙종 6년 9월 6일, "又引其子與譯官輩私相酬酢說話, 縷縷備陳, 而此外各人之入於援證者亦有之. 始壽係是推鞫罪人, 其母上言, 不當捧入, 而始壽時未就拿, 且尹氏旣有封爵, 則與閻閻匹婦有異, 此上言何以爲之乎? 上下教曰, 使臣在館之日, 以乙卯年事, 詳問於張孝禮, 則孝禮所答極其明白, …… 王法之所難貸. 而乃敢以出於諸譯之所傳爲言, 誠極痛駭也. 孝禮所不言之說, 譯官何所得聞而傳之乎? 雖曰爲子上言, 莫重推鞫罪人, 如是飾詐欺罔, 尤極猥越. 卽令出給."

28 서경희, 앞의 글, 51쪽.

29 임형택, 앞의 글에 상언 및 그 주변 정황에 대해 자세하게 소개하고 있다.

30 《영조실록》, 영조 1년 4월 25일.

31 김씨 부인, 〈니녕부ᄉ 부인 김시 상언〉, 《삼관긔》, 이화여대 도서관, "녀의신女矣身이 일만 번 죽어도 면키 어려온 딕 잇ᄉᆞᆸ고 흔 터럭도 하늘을 감격게 ᄒᆞᆯ 정성이 업서 홰禍ㅣ 죽은 지아비게 밋고 앙앙殃앙ㅣ 흔 아둘의게 밋ᄎᆞᄃᆡ 임의 능히 머리를 쌔치고 간을 쌘혀 우러々 님군긔 비디 못ᄒᆞ고 쏘 능히 흔날 죽어 누지陋地예 아히를 좃지 못ᄒᆞ야 홀노 ᄌᆞ부子婦와 손부孫婦를 ᄃᆞ리ᄋᆞᆸ고 궁히窮海예 뉴찬流竄ᄒᆞ야 흔 목숨이 죽디 못ᄒᆞ야 원억흔 죄 풀기를 함ᄒᆞ미 믄득 ᄉᆞ년이 되어습ᄂᆞᆫ디라 스ᄉᆞ로 복분 아래 눈을 ᄀᆞᆷ디 못ᄒᆞ고 귀신 되기를 긔약ᄒᆞᆸ더니 이에 텬되天道ㅣ 볽이 도라보ᄋᆞᆸ고 대명大命이 이에 비최여 쾌히 망부亡夫 신臣 니이명李頤命의 궁텬극지窮天極地의 흔 원恨怨을 벗고 복관ᄉᆞ 졔ᄉᆞ시ᄒᆞ시기를 명ᄒᆞ시고 긔지器之의 명을 당셰當世예 씨ᄉᆞ시고 망부의 ᄌᆞ손이 흔 사름도 닙됴入朝ᄒᆞ니 업ᄉᆞ믈 불상이 넉이샤 특별이 망손亡孫으로 벼슬ᄒᆞ이기로 명ᄒᆞ시고 녹祿 주시ᄂᆞᆫ 은혜 죽지 못흔 몸의 밋ᄌᆞ오시니 늉은隆恩과 대덕大德이 유명幽明의 쎄치고 ᄉᆞ화의 공ᄒᆞ고 측달ᄒᆞ시미 ᄉᆞ됴의 넘쪄시니 이ᄂᆞᆫ 신명이 의망부의 튱셩을 통련이 아오시미오 십 년을 션왕 병환의 약믈을 맛보아 나라흘 근심ᄒᆞ고 집을 닛다 ᄒᆞ신 말ᄉᆞᆷ은 녀의신이 소릭와 눈믈이 다 ᄆᆞ릭믈 씻돗디 못ᄒᆞᄋᆞᆸ거든 ᄒᆞ믈며 의망부의 원통이 더욱 엇지 구원九原 가온대 감격ᄒᆞ여 통곡지 아니ᄒᆞ리잇가 이거시 진실노 텬만고의 잇지 아닌 은혜로소이다"(한자는 필자 넣음).

32 김씨 부인, 앞의 글, "화변禍變 나옵던 날 봉상의 나히 십뉵十六이옵고 제 안해 나

히 십오十五라 의망뷔 죽기를 님ㅎ와 봉상의 손을 잡고 제 아븨 슈형受刑ㅎ옵ᄂ 형
상을 뭇줍고 눈물을 흘리며 굴오디 네 아비ᄂ 이제 죽기를 면치 못홀 거시니 네나
됴히 이시라 됴히 이시라 ㅎ옵더니 그 후 오일만의 긔지 또 옥의셔 죽어 미처 죽엄
을 거두옵지 못하야셔 의망부의 노적拏籍하옵ᄂ 계시啓辭 나옵거ᄂ 의신이 봉상을
더부러 긔지의 죽음을 들거셰 돔아 호중湖中을 ᄂ리와가 의망부의 고장藁葬홀 겨틱
못습고 합문闔門이 안자셔 왕부王府 슈노收孥ㅎ기를 기다리옵더니 오라지 아여 긔
지의 노적ㅎ란 계소 기별이니 봉상이 영결永訣코져 ㅎ기를 위ㅎ와 잠간 묘하墓下의
갓거날 의신이 ᄌ부子婦와 손부孫婦로 더부러 몬져 죽어 명녕冥靈이 아름이 업게
언약ㅎ여습더니 홀연 다시 싱각ㅎ오니 의망부의 죄 딕딕代代의 츙졍忠情을 득ㅎ옵
고 망부의 나라흘 위ㅎ옵난 단츙丹忠과 혈셩血誠이 가히 졀ㅎ올지라 비록 군흉群凶
의 원슈곳치 뮈워ㅎ기를 닙스와 대륙大戮의 쎤졋스오나 실노 죄를 셩됴聖祚의 어든
업이 업스온즉 하늘이 반ᄃ시 에엿비 넉이시믈 드리오실 거시니 비록 십셰유지十
世有之 못ㅎ오나 몸이 임의 면치 못ㅎ여습고 또 흔 ᄌ식을 보젼치 못ㅎ엿스오니 하
늘이 또흔 ᄎ마 손ᄌ를 죽이리오 의신이 흔갓 죽기를 앗겨 이 일노 골육骨肉을 보젼
치 못흔즉 망뷔 삼셰三世예 귀신이 일노브터 죽을지라 실노 뻐 도라가 망부를 보옵
지 못홀지라 ㅎ여 이에 ᄌ부를 도라보아 닐너 굴오디 이 아히 임의 이 싸흘 써나시
니 만일 이를 인ㅎ여 살기를 도모흔즉 엇지 텬힝天幸이 아니가 계퓌 만일 이지 못흔
즉 한 가지로 즉오미 늦지 아니ㅎ디 다만 됴시趙氏의 거즛 아히 업스니 어이ㅎ리오
ㅎ옵더니."

33 송태현, 〈기군상紀君祥의《조씨 고아》에서 볼테르의《중국 고아》로〉,《한국문학번
역연구소 학술대회》, 한국문학번역연구소, 2013, 106~108쪽. 중국의 역사서인
《춘추》와《사기》에 실려 있는 이 이야기는 원나라의 작가 기군상紀君祥이 〈조씨 고
아〉라는 제목의 희곡으로 창작한 뒤 널리 알려졌다. 18세기 무렵 중국에 와 있던
프랑스 출신 조제프 앙리 프레마르Joseph Henri Prémare 신부는 1731년 〈조씨 고
아〉를 프랑스어로 번역해 유럽에 알렸다. 프랑스의 계몽주의 작가 볼테르는 이를
토대로 〈중국 고아〉를 창작해서 큰 성공을 거두었다.

34 김씨 부인, 앞의 글, "이러ᄒᆞ올 즈음의 마츰 집종이 나히며 얼굴이 봉상과 방불ᄒᆞ니 잇ᄉᆞᆸ고 문 아래 ᄇᆡ나강싊 잇ᄉᆞᆸ더니 죽을 ᄯᅳᆺ으로 ᄡᅧ 닐온즉 그 종이 강개ᄒᆞ야 ᄉᆞ양치 아니코 강의 ᄲᅡ져 죽ᄉᆞ오니 이 거시 ᄌᆞ못 하ᄂᆞᆯ이 식이신 배라."

35 민우수, 〈유인 완산 이씨 묘지명〉, 《정암집》 권10, "有一奴兒年貌與鳳祥髣髴, 沈之江, 聲言鳳祥自墓下歸, 投江死", 한국고전번역원 DB.

36 김신겸, 〈망실 유인 이씨 행장〉, 《증소집》 권9, "事得已, 此孺人力也.", 한국고전번역원 DB.

37 황수연, 앞의 글, 435쪽.

38 서경희, 앞의 글, 61쪽.

39 김씨 부인, 앞의 글, "다만 의손矣孫 신 봉상이 왕명을 도망逃亡ᄒᆞ야 미처 슈ᄉᆞ受死치 못ᄒᆞᆯ ᄡᅧ 오히려 숨은 셜움과 깁히 념녀ᄒᆞᄂᆞᆫ 배 잇ᄉᆞ와 오ᄂᆞᆯ날 어더 보오미 큰 다힝ᄒᆞ오미 되ᄋᆞᆸᄂᆞᆫ 줄 ᄭᆡᄃᆞᆺ지 못ᄒᆞᄋᆞᆸᄂᆞᆫ듯 ᄒᆞᄋᆞᆸ더니 의부 아오 익명의 기별ᄒᆞ옵ᄂᆞᆫ 바ᄅᆞᆯ 보오니 정월 이십오일의 셩상의 비답이 죄 주지 아니실 ᄲᅮᆫ 아니라 ᄒᆡ조該曹로 ᄒᆞ여곰 특별이 몽농ᄒᆞ다 ᄒᆞ여겨오시다 ᄒᆞ오니 이제ᄂᆞᆫ 봉샹이 두 번 살 ᄲᅮᆫ 아니와 의망부矣亡夫와 망ᄌᆞ亡子ㅣ 죽지 아니ᄒᆞ오미니 텬지天地 ᄀᆞᆺᄌᆞ온 은혜 하ᄒᆡ河海예 큼도 족히 ᄡᅧ 이 망극ᄒᆞᆯ 비유치 못ᄒᆞ올소이다……금년 이월의 부안 ᄇᆡ소配所의 잇ᄉᆞ올 적 홀연히 제 편지ᄅᆞᆯ 보오니 오히려 죽지 아니코 무쥐부 산협의 몸이 잇노라 ᄒᆞ여ᄉᆞᆸ거ᄂᆞᆯ 이 긔별을 듯ᄌᆞ오ᄆᆞ로브터 즉시 츄종追蹤ᄒᆞ야 ᄎᆞ자 ᄌᆞ슈自首ᄒᆞ옵고져 ᄒᆞ오ᄃᆡ 쳔연遷延ᄒᆞ의 이제ᄭᆞ지 니ᄅᆞᄋᆞᆸ기ᄂᆞᆫ 실노 일호一毫도 텬지부모天地父母 알ᄑᆡ 의조ᄒᆞ미 아니오 녀의신女矣身이 젹년積年 ᄋᆡ구ᄒᆞ옵던 ᄭᅳᆺ히 환기혼착昏錯ᄒᆞ와 아모리ᄒᆞᆯ 줄 모ᄅᆞ옵고 집의 남정男丁이 업ᄉᆞᆸ고 외인外人과 더브러 의논치 못ᄒᆞ오미러니 이제 듯ᄌᆞ오니 의부 아오 신 익명이 뎍소謫所로셔 도라온다 ᄒᆞ옵거ᄂᆞᆯ 편지ᄒᆞ야 보ᄂᆡ여 말을 의논ᄒᆞ여ᄉᆞᆸ더니 미처 답장을 보ᄋᆞᆸ지 못ᄒᆞ야셔 상소 비답을 보옵고 ᄯᅩ 듯ᄌᆞ오니 봉상을 공능참봉을 ᄒᆞ이시라 ᄒᆞ오니 진실노 셩샹의 망ᄒᆞᆫ 거ᄉᆞᆯ 닛게 ᄒᆞ시고 ᄭᅳᆫ흔 거ᄉᆞᆯ 니으신 은혜 ᄇᆡ관의 항원ᄒᆞ시미 아닌즉 엇지 시러곰 복소覆巢의 알리니 텬지天地의 보젼保全ᄒᆞ리잇가."

40 《영조실록》, 영조 1년 4월 25일.

41 《영조실록》, 영조 1년 5월 9일, "故領府事李頤命妻金氏上言, 略曰, 臣孫鳳祥遘命未及首罪, 伏見夫弟臣益命所報, 則聖上不惟不罪, 至令該曹錄用, 今則鳳祥再生矣. 天地之仁, 河海之大, 不足以喻此, 然臣何敢以恩數之○異, 不請碪質之伏乎. 請一陳而死焉. 亡夫只有一子器之, 器之凡有二子而一則盲廢, 獨鳳祥可以繼嗣, 而禍作之日, 年纔十六, 器之藁葬之後, 王府收挐之報又至. 臣何畏一身之嚴誅, 不保兩世之一塊乎. 仍謂子婦曰, 此兒已離此地, 因若圖生, 則豈非天耶. 但無趙氏之僞孤, 爲之奈何. 適有家僮, 年貌彷彿鳳祥, 臣諭以代死之意, 其僮慷慨不辭, 投江而死, 鳳祥使自逃去, 乃棺斂僮屍, 經官府之剖檢, 成墓造主, 鳳祥之存亡, 一去無聞. 今年二月始知其生, 卽欲跟尋自首矣, 伏聞鳳祥已除參奉, 苟非聖上繼絶存亡之恩, 卓越百王, 安能保覆巢之卵於天地之間耶. 玆敢悉暴事狀, 席藁俟誅."

42 《영조실록》, 영조 1년 5월 9일.

43 임형택, 앞의 글, 363쪽, "셩샹이 져를 블러 위로ᄒᆞ오시ᄆᆞᆯ 가인부ᄌᆞ나 다ᄅᆞ디 아니케 ᄒᆞ시고."

44 《영조실록》, 영조 3년 9월 12일, 10월 24일.

45 임형택, 앞의 글, 365~366쪽.

46 임형택, 앞의 글, 362~363쪽, "우 샹언上言 의단矣段은 녀의신女矣身이 부지覆載 사이예 용납디 못홀 죄를 지읍고 천고의 업ᄉᆞ온 이 은恩을 닙ᄉᆞ와 모딘 목숨이 일괴육一塊肉을 위ᄒᆞ와 싀여디디 못ᄒᆞ읍고 이제ᄭᅵ디 셰샹의 머무와 일야日夜 셩은聖恩만 츅수ᄒᆞ읍더니 천만몽매千萬夢寐 밧긔 손孫 봉샹鳳祥을 딕계臺啓 극뉼極律로 쳐단ᄒᆞ야라 ᄒᆞ읍고 ᄯᅩ 의부뎨矣夫弟 익명益命을 봉샹의 망명亡命ᄒᆞᆯ 쌔예 디知ᄒᆞ얏다 ᄒᆞ읍고 듕죄를 주어더라 ᄒᆞ읍ᄂᆞᆫ 긔별을 듯줍고 녀의신이 고딕 죽어 몬져 모ᄅᆞ려 ᄒᆞ읍다가 다시 싱각ᄒᆞ오니 이 궁텬극디窮天極地ᄒᆞᆫ 원혹冤酷을 어딘 하ᄂᆞᆯ 아래 져허 ᄌᆞ조ᄌᆞ죄赵赵ᄒᆞ야 폭빅暴白ᄒᆞ디 못ᄒᆞ고 그만ᄒᆞ야 진盡ᄒᆞ오면 당초 특명으로 사로오신 셩은을 져ᄇᆞ리올 분 아니오라 ᄯᅩ 녀의신이 혼자 닙ᄉᆞ올 죄를 무고ᄒᆞᆫ 익명을 횡니橫罹ᄒᆞ게 되여ᄉᆞ오니 실노 디하의 도라가 의부矣夫를 보올 ᄂᆞ치 업ᄉᆞ와 앗가 튱쳥도忠

淸道 부여 싸흐로셔 촌〃寸寸 젼진前進ᄒ야 감히 신엄神嚴 아래 ᄒ번 이호哀號ᄒ고
죽기를 쳥ᄒ오니 오직 셩명聖明은 블샹히 너겨 슬피오쇼셔.”

47 임형택, 앞의 글, 363~364쪽, “오늘날 와 ᄒ 번 죽기를 어이 감히 ᄉ양ᄒ오리잇가
마ᄂᆞ 셩샹의 이러틋 ᄒᆞ오신 셩덕聖德이 ᄒᆞᆺ갓 고과孤寡를 블샹히 너기시미 아니라
진실노 의뷔矣夫 평일의 나라 위ᄒ야 진췌盡瘁ᄒ옵던 졍셩을 구버 싱각ᄒ오셔 십년
샹약十年嘗藥의 우국망가憂國忘家라 ᄒᆞ오시고 관일지튱貫日之忠이 잇다 ᄒᆞ오셔 일
노 브듸 ᄒᆞᆫ 혈쇽血屬이나 ᄭᆞᆮ티 마라 셜워ᄒᆞ며 주리ᄂᆞᆫ 귀신이 되디 아니콰져 ᄒᆞ오
시ᄂᆞᆫ가 ᄒᆞᄂᆞ이다 이러ᄒᆞ온 거ᄉᆞᆯ 시졀時節 사람들이 ᄆᆞ자 죽여 업시ᄒᆞ랴 ᄒᆞ오니 이
ᄂᆞᆫ 셩샹의 호ᄉᆡᆼ好生ᄒᆞ시ᄂᆞᆫ 덕이 도로혀 져희 ᄉᆞᄉᆞ 원슈 갑ᄂᆞᆫ 거시 될가 셜워ᄒᆞᄂᆞ이
다.”

48 황수연, 앞의 글, 443쪽. 황수연은 김씨 부인이 임금을 자신과 같은 입장으로 만들
어 피해의식을 공유하게 했다고 보았다.

49 임형택, 앞의 글, 368쪽, 김씨 부인의 상언은 공손하면서도 방정·강직한 태도를
보이며, 사적 차원의 글쓰기임에도 날카로운 정치성이 숨겨져 있다고 평가했다.
이러한 평가에 동의하지만 김씨 부인의 글쓰기가 사적 차원의 글쓰기라는 데는 동
의하기 어렵다.

50 윤정현, 〈행장行狀〉, 《석재고부록》, 한국고전번역원 DB, “九月慘變作, 血淚不止,
兩眼暴暗, 數年而後漸視物. 始欲自裁以下從, 念季女未行, 稚子不及成童, 覆巢之
下, 誰能全保而成就之, 不絶先君之祀也. 乃茹慟抱寃, 抑情自强, 延塾師以誨之, 每
道先君言行以勖之.”

51 윤정현의 〈행장〉과 박규수의 〈이조판서를 지내고 영의정에 추증된 윤공 행임의 묘
지명吏曹判書贈領議政尹公行恁墓誌銘〉에 부인을 언급하며 이 일을 기록하고 있다. 박
규수, 《환재선생집》 권5, 10~19쪽, 한국고전번역원 DB.

52 《순조실록》, 순조 9년 9월 21일, “義禁府啓言, 龍仁李召史上言以爲 渠夫罪死臣行
恁, 當庚申崩拆之變. 愛君如父, 憂國如家之苦心血誠, 有倍他人, 而時則煥之魯忠
輩, 聲勢鴟張, 時象泮渙, 不量己力, 妄欲裁抑, 遂作渠輩, 粧成烏有之案. 千罪萬惡,

小不近似. 而其中邪學一款, 渠夫以先朝近密之臣, 薰陶沐浴於明正學闢異端之化, 而忽謂樹德於無父無君人面獸心之醜類者, 寧有如許至冤之事乎. 至於時發則平生不知面目, 可基則雖有面分, 豈可與如渠賤類, 傾心腹而議政注論時務哉. 況其凶言逆說之出也, 身在絶海之外. 達淳之按道威喝, 安默之守土嚴防, 骨肉不聞存沒, 則渠輩之聲氣也往復也, 豈能飛渡而投傳哉. 當日聲討之人, 豈盡是甘心. 而爲煥之魯忠之所驅使, 不得不構虛捏無. 其後合啓措語, 有數處刪截之句. 若言出公憤, 罪有眞案, 雖時往事久, 豈可有刪改處乎. 嗚呼, 忠貞公臣集斥和大義, 百世可宥之忠節也, 爲其後裔, 爲國一死, 嘗所自期. 而或謂之扶護邪黨, 或謂之相通凶賊, 至被慘禍. 何幸天道循環, 權凶咸伏其辜, 幽冤次第伸雪, 而惡名無可伸之日, 心事無可暴之道. 今當需澤旁流, 伏乞特下渠夫伸雪之命云. 臺啓方張, 不可擬議, 請置之. 敎曰, 回啓, 只以臺啓方張, 不可擬議爲辭, 無他論斷之語, 有臺啓, 則雖抱冤者不可擬議, 無臺啓, 則雖有罪者可以掉脫乎. 大失議讞之體, 卿等從重推考. 其與可基時發同歸, 嘗所冤之矣. 今觀上言, 益爲可矜. 依上言, 復官許施. 喉院三上議啓, 玉堂臺閣, 交章請還收, 不許."

53 박규수, 앞의 글, 18쪽, "公家復存, 夫人之力也."

54 한길연, 《〈백계양문선행록〉의 작가와 그 주변〉, 《고전문학연구》 27, 2005에서 해평 윤씨와 전주 이씨, 전주 이씨 가문 여성의 교양 수준과 어문생활에 대해 다루었다.

55 해평 윤씨의 상언에 대해서는 한길연, 〈해평 윤씨海平尹氏의 한문 상언上言〉, 《여성문학연구》 15, 2006 참조. 〈을축상언〉과 〈이조회계〉가 번역, 소개되었다.

56 한길연, 〈대하소설의 의식 성향과 향유층위에 관한 연구〉, 서울대학교 박사학위논문, 2005, 211~213쪽.

57 한길연, 앞의 글, 2006, "誠以先大王至仁至明之德, 無微不燭無物不遂, 則畢竟覆盆之照, 晝宵泣禱. 果於庚申春, 亡夫之兄前承旨臣昌伋, 歲抄單子至, 敎以向在不爲擧論中, 特命蕩滌敍用. 前後筵敎, 逈出尋常. 照燭之明, 至及本事, 則昭晰之恩 若在朝夕. 幽明感結, 闔門攢祝, 千萬不意, 遽遭六月崩坼之變. 公私之痛, 百倍常人, 而泉

下冤魂, 亦將無仰望之所矣."

58 한길연, 앞의 글, 2006, "仍又自念, 臣女矣身年迫八十, 奄奄垂盡. 終不得一番鳴號, 則誠恐事屬先天, 世無知者. 雖以我主上殿下, 天地之大, 日月之明, 何從以俯燭其萬一乎. 言念及此, 益不勝臆塞, 而籲天路阻."

59 한길연, 앞의 글, 2006, "往在丙申, 亡夫以宦招事被罪. 盖玉堂鄭元始等, 以故大司諫李昌任, 身爲朝士, 名出宦招, 其在嚴懲討之意, 不可以身故而不論, 陳所懷請追奪. 判付中以德成閣入對時, 責敎既在於伴僚維鎭之際, 爲敎而依其啓. 以言乎宦招, 則壽賢供辭中, 十餘年前, 興祿所謂某某可用者, 公卿大夫厥數許多, 宋載經金向默蔡濟恭沈履之趙宗鉉, 同出其招. 亡夫之名, 亦在其中. 而或不入訊庭, 自歸脫空, 或暫經逮問, 旋蒙宥釋. 某也某也, 無一枉罹, 爵秩如故, 身名俱全. 而亡夫之旣無明證, 獨添罪案. 只緣身故無徵, 而特以鄭元始輩, 乘機受嗾, 以爲擠陷也. 當初妖豎云云, 專出於籍. 賣朝紳, 圖取寵利之計, 則憸愍巧惡. 已莫逃於淵鑑之下, 故至亡夫姓名, 而又下予不信之敎. 則雖使亡夫自明, 無以過此, 寧不感泣於冥冥乎. 若其怪鬼輩之締結, 實在丙申, 而亡夫則自癸巳, 待罪外邑, 已先作故, 此則初非可論以言乎."

60 한길연, 앞의 글, 2006, "始末不過如斯, 則一言以蔽曰, 亡夫若犯罔赦之罪, 則自上豈不嚴處於當日, 而反益眷愛, 隨事顧問. 卽席未承回悟之敎, 則宮官亦何敢仍居於本職, 而自任輔導, 一直近侍也. 自其日至秋冬, 凡五六朔倚毗, 實專連以單宮官, 無異長番. 或値須資時, 則睿翰又復聯翩, 至今爲子孫宝藏. 及至十月九日, 進見時, 而恩褒又曠絶, 若曰, 今日之事, 都是宮官之功. 賞賜兩殿宣醞床. 此實我莊獻世子之恩綸也. 竟以其日班次, 聞親病急報, 蒼黃經退, 僅及屬纊. 世子聞而大加驚歎曰, 耆耈之喪, 固所悼盡, 而予之失一賢講官, 尤可惜也. 其後, 英廟之詢問禫期, 特除館職也, 又有李某眞講官之敎, 則亦可想兩朝受知之盛. 有非區區婦寺之忠. 而到今前塵寢遠, 往事湮晦. 九原難作, 罪至追律, 初旣滿心惶慄, 繼又刻骨寃酷. 若終怵分畏義, 未免齎恨就盡, 則將無以歸見亡夫. 玆敢不避鈇鉞之誅, 仰讀惶纊之聽. 臣女矣身, 雖至痛在心, 言不知裁. 而若其所言之虛實, 當日記注, 王府鞫案在焉. 苟有一毫飾辭, 則一家百口, 雖盡就湛滅之誅, 固所甘心. 伏乞天地父母, 亟恢容光之照, 特軫伸枉之

政, 俾一介孤魂獲洩幽鬱, 則生當捐首, 死當結艸云云."

61 《일성록》, 순조 5년 을축(1805) 10월 28일(정미), "縷縷分疏, 似有條理." 한길연, 앞
    의 글, 395~396쪽에도 〈이조회계吏曹回啓〉가 실려 있음.

62 《일성록》, 순조 6년 병인(1806) 8월 23일(정유).

63 《일성록》, 순조 7년 정묘(1807) 3월 17일(기미).

64 《일성록》, 순조 8년 무진(1808) 4월 11일(정축).

65 《일성록》, 순조 8년 무진(1808) 12월 26일(정사)

66 《일성록》, 순조 9년 기사(1809) 10월 27일(갑인).

67 박태보, 앞의 글, 21~22쪽, "近年朝家念臣亡夫, 矜臣寡居, 月給廩料, 無俾泯絶其
    殘喘, 臣雖無知, 寧不感恩. 然臣之所痛, 飢凍猶輕, 而在於窮獨. 若蒙殿下善推廩給
    之恩, 深察孤嫠之情, 則必不使臣悲命之獨薄, 而懸懸於諸子之日遠, 憂哀枯悴, 銜恨
    以就盡. 頃者, 週方繫獄中之時, 臣蔽於至情, 憂惶窘迫, 冒昧上言, 以暴冤狀, 聖上
    好生, 特賜採察, 寬貰之命, 出於格外, 擧家老少, 咸思糜粉, 無以酬恩. 今臣只有二
    子, 不能相保, 日夜關念, 生意殆盡. 臣之情理, 又可謂萬分危迫矣. 屢度上請, 至爲
    惶恐. 而若不自訴於父母之前, 何緣回照於天日之光. 臣非不知子罪之難貰, 邦憲之
    至嚴. 而猥恃亡夫之餘庇, 敢邀寵於孝理之朝. 伏願聖明曲垂矜諒, 屈法伸恩, 幸命有
    司, 將週選罪狀, 反覆參究, 酌其孰輕孰重, 就其中稍有一分之可恕者. 特釋一人, 俾
    得歸養, 庶可取寬目前, 冀以保全危命. 生成之澤, 天地罔極, 祝聖銜恩, 不知死所."

68 《숙종실록》, 숙종 5년 10월 2일.

69 이선, 〈자지보自誌補〉, 《지호집》 권7, "己未十月, 有雷變, 特命放釋在謫諸臣."

70 《숙종실록》, 숙종 5년 10월 30일.

71 임성주, 〈어머니 유사先妣遺事〉, 《18세기 여성생활사자료집》 8, 김남이 역주, 보고
    사, 2010, 202쪽.

72 김귀주, 〈어머니 원풍부부인 원씨 행장先妣原豊府夫人元氏行狀〉, 《가암유고》 35권,
    "先妣笑曰, 汝謂我婦人, 不識義理耶.……仍命諺翻疏草以進. 讀畢, 曰善哉善哉, 雖
    死何恨."

1   김소은,《장서각 수집 민원·소송 관련 고문서 해제》, 한국학중앙연구원, 192쪽.

2   박병호,《近世의 法과 法思想》, 도서출판 진원, 1996, 337쪽; 김경숙, 앞의 논문,
     97쪽.

3   서울대 규장각,《고문서》26, 私人文書, 所志類, 風俗·討索 78, 33~34쪽.

4   김경숙, 앞의 글, 113쪽.

5   1970년 박요순에 의해 발굴과 해제가 이루어졌으며, 이우경, 박혜숙, 조혜란, 김정
     경 등에 의해 본격적인 연구가 이루어졌다. 박요순,〈新發見 閨恨錄 研究〉,《국어
     국문학》49·50, 1970; 박요순,〈《한중록》에 견줄 李朝女流文學의 白眉-《閨恨錄》
     해제〉,《문학사상》1973 3월호; 이우경,〈《규한록》의 수필적 성격에 대한 연구〉, 이
     화여대 석사학위논문, 1981; 조혜란,〈고전여성산문의 서술 방식-《규한록》을 중
     심으로〉,《이화어문논집》17, 1999; 조혜란,〈《규한록》, 어느 억울한 종부의 자기
     주장〉,《여/성이론》16, 2007; 박혜숙,〈여성적 정체성과 자기서사-《ᄌᆞ긔록》과《규
     한록》의 경우〉,《고전문학연구》2001; 김정경,《조선 후기 여성 한글 산문 연구》,
     서강대학교출판부, 2016; 김보연,〈《規한록》의 발화지향에 관한 해석의미론적 연
     구〉,《한국문학이론과 비평》76, 2017 등을 통해《규한록》의 글쓰기 방식과 여성
     산문의 특징, 여성적 정체성 등에 관한 연구가 이루어졌다.

6   박요순,〈《한중록》에 견줄 李朝女流文學의 白眉-《閨恨錄》해제〉,《문학사상》1973
     3월호, 393쪽.

7   박요순, 앞의 글, 393쪽.

8   박요순, 앞의 글, 416쪽.

9   조혜란,〈《규한록》, 어느 억울한 종부의 자기 주장〉,《여/성이론》16, 2007, 159쪽.

10   박혜숙은 화자가 자기 자신의 이야기를 그것이 사실이라는 전제에 입각하여 진술
     하는 글쓰기 양식을 자기 서사라 규정하고,《규한록》을 자기 서사로 보았다. 박혜
     숙, 앞의 글, 241쪽, 김정경,《조선 후기 여성 한글 산문 연구》, 서강대학교출판부,

2016, 282쪽.

11   조혜란, 앞의 글, 2007, 152쪽.

12   이씨 부인, 〈閨恨錄-조용히 감하시옵소서〉, 《문학사상》 1973 3월호, 306쪽. 이하
      원문은 박요순이 탈초한 이 글에서 가져온 것이나 원문에 괄호하고 글자 뜻을 풀
      이하거나 설명을 붙인 부분은 생략한다.

13   이씨 부인, 앞의 글, 411쪽.

14   이 글을 발굴해서 알린 박요순에 의하면 해남의 윤씨 종가에 문적들을 조사하러
      갔을 때 이 자료는 나오지 않았는데, 밤에 안주인 되시는 분에게서 이 자료의 이야
      기를 듣고 비장되어 오던 것을 볼 수 있었다고 한다. 이 자료가 공개되지 않은 것
      은 해남 윤씨 일문의 가문사이고 특히 한때 가장 가세가 기울었을 때의 일이 담겨
      있었기 때문이라고 했다. 이로 미루어 이 자료는 일단 해결이 된 뒤에는 공개되지
      않았던 것으로 보인다. 박요순, 《〈한중록〉에 견줄 李朝女流文學의 白眉-《閨恨錄》
      해제〉, 《문학사상》 1973 3월호, 413쪽.

15   이씨 부인, 앞의 글, 403쪽.

16   이씨 부인, 앞의 글, 392쪽.

17   이씨 부인, 앞의 글, 393쪽.

18   이씨 부인, 앞의 글, 393쪽.

19   이씨 부인, 앞의 글, 398~399쪽.

20   이씨 부인, 앞의 글, 399쪽.

21   이씨 부인, 앞의 글, 401쪽.

22   이씨 부인, 앞의 글, 400쪽.

23   이씨 부인, 앞의 글, 403쪽.

24   이씨 부인, 앞의 글, 404쪽.

25   이씨 부인, 앞의 글, 405쪽.

26   이씨 부인, 앞의 글, 403쪽.

27   이씨 부인, 앞의 글, 411쪽.

28 이씨 부인, 앞의 글, 401쪽.

29 이씨 부인, 앞의 글, 402쪽.

30 이씨 부인, 앞의 글, 407쪽.

31 이씨 부인, 앞의 글, 393쪽.

32 박요순, 앞의 글, 415쪽.

3장 상소문

1 이전문, 《상소》 상권, 사회발전연구소, 1986.

2 초월의 상소문 원본을 확인할 수 없어 현재 남아 있는 기록들로 추정할 수밖에 없
는데, 더러 글자가 불분명한 부분이 있고 내용이 결락된 부분도 있다. 《평안북도
지》에는 "破紙로 6행은 解得키 어려움"이라는 말로 생략했음을 밝히고 있고, 이전
문의 《상소》에서도 말줄임표로 생략했음을 밝히거나, 날씨와 재해에 대한 내용을
줄였다고 밝히고 있으며, 마지막에 "말미의 여러 장에 걸친 수십 행의 아래쪽은 판
독하기 어려웠음도 아울러 밝혀둔다"고 하여 수록된 내용이 전문이 아님을 밝히고
있다. 《상소》에 실린 내용이 《평안북도지》에 실린 내용과 크게 다르지 않고, 오히
려 뒷부분을 추가해서 싣고 있기 때문에 이하 인용문은 《상소》에서 취하되 원문에
의거해 번역을 수정했다.

3 신두환, 〈妓生 楚月의 上疏文 硏究〉, 《한문학보》 31, 우리한문학회, 2014, 137쪽.

4 《제국신문》, 1900년 4월 5일.

5 김상집, 《본조여사》, 고려대학교도서관소장본, "咸興妓可憐, 少爲睦姓人所眄, 守
節靡他. 南論甚峻, 每談甲戌事, 涕泣不已. 嘗誦出師表之盖追先帝之殊遇, 欲報之於
陛下, 未嘗不垂淚. 有老論一宰, 嘗於衆中謂可憐曰: 吾若爲南論, 則當爲南人領袖
矣, 可憐曰: 南人雖之疲劣, 如進賜投降者, 若容受則妾當愧死. 又有一宰過營門, 本
府妓輩先入謁滿座. 可憐與營妓入謁, 宰曰: 爾輩新入旧出當換局矣. 可憐曰: 進賜旣

主朝廷蕩平, 而不能主妓輩蕩平乎. 盖其宰主蕩論者也, 聞而自愧. 可憐年過七十, 言論激烈. 多談少時事, 或誦前輩詩句. 又多作歌辭吟詠, 淸雅可聽."

6 　정우봉, 〈18세기 함흥 기생 可憐의 문학적 형상화와 그 의미〉,《한문교육연구》34, 2010, 366쪽.

7 　장정수, 〈《飜老婆歌曲十五章》을 통해 본 기녀 可憐의 내면의식〉,《우리어문연구》30, 2008, 213쪽.

8 　정우봉, 앞의 글, 354~355쪽.

9 　이전문, 앞의 책, 15쪽, "嘉善大夫行同副承旨兼 禮曹參判司諫院大司諫長興廩提調 臣沈熙淳妾, 平壤道淸北龍川妓楚月. 伏以臣命道奇嶇, 八字窮迫, 臣孕胎於臣母腹中七朔, 臣之父早死, 生孩朞年, 又失慈母.……家夫沈熙淳, 丙午春, 別使書狀奉命於中原之地, 回還之日, 臣作妾載來. 臣時年十五歲, 百無一取, 千無一笑. 我之爲人, 痛愚鈍薄, 行事輕妄, 如是爲人, 投身於名門巨族之家," 255쪽.

10 　이전문, 앞의 책, 48쪽, "殿下登極十有餘載," 262쪽.

11 　이전문, 앞의 책, 52쪽.

12 　《경국대전》吏典, 외명부조, "封爵從夫職."

13 　《경국대전》吏典, 외명부조, "庶孼及再嫁者勿封, 改嫁者追奪."

14 　김경란, 〈官妓 楚月의 上疏에 나타난 19세기의 사회상〉,《한국인물사연구》7, 2007, 한국인물사연구소, 240쪽.

15 　이전문, 앞의 책, 16쪽, "殿下自取不顧諸侯是非, 而一介娼女之身, 聖愛如是過度, 紅牌一丈與恭淑夫人職帖賜送. 臣奉命之日, 毛骨竦然, 寢食不安, 如履薄氷.……自古法典夫人職帖, 士族之女, 朝家之妻當歸也. 至於臣之身, 萬萬不可不緊也.," 255쪽.

16 　정원용, 〈예조판서 증우의정 권공상신 묘지명禮曹判書贈右議政權公常愼墓誌銘〉,《경산집》권17, 한국문집총간 300, 387쪽.

17 　이전문, 앞의 책, 16쪽, "本以宰相之孫, 士族之者, 爲人未擧特甚, 行事輕率無禮, 凌蔑寒士, 冷視諸人," 256쪽.

18 이전문, 앞의 책, 17쪽, "但貪國祿, 不顧父母之養, 而以畜妻妾, 居家五音六律, 倡夫家客之輩爲侶, ……削奪官職, 則放歸田里農土, 限十年, 杜門不出, 勤讀文王賢聖之書,……"

19 이전문, 앞의 책, 18쪽. "大抵朝廷世態論之, 則駭然莫甚. 紀綱法禮, 渾無磨鍊, 則此不可使聞於隣國也. 白晝强盜, 昏夜潛賊也, 或有之, 好面大賊, 滿在朝廷, 濁亂國事. 臣爲强盜, 民爲魚肉, 方在塗炭之中, 未免倒懸之愁.……賣官鬻職之法, 自列聖朝, 前無後無之變也, 歷代史記未出也.……," 256쪽.

20 이전문, 앞의 책, 42~43쪽, "寒士之妻, 雞鳴入機, 日不得息, 或織布織木, 不過一二疋, 則出賣於市場, 價錢未滿四五兩. 如是辨通, 裹粮負背, 長杖蹇脚, 屈指計日, 得達都官, 舍館已定後, 文房四友, 買於市井之輩, 待其日."

21 이전문, 앞의 책, 50~52쪽.

22 이전문, 앞의 책, 53쪽, "南門外翰林院有二處女, 長女年四十歲, 次女年三十八歲. 大臣金守璜之玄孫女也. 早失雙親, 無男同氣無血族, 外家無親戚, 勞若百尺竿頭, 三間斗屋, 東頹西圮, 不蔽風雨……." 김수황이 대신이라고 했는데 김수황이라는 인물은 나오지 않는다.

23 육용정, 〈군인의 처 모 소사전〉, 《19·20세기 초 여성생활사자료집》 9, 차미희 외 역주, 보고사, 2013, 87~88쪽.

24 조혜란, 〈육용정의 〈군인 처 모 소사전〉을 읽는 한 가지 방식〉, 《한국문화연구》 19, 한국문화연구원, 2010, 54~55쪽.

2부 신문 한 귀퉁이에서 세상을 향해 말하다

1장 통문과 상소

1 홍인숙, 《근대 계몽기 여성 담론》, 혜안, 2009, 16쪽.

2 《고종실록》, 고종 31년 6월 28일, "一 男女早婚, 亟宜嚴禁, 男子二十歲, 女子十六歲以後, 始許嫁娶事, 一 寡女再嫁, 無論貴賤, 任其自由事."

3 윤정란, 앞의 글, 54쪽.

4 정경숙, 〈대한제국 말기 여성운동의 성격 연구〉, 이화여대 사학과 박사학위논문, 1988, 49쪽.

5 박용옥, 《한국 근대여성운동사 연구》, 한국정신문화연구원, 1984, 59쪽.

6 윤정란, 〈한국근대여성운동의 역사적 기원지-'여권통문' 결의 장소 발굴〉, 《여성과 역사》 30, 2019, 35~36쪽에서 1980년대 이후 〈여권통문〉으로 명명이 굳어지게 된 과정을 정리하였다.

7 김경숙, 〈조선 후기 문중통문의 유형과 성격〉, 《고문서연구》 19, 2001, 108~109쪽.

8 《황성신문》, 1898년 9월 8일, "북촌 엇던 녀즁군ᄌᆞ 슈삼 분이 ᄀᆡ명샹에 유지ᄒᆞ야 녀학교를 셜시ᄒᆞ랴ᄂᆞᆫ 통문이 잇기로 ᄒᆞ도 놀납고 신긔ᄒᆞ야 우리 론셜을 졔각ᄒᆞ고 좌에 긔ᄋᆞᆸᄒᆞ노라", 《독립신문》, 1898년 9월 9일, 〈녀학교〉, "녀학교 설시통문을 좌에 좌에 긔ᄌᆡᄒᆞ노라".

9 《황성신문》, 1898년 9월 8일, 별보, "대져 물이 극ᄒᆞ면 반다시 변ᄒᆞ고 법이극ᄒᆞ면 반다시 갓춤은 고금에 써덧ᄒᆞᆫ 리치라 아동방삼천리강토와 렬셩조오ᄇᆡᆨ여년긔업으로 승평일월에 취포무ᄉᆞᄒᆞ더니 우리 셩샹폐하의 외외탕탕ᄒᆞ신 덕업으로 림어ᄒᆞᄋᆞᆸ신 후에 국운이 더옥 셩왕ᄒᆞ야 임의 대황뎨위에 어ᄒᆞᄋᆞᆸ시고 문명ᄀᆡ화ᄒᆞᆯ 정치로 만긔를 총찰ᄒᆞ시니 이제 우리 이천만 동포 형뎨가 셩의를 효슌ᄒᆞ야 젼일 ᄒᆡᄐᆡᄒᆞᆫ 힝습은 영영 ᄇᆞ리고 각각 ᄀᆡ명ᄒᆞᆫ 신식을 쥰힝ᄒᆞᆯᄉᆡ ᄉᆞᄉᆞ이 취셔되여 일신우일신ᄒᆞᆷ을 사ᄅᆞᆷ마다 힘쓸 거시여ᄂᆞᆯ 엇지하야 일향 귀먹고 눈먼 병신 모양으로 구습에만 ᄲᅡ져 잇ᄂᆞ뇨 이거시 한심헌 일이로다 혹쟈 이목구비와 ᄉᆞ지오관륙톄가 남녀가 다름이 잇ᄂᆞᆫ가 엇지하야 병신 모양으로 사나희의 버러 쥬ᄂᆞᆫ 것만 안져 먹고 평ᄉᆡᆼ을 심규에 쳐하야 ᄂᆞᆷ의 절제만 밧으리오 이왕에 우리보다 몬져 문명ᄀᆡ화헌 나라들을 보면 남녀가 동등권이 잇ᄂᆞᆫ지라 어려셔브터 각각 학교에 ᄃᆞ니며 각종 학문을 다 ᄇᆡ호아

이목을 널펴 창성헌 후에 사나희와 부부지의을 결허여 평성을 살더릭도 그 사나희

의게 일호도 압졔를 밧지 아니허고 후대흠을 밧음은 다름아니라 그 학문과 지식

이 사나희와 못지아니헌 고로 권리도 일반이니 잇지 아름답지 아니허리오 슬프도

다 젼일을 싱각허면 사나희가 위력으로 녀편네를 압졔허랴고 한갓 녯글을 빙자하

야 말허되 녀즈는 안에 잇셔 밧글 말허지 말며 술과 밥을 지음이 맛당허다 허는지

라 엇지허여 스지륙례가 사나희와 일반이여늘 이곳흔 압졔를 밧어 셰샹 형편을 알

지 못허고 죽은 사름 모양이 되리오 이져는 녯 풍규를 젼폐흐고 긔명진보흐야 우리

나라도 타국과 곳치 녀학교를 셜립흐고 각각 녀아들을 보닉여 각항 지죠를 빅호아

일후에 녀즁군즈들이 되게 흐올 추로 방즁 녀학교를 창셜허오니 유지허신 우리 동

포형뎨 여러 녀즁영웅호걸님네들은 각각 분발지심을 내여 귀흔 녀아들을 우리 녀

학교에 드려보닉시랴 허시거든 곳 착명흐시기를 ᄇ라나이다, 구월 일일 녀학교통

문 발긔인 리소스 김소스"(띄어쓰기는 필자).

10 정현백,《여성사 다시쓰기》, 당대, 2007, 69~71쪽.

11 성균관대학교 동아시아 유교문화권 교육·연구단,《동아시아와 근대, 여성의 발
견》, 청어람미디어, 2004, 51쪽.

12 이배용, 〈19세기 개화사상에 나타난 여성관〉,《한국사상사학》20, 2003, 126쪽.

13 《독립신문》, 1898년 9월 28일, 〈부인개회〉, "회쟝이 이러셔셔 젼일 통문 일편을 크
게 닑으니 五十五명 회원이 다 단정히 안져셔 공경흐야 듯고 그 통문 스의를 감복
히 녁이더라 방청흐러 온 부인이 百명이 갓가온딕 즈원흐고 회에 아니 드는 이가
업더라."

14 황현,《매천야록 원문교주본》, 임형택 외 교주, 문학과지성사, 서남동양학자료총
서 5, 2005, 236쪽, "北村女學堂婦女等, 募女弟子入學, 發文輪告, 願得男女同權."

15 《독립신문》, 1898년 9월 13일, "만일 녀인교육이 셩힝흐면 사름마다 지식 잇는 어
머니의 교훈을 밧을 것이니 셩인흔 후에 엇지 총명흔 사름이 되지 아니흐리요",
"남편을 도아 대쇼스를 곳치 분별흐며 즈녀를 올흔 길노 교육흐야 집안이 몬져 응
흐는 고로 젼국이 즈연 흥왕흐나니."

16 홍인숙, 앞의 책, 168~169쪽. 홍인숙은 찬양회의 임원진들이 북촌 출신의 상층 여
성이 아니었다는 점은 주목할 만한 점이라고 지적하고, 찬양회가 드러나는 활동을
하지는 않지만 명분론적 지지를 보여 준 북촌의 상층 여성들과, 실천적인 운동성
을 가지고 표면에 나서서 활동할 수 있는 중하층 여성들이 함께 조직을 이루고 있
었을 것으로 추측했다.

17 이에나가 유코, 〈북촌의 지명 유래와 한말 일제시기 인식 변화〉, 《역사민속학》 37,
2011, 287~291쪽.

18 김용태, 〈19세기 중후반 서울 문단의 여성 인식〉, 《동양한문학연구》 55, 2020, 92
쪽.

19 《제국신문》, 1898년 10월 12일, 〈잡보〉, "승동부인 협회일홈은 찬양회라 ᄒᆞᄂᆞᄃᆡ 공
일마다 여러 부인들이 모혀셔 연셜도 ᄒᆞ고쟝ᄎᆞᆺ 학교를 비셜ᄒᆞ야 녀ᄋᆞ들을 공부
시키려 ᄒᆞᄂᆞᄃᆡ 그회회장은 완평궁 양셩당 리씨라더라 그부인 들이 어제상소를 올
니ᄂᆞᆫᄃᆡ 혹교군도 타고 혹것기도 ᄒᆞ며 인화문 근쳐 쟝례원 쥬ᄉ 김룡규씨에 집에 ᄀᆡ
회ᄒᆞ고 상소를 밧치고 그ᄃᆡ로 잇ᄂᆞᆫᄃᆡ 상소 목젹을 대강 들으니 대뎌 사ᄅᆞᆷ은 일반인
ᄃᆡ 남ᄌᆞ에 버러주ᄂᆞᆫ것만 먹고 규즁에 들어안져 갓친죄인 모양으로 권리도업고 학
문이 업 슬쏀ᄃᆞ러 어ᄃᆡ를 다니드릭도 교군을 타던지 쟝옷슬 쓰지아니 ᄒᆞ면 급ᄒᆞᆫ일
이 잇서도 ᄆᆞᄋᆷᄃᆡ로 출입을 못ᄒᆞ니 장옷쓰지 말고 교군 타지 말고 우산이나 들고
다니게 ᄒᆞ여 달라고 ᄒᆞᄂᆞᆫ 목뎍이라더라."

20 유수경, 《한국여성양장변천사》, 일지사, 1990, 147쪽.

21 최현주, 〈개화기 소설에 나타난 여성 복식의 재현 양상 考〉, 《태릉어문연구》 9,
2001, 255쪽; 유수경, 위의 책, 143쪽. 1906년에 이르러 장옷을 폐지하자는 주장
이 본격적으로 공론화되고, 1911년이 되어서야 쓰개치마를 제도적으로 금지했으
며 여학교도 학생들의 쓰개치마를 금지했다.

22 《제국신문》, 1898년 10월 13일, 〈잡보〉, "어제 말ᄒᆞ 바 부인협회 샹소ᄒᆞ엿다ᄂᆞ 목
뎍이 잘못 되엿기로 그 소본을 좌에 긔지ᄒᆞ노라."

23 《매일신문》에는 이 다음에 "각항 지예를 학습ᄒᆞ와"가 있음.

24 《매일신문》에는 "명식이"가 없음.

25 《매일신문》에 실린 상소문은 "신쳡등은 무임병영긔간지지 근미ᄉ이문ᄒᆞᆸᄂ나다
(신첩 등은 지극히 황공하고 간절한 마음을 금할 수 없어 삼가 죽음을 무릅쓰고 아뢰옵니다)"
로 끝남.

26 찬양회 상소와 여학교 설립 과정, 참여한 인물들에 대해서는 홍인숙, 앞의 책, 166~173쪽 참조.

27 《독립신문》, 1898년 12월 7일, "부인회 쇼문", "찬양회 부인들은 미양 긔회ᄒᆞᄂ 늘
을 당ᄒᆞ면 응쟝 셩식에 각싴 금은 보픽들이며 비단 두루막이에 ᄉ인교 쟝독교들을
타고 구름 ᄀᆞ치 모혀 연셜도 잘ᄒᆞ고 음식은 준비ᄒᆞ야 먹ᄂ 이들믄 먹고 구ᄎᆞᆫ 회
원들은 도라도 아니 보며 회표를 믄드러서 돈량 잇다ᄂ 회원들은 의례히 갑을 내
기 젼에라도 회즁에셔 츄앙ᄒᆞ야 치여주고 구ᄎᆞ한 회원들은 갑을 몬져 내기 젼에ᄂ
회표 주기ᄂ 가망 밧기더라고 말이 만타니 과연 그러ᄒᆞᆫ지 그 부인 회원들이 긔명
에 대단히 유의ᄒᆞ다 ᄒᆞ기에 우리ᄂ 십분 흠모 ᄒᆞ얏더니 요ᄉᆞ이 이 쇼문을 드른니
우리ᄂ 그 회의 명예을 위ᄒᆞ야 대단히 익셕ᄒᆞ노라."

28 《독립신문》, 1898년 12월 10일, 〈부인회 셜명〉, "동포 형뎨 간에 엇지 빈부를 보아
회표를 몬져 주고 뒤에 주리요 의복으로 말ᄒᆞ더릭도 본회 규칙이 검쇼ᄒᆞ기로 완뎡
ᄒᆞ야 회원 즁에 혹 비단 의복 입은 이가 잇스면 벌금을 밧고 혹 방쳥하ᄂ 부인은 비
단 의복 입은 이가 있다고 셜명을 ᄒᆞ엿기에 이에 긔직ᄒᆞ거니와."

29 《독립신문》, 1898년 12월 10일, 앞의 글, "부인네들이 신문을 렬심으로 보아 명예
에 관계되ᄂ 일을 이럿케 셜명ᄒᆞᄂ 것을 보니 그 부인네들이 긔명진보에 유의ᄒᆞᄂ
것은 이에 가히 짐쟉홀지라 그러나 아모죠록 회즁 규칙을 더 엄졀히 ᄒᆞ야 샹등 명
예를 셰계에 젼파되게 셔로 힘들 쓰기를 우리ᄂ 간졀히 찬셩ᄒᆞ노라."

30 최은희, 《여성을 넘어 아낙의 너울을 벗고》, 문이재, 2003, 78~80쪽.

31 샤를르 달레, 안응렬·최석우 역주, 뿌르띠에Pourthie 신부의 〈1862년 11월 8일 자 서한〉, 《한국천주교회사》下, 한국교회사연구소, 1980, 334~ 335쪽.

32 이이화, 《한국사 이야기》 16, 한길사, 2008, 180쪽.

261   주

33 실비아 페데리치, 《캘리번과 마녀》, 황성원·김민철 옮김, 갈무리, 2011, 127~128쪽.

34 홍인숙, 앞의 책, 220쪽.

35 《제국신문》, 1900년 4월 5일, "평양 사는 롱희란 기샹이 시페 여듧 가지에 슈쳔 말을 즁추원에 헌의ᄒ엿다가 퇴흠을 당ᄒ엿던지 ᄯᅩ ᄂᆡ부로 샹셔ᄒ엿더란 글을본즉 과연 희귀ᄒ기로 대강 번역ᄒ노라 즁츄원에 헌의ᄒ엿던 글에는 즁츄원이란 가온디 즁 지도리츄 두 글자를 평론ᄒ고 즁추원 관원들의 실직흠을 칙망하엿ᄂᆞ디 스리가 당연ᄒ고 문법이 유식ᄒ야 가위 즁용문쟝이라고 ᄒᆞᆯ만ᄒ고 그됴목인즉 일왈 튜슝ᄉ건이오 이왈 벼슬 파는 일이오 삼왈 별입시론란이오 ᄉ왈 과거 보일 규모오 오왈 학교론란이오 륙왈 긔도론란이오 칠왈 공뎡지도 슝샹ᄒᆞᆯ일이오 폴왈 비셕을 셰워 황샹폐하와 공덕을 송츅ᄒᆞᆯ일이오 ᄂᆡ부샹셔에 ᄒᆞ기는 롱희는 하방 쳔물노 긔ᄌ의 유풍으로 ᄎᆞᆺ피는 아참과 돌됴흔 젼역에 일즉 거문고를 닉힐째에 그곡됴가 쓸치지안케드면 다시 고쳐야 가히 타나니 그흑히 싱각건대 나라일도 그와갓흔지라 이런 쳔흔 녀ᄌ로 엇지 감히 나라졍ᄉᄅᆞᆯ 말ᄒᆞ오릿가만은 녯젹에 뎨영은 ᄋᆡ비를 위ᄒᆞ야 글을 올녓고 죠괄의 어미는 나라일노 글을 올녓고 ᄯᅩ흔 진시황의 리부에 탄식이 잇ᄉ오니 엇지 녀ᄌ라고 말ᄒᆞᆯ만ᄒᆞ디 말ᄒ지 아니ᄒᆞ오릿가 여듧 됴목을 즁츄원에 들엿슙더니 그 혐을을 듯기슬혀셔 그러ᄒᆞ왓ᄂᆞᆫ지 ᄯᅳᆺ을 일우지 못ᄒᆞ옵고 귀부에 젼달ᄒᆞ오니 ᄯᅩ흔 혹 글으다 안으시고 킈여쓰시릿가 ᄒᆞ엿더라."

36 추승은 왕위에 오르지 못하고 죽은 사람에게 왕의 칭호를 주는 것을 말하는데 여기서는 대한제국으로 국체가 바뀌면서 왕이 황제의 칭호를 쓰게 되자 이전의 왕들에게도 황제 칭호를 올리는 것을 말한다. 당시 신문에 보면 태조 대왕은 태조 고황제, 순조 대왕은 순조 숙황제 등으로 추승한 예식에 관한 기사가 보인다.

2장 신문의 등장과 여성의 독자투고

1   최기영, 《대한제국시기 신문 연구》, 일조각, 1991, 9쪽.

2   《제국신문》, 창간을 주도하고 사장을 지낸 이종일(1858~1898)은 그의 비망록에 《독립신문》은 민중을 선도하는 근본이지만 부녀자층을 개명하는 데에는 아직 이르지 못했다고 평가하고 부녀자를 계몽할 신문을 창간할 필요가 있다고 쓴 바 있다. 이종일, 《묵암비망록》, 1898. 1. 10. "獨立新聞者, 先導民衆之本, 而未到婦女子層開明, 故按若刊新聞, 則必決創刊起婦女子啓蒙紙."

3   이경하, 〈《제국신문》 여성 독자 투고에 나타난 근대 계몽 담론〉, 《한국고전여성문학연구》 8, 2007, 69쪽.

4   김영희, 《한국 사회의 미디어 출현과 수용: 1880~1980》, 커뮤니케이션북스, 2009, 31쪽.

5   《대한매일신보》, 1908. 6. 5. 〈敎育이 現今의 第一急務〉, "寢食은 壹日闕호지언뎡 申報는 壹日闕하지 못호니 時局에 管窺가 有홈이 亦此에 由홈이라."

6   강릉 김씨, 《경성유록》, "을亽연에 주당게셔 병환 즁 계시미 시병 즁 황성신문을 번역하여 자당 읍헤 일거 파젹흔 거시라." 장서각 소장본.

7   김경미, 〈20세기 초 강릉 김 씨 부인의 여행기 《경성유록》 연구〉, 《한국고전여성문학연구》 35, 2017, 443~444쪽.

8   박용옥, 《여성운동》, 한국독립운동의 역사 31, 독립기념관 한국독립운동사연구소, 2009, 5쪽.

9   《제국신문》, 1898. 8. 10. 〈광고〉, "누구던지 신문에 긔록홀 亽건이 잇거든 소샹히 적어 본샤 투함통에 너으시되 거쥬와 성명이 분명치 아니ᄒ면 닉이지 아니홀 터이오."

10 이경하, 〈애국계몽운동가 申蕭堂의 생애와 신문독자투고〉, 《국문학연구》 11, 2004, 138쪽.

11 강현조 외 편역, 《제국신문 미공개 논설 자료집》, 현실문화연구, 2014, 248쪽. "윤

정원 씨는 윤효정 씨의 장녀인데 수십 년 전부터 일본에 유학하여 그 지식과 학문이 남자에게 지지 않는 고로 일본 동경 귀부인과 및 신사 사회에서 윤씨의 높은 이름을 모르는 자가 없고 지금은 구라파 백리의국(벨기에)에 유학 중인데 일본 동경에 있는 한국 유학생이 간행하는 《태극학보》에 윤씨의 논설이 있기로 그 전문을 등재하여 전국 동포에게 소개하노라."

12 김영희, 앞의 책, 63~64쪽.

13 홍인숙, 앞의 책, 284~287쪽.

14 김복순, 앞의 책, 20~21쪽.

15 《제국신문》, 1898년 8월 10일, 광고.

3장 여성계의 새 사상으로 참여하고 연대한다

1 홍인숙, 앞의 책, 219~222쪽.

2 《제국신문》, 1902년 7월 25일, 논설 〈티답ᄒᄂ 글〉.

3 《대한매일신보》, 1906년 4월 19일, "婦人義助", "북챵동리조ᄉ가보명학교에보죠금을보내ᄂ딕그편지가여좌하니일긔녀ᄌ로학교계공젼에당돌ᄒ 말ᄉᆷ을젹ᄉᆸ나이다 듯ᄉ온즉청풍계에보명학교를창셜하시다기에 ᄒ번구경ᄎ로슈삼인이작반하여올나가온즉위셔굉장ᄒ 다리건너가오니퇴탁ᄒ 누딕가일션장려ᄒ 온즉학업이 이누딕와갓치일신ᄒ 올일만만츅슈ᄒ 오나우리나라풍속이녀ᄌ는외간ᄉ를참예치못ᄒ ᄂ 셩습이오나하나님이 ᄂ신남녀는일체라ᄆ 옴이야다르릿가그런고로그럴심셩력을감모ᄒ 와동화오십량을찬죠ᄒ 오나챵희의틔글갓ᄉ오나졔졍셩이오외람타마시고졔공의렬심으로우리나라도발근학문에나아가도록츅슈ᄒ ᄂ이다."

4 《황성신문》, 1906년 5월 15일, 寄書, "女子教育이 不可無", 申娘子, "現今國內學校가 次第發起호딕 至於女子敎育ᄒ야ᄂ 尙此寥寥無聞홈은 誠所慨歎也로다 豈舊習之錮閉가 尙未開歟아 時化之遷轉이 尙未至歟아."

5 《황성신문》, 1906년 5월 15일, 寄書, "盖男女敎育이 俱不可無로딕 女子敎育이 尤爲必要於男子之敎育이거늘 或人이 妄論ᄒ되 男子의 敎育도 未備커던 奚暇에 女子敎育에 着手ᄒ리오ᄒ거ᄂ 男子만 敎育ᄒ야도 已足ᄒ거늘 何故로 女子敎育에 注意ᄒ리오ᄒᄂᆞ니 是不唯不通於進化之時機라 抑亦全昧於上天生人之原理者乎힌져 天有陰陽ᄒ고 人有男女ᄒ니 陰陽男女ᄂ 明是對耦之義오 非有高下優劣之殊也ᅵ라 上天이 無私ᄒ시니 豈欲男貴而女賤哉며 亦豈欲男賢而女愚哉리오 我國之俗은 自來로 女子之禁錮가 殊甚ᄒ야 隣里之出入도 不許ᄒ고 人族之交際도 不通ᄒ고셔 至於紡紝之勞와 井臼之苦와 汲水爨火瑣小之賤役ᄒ야ᄂ 一一責之於女子身上ᄒ고 至於讀書學問之工신지 一切禁止ᄒ야 其天賦之聰明도 不得自用케ᄒ니 嗟乎라 男子도 人也오 女子도 人也니 虐待女子가 胡至此極也오 男子之生은 何人으로 自ᄒ얏ᄂ지 思ᄒᆯ지어다 女子敎育에 反對者가 言ᄒ되 女子가 學問이 有ᄒ거나 出入防限을 開ᄒ던지ᄒ면 淫詞小說에 心懷가 易蕩이오 春風秋月에 淫奔을 難制라ᄒ야 往來出入은 姑舍ᄒ고 男子讀書에 聰慧女子之從傍竊聽도 不許ᄒ며 甚者ᄂ 長年兄弟之並坐도 不可타ᄒ야 雖其心地光明ᄒᆯ 貞婦烈女라도 人之疑之ᄂ 已與娼妓淫女로 一般이니 此皆理外之事也오 且慮其末弊之或然ᄒ야 先防敎化之大源ᄒ니 其亦不仁之甚哉힌셔 泰西文明諸國은 男女子無論ᄒ고 其享有之權利와 沾受之敎育에 莫不認之以同等ᄒ이 非獨有見於眞理之當然이라 其於開發民智에 實爲最大關鍵이니 有學校而無女學이면 豈知敎育之本者哉아."

6 《황성신문》, 1906년 5월 15일, 寄書, "斯人之生이 其未生以前에 在母之腹者ᅵ 十朔이오 旣生以後에 在母之懷者ᅵ 三年이오 成長以前에 在母之背ᄒ며 在母之膝者ᅵ 亦復幾年인 故로 人於其母에 最易相肖ᄒ야 容貌之姸醜도 易肖其母오 性情之仁悍도 易肖其母오 言語之鈍捷과 品行之邪正도 易肖其母ᅵ 니 效他人則甚難이로딕 肖其母則甚易ᄂ 其故ᅵ 何由오 盖提携抱持ᄒ고 嗁呼索乳ᄒ야 不暫相離之中에 與之默化而不自知也어늘 欲人子之母邪母僻而不先敎其爲母者ᄒ니 是猶欲鷄兒之母啄而狗兒之母嚼也ᅵ 니 雖囂囂然終日隨其後而告之ᄒ더리도 豈可得也리오."

7 《황성신문》, 1906년 5월 15일, 寄書, "太姒之胎敎와 孟母之三遷으로 推想컨딕 古

時女子는 必有學問之功이니 不然이면 教子之法이 焉能如此리오……因其母之不受
教育ᄒ야 幷其子而棄之코져홈이 可乎아 因其子之易失教育ᄒ야 幷其母而教之코져
홈이 可乎아 仁人君子는 其三反以思之어다 / 嗚呼라 當此比較競爭之時代ᄒ야 雖
尋常日用之物이라도 當思軼過他人이어던 況此女子는 即國家人口之半而歸之無用
之廢物ᄒ니 是는 我國이 雖有二千萬人口而其實은 不滿一千萬也오 且由女子之不
受教育ᄒ야 家庭教育이 旣致隳壞홈으로 習與性成에 猝難遽變於他日ᄒ야 男子之
不受教育者ㅣ 甚多ᄒ니 是는 一千萬人之中에 亦欠了幾百萬也ㅣ니 苟有志於維持國
家ᄒ고 保護人種인디 女子教育이 豈非當今之急先務乎아 女會女學之次第發起를
吾方拭目而待之也로라."

8 홍인숙, 앞의 책, 154~160쪽.

9 《대한매일신보》, 1907년 9월 12일, 긔셔, "나라의 흥흠이 녀ᄌ교육에잇소", 안쥬
   셩닉 셩평동 사는 김확실 년십이셰, "셰계 각국의 부강ᄒ 나라는 학문을 힘씀으로
   말미암아 부강ᄒ엿다 흡듸다 또 학문을 힘쓸ᄯ에 남ᄌ만 공부훌ᄲ아니라 녀ᄌ도
   공부훈다ᄒ옵듸다 여ᄎ히 ᄒ는 나라이 셰계에 샹등국이 되엿다흡듸다."

10 《대한매일신보》, 1909년 2월 21일, 긔셔, "녀ᄌ의 교육은 즉 ᄉ범", 안악 졍나헬 십
   륙셰녀ᄌ, "녀ᄌ교육은 곳 ᄉ범교육이 될줄노 나는 밋노라 놈의 어미되고 가뎡에
   션셩될 우리 녀학도들이여 이뜻을 깁히 싱각ᄒ야 도뎌히 힘을 쓰고 입학지 아니흔
   ᄌ민들은 ᄒ로밧비 입학ᄒ여 가뎡에 션셩될 ᄌ격을 양셩ᄒ기를 쳔만ᄇ라노라."

11 《대한매일신보》, 1907년 4월 6일, 잡보, 〈女敎勸勉〉, "女子教育會副會長金雲谷씨
   가 學徒를 對ᄒ야 勸勉書가 如左ᄒ니 學徒의 願學하는 奮發心을보니 我大한婦人
   社會가 將次發旺홀지라 엇지ᄒ여 婦人社會의 發旺홈을 希望ᄒᄂ고ᄒ니 西儒가말
   ᄒ엿스되ᄉ람은 社會的動物이라 稱ᄒ얏고 學問이 無ᄒ즉 野蠻이라 稱ᄒ여 人類에
   參預치못ᄒᄂ지라 由此觀지면우리 一千萬姉妹는 野種을 免치못ᄒ얏는지라엇지
   憤恨치아니ᄒ리오그런고로 総裁閤下게오셔 熱心注意ᄒ시와오날날이 學院이 成立
   ᄒ얏스니 前途에 進步는 諸生徒의 勤工成就홈에 在흔지라 願컨딘 諸姉妹는 學問成
   就치못ᄒ면 野만될 生覺을 晝宵에잇지말고 勤지勉지어다ᄒ엿더라."

12　《황성신문》, 1906년 5월 18일, 진학신, 고희준, 진학주 등이 양규의숙을 창립하고
이 학교의 발달을 위해 여자교육회를 서소문 밖에 임시로 창설하고 제1회 회의를
했는데 뜻 있는 고귀한 부인 30~40명이 왔고, 회원이 날로 증가해서 300~400명
에 이르렀다는 기사가 실렸다.

13　정경숙, 앞의 글, 159~160쪽.

14　이은희, 〈韓末 女性誌 《녀ᄌ지남》 硏究〉, 숙명여자대학교 대학원 석사학위논문,
1995, 32쪽.

15　《황성신문》, 1906년 11월 7일, 〈狗尾三年〉, "女子敎育會에셔代辦會長金雲谷氏ᄂᆫ
原來嗜癖ᄒ던巫鈴倡敎가夢裡念頭에黯黯不忘ᄒ여數千金財產을靡費ᄒ야龍山에셔
賽神鈴을數次聽ᄒ고自家에셔靈山鼓를再次聞ᄒ엿다ᄒ으로 新世新識을希望ᄒ고入
會ᄒ엿든一般會員婦人이莫不驚恠嗟歎ᄒ고或云其鈴鼓之費가皆其女會를藉托ᄒ고
日日奔忙ᄒ人力車輪으로補助金請求ᄒᄂᆫ中消耗ᄒᄂᆫ者라ᄒ나金錢을消融ᄒᄂᆫ것보다
巫伶惡慣을不祛ᄒ고今日女子社會에代表者가되ᄂᆫ거시萬萬不可ᄒ다ᄒ야會員들이
漸次減損ᄒ다ᄂᆞ니會舘ᄭᆞ지下賜ᄒ신天意를仰体ᄒ야該會를維持ᄒ기爲ᄒ야其代辦
會長의改選ᄒ기를莫不希望ᄒ더라."

16　김운곡은 양원학교 교사 강윤희와 학생 문제로 갈등을 빚었는데, 강윤희는 학교
운영비를 빼돌리는 재단에 맞서 혼자 재정 없는 학교를 운영하며 학생들을 가르쳤
고, 학교의 횡령을 고발한 뒤 10여 명으로 줄어든 학생을 130~140명까지 늘린 인
물이었다. 홍인숙은 강윤희를 비롯한 당시 여교사들이 무모할 정도의 현실적 과감
함과 도덕적 순수함을 가진 계몽의 주체이자 제도교육의 선봉에 선 감격과 정열을
지닌 존재로 재현되고 있었다고 평가했다. 앞의 책, 193쪽.

17　《황성신문》, 1907년 7월 5일, 〈帽子刱製請認〉.

18　《황성신문》, 1906년 5월 8일, 〈養閨趣旨〉, "當此國家興隆臻達之際에 嫌其女子ᄒ
고 棄不敎育이 甚爲可惜故로 庸是吾儕가 扶義發起ᄒ니 有志諸彦이 同聲相應ᄒ야
刱設女子之校ᄒ니 名定曰養閨義塾이라ᄒ고 華族及士庶女子을 募集ᄒ야 維新에
學文과 女工에 精藝와 婦德賢哲을 敎育ᄒ야 賢母良妻에 姿質을 養成完備ᄒ야 出

類拔萃에 共駕于文明之界ᄒᆞ고 勵精進就에 不立于仁隣之後ᄒᆞ리니 此爲本塾之趣意也라."

19 김운곡, 〈남녀동등의무〉, 《녀ᄌᆞ지남》 창간호, 1908, "대져건곤은독셩ᄒᆞᄂᆞᆫ리치가업고음양은샹빅ᄒᆞᄂᆞᆫ의무가잇슨즉남녀가비록다를지언졍교육이야엇지다르다ᄒᆞ리오우흐로왕궁국도와아릭로여항에밋기ᄭᅡ지다남ᄌᆞ만위ᄒᆞ야건학립사홈이오녀ᄌᆞ를위ᄒᆞ야셜학립교홈은업스며팔셰에쇼학에입ᄒᆞ며십오셰에대학에입홈도다만남ᄌᆞ만허ᄒᆞ고녀ᄌᆞᄂᆞᆫ허치안이홈은웃짐이요녯젹관습이남ᄌᆞᄂᆞᆫ즁ᄒᆞ며남ᄌᆞᄂᆞᆫ몬져ᄒᆞ고녀ᄌᆞᄂᆞᆫ뒤지게ᄒᆞᄂᆞᆫ연고로궁실을짓되닉외를분별ᄒᆞ야녀ᄌᆞ로ᄒᆞ야곰깁흔규방쳐ᄒᆞ야낫이면뜰에도놀지못ᄒᆞ게ᄒᆞ닉졍만직칙ᄒᆞ고외졍스ᄂᆞᆫ말도못ᄒᆞ게ᄒᆞ야셰가지좃ᄂᆞᆫ도를고집히직히며일곱가지바리ᄂᆞᆫ악을익히여쇼문과쇼견이규방밧게나지못ᄒᆞ고."

20 김운곡, 앞의 글, "일용샹힝이다만궤식지간에잇슨즉졔가치국ᄒᆞᄂᆞᆫ허다경륜과유학박남ᄒᆞᄂᆞᆫ허다ᄉᆞ무를도시남ᄌᆞ에게만붓치고녀ᄌᆞᄂᆞᆫ영히관셥이업시ᄒᆞ야녀ᄌᆞ로ᄒᆞ야곰셰상에무익흔물건으로치지ᄒᆞ고무용흔물건으로마련흔즉엇지한심치안이ᄒᆞ며엇지탄식지안이하리오현금틱셔각국으로볼진틱남ᄌᆞ만문명홈이안이라녀ᄌᆞ의문명홈이당당흔쟝부에뒤지지안이ᄒᆞᄂᆞᆫ고로그나라이부강ᄒᆞ며그사름이문명ᄒᆞ거든하물며우리대한편쇼흔지방과슈쇼흔인민으로남ᄌᆞ만활동ᄒᆞ고엇지나라이부강ᄒᆞ기를바라며녀ᄌᆞ를교육안이ᄒᆞ고엇지문명ᄒᆞ기를바라리오오직바라건틱우리녀ᄌᆞ동포여힘쓰고힘쓸지어다틱셔문명국녀ᄌᆞ의힝동을모범ᄒᆞ고ᄉᆞ업을효측ᄒᆞ여우리후싱녀ᄌᆞ에션진되ᄂᆞᆫ도리를극진히ᄒᆞ야우리대한졔국으로문명흔지경과부강흔쌍에달ᄒᆞᆸ기를쳔만힝심."

21 정경숙, 앞의 글, 218~220쪽. 여자보학원은 여자교육회 소속 교육기관이다. 앞서 보았듯 여자교육회는 양규의숙의 후원단체로 조직되었다. 그러나 여자교육회가 3,000여 원의 부채로 부실해지자 윤치오 등 사회유지 11명이 여자교육회에서 여자보학원을 독립시켜 운영했다. 여자보학원 유지회 임시회장으로 윤치오가 선출되었으며, 임시 서기 이달원, 규칙위원 최재학·강윤희가 선출되었다. 그런데 여자

교육회가 여자보학원의 운영권을 포기하지 않아서 유지회와 여자교육회는 계속 갈등을 겪었다.

22 《황성신문》, 1908년 5월 9일, 별보, 〈女子普學院에서 繼續維持를〉, "大抵人生之初에 一男一女는 均히 上帝의 子女라 其性分上知覺을 稟賦홈이 原無差別인즉 職分上權能이엇지 優劣이 有호리오 我東亞의 舊來風習은 男尊女卑호고 男貴女賤호야 女子의 身分은 男子의 僕役이되야 惟其壓制를 受호고 玩弄을 供홀쑨인 故로 雖賢淑흔 資質과 聰慧흔 知識이 有흔 者라도 皆閨中에 深鎖호야 幽鬱의 生活로 炊爨과 裁縫에 從事홀쑨이오 閨門以外는 一切人事를 都不聞知호니 幸히 其夫가 良호고 其子가 賢호면 安穩을 得호되 不幸히 狂夫를 遇호거나 悖子가 有호면 産業을 蕩敗호고 家門을 覆亡케호는 患이 有호되 敢히 制限을 不得호고 徒히 無窮흔 苦楚를 偏受호고 畢生의 寃恨을 長抱호는것이오."

23 《황성신문》, 1908년 5월 9일, 별보, 앞의 글, "쏘흔 婦人이 學問이 無하야 世事를 不知홈으로 識見이 疏通치못하야 偏僻의 性을 成하며 家庭의 和氣를 失하는 者도 有호고 壅鬱의 氣가 積호며 身體의 病을 成호는 者도 多호니 其所産子女가쏘흔 和順흔 天性과 健全흔 體質이 缺少홀지며쏘 婦人이 學問이 無호면 家庭敎育을 不知호야 子女의 德性을 培養치못호느니 以此觀之호면 女子界에 敎育이 無호면 男子界에 敎育이쏘흔 完全을 不得홀지라 又況現今은 人種競爭호는 時代라 少數가 多數를 敵지못호며 野味者가 文明者를 抗치못호는것은 固然흔 勢라 我韓人口가 號曰 二千萬이나 女子가 其半數에 居홀지니 萬若半數의 女子가 擧皆敎育이 無호야 野味흔 者가되고 一千萬男子中에도 敎育이 完全치못호야 文明흔 者가 少數에 居호면엇지 男女가 一致로 開明흔 多數의 他國人民을 對敵홀 能力이 有호리오 然則女子敎育의 必要는 人種의 生存機關이라 可謂홀지라."

24 《대한매일신보》, 1908년 4월 4일, 긔셔, 〈녀ᄌ교육의 시급론〉, 리지춘, "경징시대를 당ᄒ여도 이국ᄉ샹 전혀 업고 량반가의 디벌쟈랑 산림학쟈 도덕쟈랑 청루샹에 풍류쟈랑 쇼년ᄌ데 호샤쟈랑 쓴이로다 여보시오 동포ᄌ미들이여 쟝야츈몽 깁흔잠을 어셔쐬여 위국 열셩ᄒᆞᆸ시다 녀ᄌ로 말홀진디 남ᄌ와ᄀᆞ치 교육ᄒᆞ야 학문을 비

혼후에야 지식도 잇고 법률에도 능통ᄒ리니 지식이 잇고 법률룰 알고보면 ᄋᆡ국지
심이 졀노날지라 정치와 농업과 공샹을 못홀바ᅵ 업슬거시오 무예룰 련습ᄒ야도
남ᄌ만 못ᄒ지 아니ᄒ련마ᄂ 우리나라 습관이 녀ᄌᄂ 남ᄌ의 뫼시ᄂ 노비ᄀᆺ치 음
식이나 맛하보고 간혹 명민흔 녀ᄌ가 잇셔 가ᄉ를 간섭ᄒ면 빈계신명이라ᄒ야 일
싱을 속박ᄒ야 남ᄌ를 슌죵홀ᄯ름이오 비록 츌즁흔 직됴가 잇슬지라도 헛도이 뷘
방을 직혀 질슴과 바ᄂ질노 빅년을 죵ᄉᄒ니 인민된 의무가 어ᄃᆡ 잇ᄂ뇨 동포ᄌᆫᄆᆡ
여 귀ᄒ신 총명직질노 문명발달만 ᄒ고 보면 남녀동등 될 ᄲᆫ아니라 국권 회복이 졀
노 될지니 규즁에셔 자란몸이라 붓그럽다 싱각 말고 ᄌ유독립 힘쓰시오 동물즁에
귀흔것은 사름이 뎨일인ᄃᆡ 비록 남녀의 다름이 잇스나 ᄌ유힝동이야 무슴다름이
잇스며 세계 각국인과 우리 나라 동포들을 비교ᄒ야 보면 샹등인의 일흠을 듯ᄂ쟈
ᄂ 눈ᄒ나 더잇ᄂ거시 아니라 두눈은ᄀᆺ고 입ᄒ나 더잇ᄂ거시 아니라 입도 ᄒ나ᄂ
일반이오 두손과 두발도갓흔ᄃᆡ 샹등 하등의 등분은 웬일인가 동포ᄌᆞᄆᆡ여 깁히들
싱각ᄒ시오 샹하등분이 판이홈은 학문발달과 문명진보의 단례됨에 잇스니 슯흐다
ᄌᆞᄆᆡ형뎨여 이쳔만즁 일분ᄌ된 의무로 흔가지직됴라도 능통ᄒ야 써 공업을 세우며
외인 노례를면홀지어다 대현군ᄌ와 동셔양에 유명흔 영웅들이라도 어려셔브터 ᄀ
ᄅ치고 빅홈이 업스면 오늘날 엇지 영웅의 ᄉ업을ᄒ리오 슌임금 ᄀᆺ흔 셩인도 착흔
말슴과 착흔 힝실을 듯고 보기 전에ᄂ 들ᄉ사름과ᄀᆺ핫스니 이ᄂ ᄌ픔이 비록 됴ᄒ
나 학문을 ᄌ뢰흔 연후에 인직셩취됨을 가히 알지니 비화셔 셩취ᄒ기야 엇지 남ᄌ
만 그러ᄒ리오 비록 녀ᄌ라도 교육ᄒ면 녀즁군ᄌ도 가히 될거시오 규즁호걸도 가
히 일울지니 이ᄶᅢ를 일치말고 열심공부ᄒ야 남녀 동등의 권리를 찻고 보면 국가도
진보가 되고 ᄉ가에도 힝복이되리니 신학문과 신지식을 밧비〃〃 공부ᄒ야 녀ᄌ
된 우리들도 남ᄌ와 ᄀᆺ치 국가ᄉ를 힘써셔 세계에 하등국 사름의 일흠을 씨셔ᄇ리
기로 긔약ᄒᆞ옵시다.”

25 《대한매일신보》, 1908년 8월 11일, 긔셔, 〈녀ᄌ교육〉, 쟝경쥬, “슯흐다 문명과 미
ᄀᆡᄂ 근본이 잇ᄂ뇨 골ᄋᆞ딕 이나라 교육이 잇스면 문명을 싱ᄒ고 교육이 업스면 미
ᄀᆡ를 싱ᄒᄂ니라 그런즉 교육이잇ᄂ것보다 더즐거운거시업고 교육이 업ᄂ것보다

더슯흔거시업ᄂ니 교육의급션무와 쟝원훈 근본될거슬 깁히싱각ᄒ고 헤아려볼진
디 무엇이잇ᄂ는가 가뎡교육이 급션무가되고 녀ᄌ교육이 쟝원훈 근본이 되리로다/
녀ᄌᄂ는 국민될쟈의 어미될사름이오 가뎡교육의 쥬쟝될사름인즉 불가불 교육에 한
숙ᄒ여야 그 ᄌ녀로ᄒ여곰 문명훈 국민의 지식을 ᄀ도홀 모범이될지니 엇지 녀ᄌ
교육이 급션무가아니리오 하늘의 뭇고 사름에게 무러도 녀ᄌ교육이 급션무라홀것
은 엇짐이뇨 교육이잇ᄂ는 녀ᄌ-라야 영걸훈 인ᄌ와 동량의지목을 양셩홀것은삼쳑
동ᄌ드려 무러도 의심이업ᄂ는 연고-라."

26 《대한매일신보》, 1908년 8월 11일, 긔셔, 앞의 글, "여보시오 우리동포들이여 국가
흥망에 근심ᄒ시ᄂ는 우리동포들이여 동종을 셔로 보젼ᄒ기에 용심ᄒ시ᄂ는 우리동포
들이여 오늘날 우리한국이 급업훈디경에 ᄲ진줄을 응당싱각ᄒ시리니/슯흐다 우리
가 이ᄯ째를당ᄒ야 만일 신학문을 발달치아니ᄒ고 그 위급훔을 디덕고져ᄒ면 싱존홀
도리가 만무홀지라 그런즉 이제 죽음을 버셔나고싱도를 엇을방법은 곳교육일단이
오 교육의쟝원훈 근본은 ᄯ훈 녀ᄌ교육이라ᄒ리로다."

27 《대한매일신보》, 1908년 8월 11일, 긔셔, 앞의 글, "혹은 의심ᄒ야 글ㅇ디 엇지 녀
ᄌ교육이 이ᄀ치 긴즁ᄒ뇨 ᄒᄂ니 글ㅇ디 밍ᄌ의 어마니ᄂ는 세번 집을옴겨셔 밍ᄌ를
ᄀ르쳐 큰션비가 되게ᄒ엿스니 그 어마니가 무식ᄒ고야 엇지 그일을ᄒ엿스리오 녀
ᄌ교육의 긴즁훔을 엇지 의심ᄒ리오 녀ᄌ교육이 남ᄌ교육에 션진이 될쑨아니라 근
일에 신쇼셜 ᄋ국부인젼과 라란부인젼을 볼지라도 그사름도 ᄯ훈일개녀ᄌ-로디
이ᄀ치 큰사업을 셩취ᄒ엿스니 그 사름들은 엇지 무식훈 녀ᄌ로 이를 ᄒ엿스리오/
우리녀ᄌ된 동포ᄌ민들은 일즉 교육에 진취치못ᄒ야 샤회샹에 참여치 못훔을 일층
분개히 녁여셔 지금브터 샹뎨ᄭ셔 품부ᄒ신 ᄌ유의 텬셩을 일치말고 남ᄌ를 의뢰
치말며 녀ᄌ교육을 셩취ᄒ고 녀ᄌ샤회를 확쟝ᄒ야 이로써 남ᄌ를 교육ᄒ며 이로써
민족을 보젼ᄒ고 이로써 국가를 문명훈 디경으로 나아가게ᄒ야 태산반셕의 무궁
훈 복락을 누리기를 위ᄒᄂ는 ᄀ느졀훈 ᄆ음에 용졸훈 글노 부죡훈 언ᄉ의 붓그러움
을 불계ᄒ고 이ᄀ치 경고ᄒ노라."

28 민족문학사연구소 편역, 《근대 계몽기의 학술·문예 사상》, 소명출판, 2000, 88쪽.

29   강영주, 〈개화기의 역사전기문학 1: 장지연의《애국부인전》을 중심으로〉, 《관악어
     문연구》 8-1, 1983, 100쪽.

30   홍인숙, 앞의 책, 63쪽.

31   민족문학사연구소 편역, 앞의 책, 90~91쪽.

32   《대한매일신보》, 1907년 12월 28일, 잡보, 〈녀즁호걸〉, "의쥬 사는 김춘곡의 별호
     는 산홍인되 집이 간난ᄒ여 글을 비호지 못ᄒ엿더니 시셰의 변흠을 분격ᄒ야 녀학
     교에 입학ᄒ니 총명ᄒ지질노 한문도 실심공부ᄒ고 라란부인젼을 쥬야로 닑으며 글
     ᄋ되 며도 녀ᄌ요 나도 녀ᄌ이라 엇지 뎌만녀즁영웅의 일흠이 만국에 젼파ᄒ엿ᄂ
     뇨 나도 열심으로 일을힝ᄒ면 뎌와 다름이 업스리라ᄒ니 이런 녀ᄌ는 남ᄌ보다 낫
     다고 칭찬들ᄒ다더라."

33   홍인숙, 앞의 책, 155~156쪽.

34   앙드레 슈미드, 정여울 옮김, 《제국 그 사이의 한국 1895~1919》, 휴머니스트,
     2012, 127쪽.

35   의유당·금원·강릉 김씨, 《여성, 오래전 여행을 꿈꾸다》, 김경미 엮고 옮김, 나의시
     간, 2019, 199쪽.

36   의유당 외, 위의 책, 200쪽.

37   의유당 외, 위의 책, 202~203쪽.

38   의유당 외, 위의 책, 212쪽.

39   《대한매일신보》, 1908년 8월 1일, 긔셔, 〈한국 부인계에 ᄉ 소샹〉, 녀ᄉ 김숑직,
     "본인은 긔화와 문명과 경계와 녀학교와 부인샤회를 ᄉ쳔년 력ᄉ샹에 듯지도못ᄒ
     고 부지즁에 년긔가 이믜 ᄉ십이지내도록 신학문 신지식을 젼연히 알지못ᄒ나 이
     국ᄉ샹과 일심단테는 삼쳑동ᄌ라도 희망ᄒ는바이기로 졸ᄒ 붓으로 변〃치못ᄒ 글
     을 긔록ᄒ여 일반부인계에 붓치노라."

40   정경숙, 앞의 논문, 203쪽 여자교육회 1기 임원 구성 참조. 《대한매일신보》 1906년
     11월 17일 자에 〈因病請願〉이라는 제목으로 여자교육회 김송재가 신병으로 물러
     난다는 기사가 실렸다. "女子教育會総務金松齋氏가 會務에 熱心ᄒ더니 該氏가 他

事故에 因ᄒ야 退歸ᄒ기로 請願ᄒ민 諸會員이 一齊히 力挽ᄒ무로 因循未退ᄒ더니 近日에 該氏가 身恙이 有ᄒ야 請顚退去ᄒ기로 決心ᄒ다더라".

41 《대한매일신보》, 1908년 8월 1일, 긔셔, 앞의 글, "원리 ᄌ유는 공공ᄒ 일이오 한 명ᄒ바ㅣ 업거늘 오호ㅣ라 텬디간 인류즁에 우리 한국녀ᄌ는 ᄌ고로 지금ᄭ지 교 육이 업셔셔 ᄌ유흠을 엇지못ᄒ야 ᄉ광과 리루ᄌᄒᆫ 총명이 잇는쟈라도 ᄀ명발달의 목뎍을 전연히 알지못ᄒ더니 근리에 문명발달ᄒ 시ᄃ를 당ᄒ여 풍긔가 크게 변ᄒ 야 규즁에 칩복ᄒ엿던 녀ᄌ도 남ᄌ와 동등권이 잇는것을 ᄭᄃ러셔 동등의 학문과 동등의 지식과 동등의 기예와 동등의 ᄉ업을 무이히 흠쇠 홀 희망만 잇슬ᄲᆫ아니라 녀ᄌ학교와 녀ᄌ샤회가 졈졈 발달되여 국한문의 ᄉ교육으로 ᄀ명ᄒ 신지식을 확 츙ᄒ야 츙군이국ᄒ는 ᄉ샹이며 활발진취ᄒ는 지긔와 온유ᄌ션흘 심덕으로 일취월 쟝ᄒ는 졍신을 면려ᄒ야 셰계각국의 통힝ᄒ는 부인계의 디위를 ᄉ로 ᄎ져셔 보젼 케 되엿스니 일셰에 일흠을 늘니고 빅ᄃ에 영화롤 젼홍도 엇기가 어렵지아니ᄒ며 이쳔만인이 일심단톄되여 유신의 ᄉ업을 셩취ᄒ여 국권을 회복흠도 긔필홀지니 로쇼를 물론ᄒ고 각기의무를 일치말고 학문과 교육에 열심ᄒ야 ᄉ로ᄎᄌ 남녀 동 등의 권도 보젼ᄒ고 규즁에 칩복ᄒ엿던 녀ᄌ의 힝동과 ᄉ업을 륙대쥬에 녜브터 ᄌ 유가 자젹ᄒ던 녀ᄌ계에셔 눈이 졀노ᄯ이게ᄒ야 대한뎨국이 텬하에 문명국되게흠 을 남ᄌ에게만 맛겨두지 아니흠이 우리녀ᄌ의 의무일가ᄒ노라."

42 《대한매일신보》, 1908년 8월 1일, 앞의 글, "記者曰女子가 丈夫를 依賴ᄒ는 心이 有ᄒ 故로 女權이 不昌ᄒ고 人民이 政府를 依賴ᄒ는 心이 有ᄒ 故로 民權이 不興ᄒ 고 國家가 外邦을 依賴ᄒ는 心이 有ᄒ 故로 國權이 不振하나니 此寄書가 理想이 圓 滿ᄒ고 文藻가 簡潔홀 ᄲᆫ더러 夫人界의 新思想이 發生ᄒ야 依賴心을 割斷흠은 尤 是可欽인 故로 玆에 揭布ᄒ노다."

43 김소영, 〈대한제국기 '국민' 형성과 여성론〉, 《한국근현대사연구》 67, 2013, 278 쪽.

44 《제국신문》, 1906년 8월 23일, 〈婦人寄書〉, "ᄉᆼ각ᄒ여 보시오 녀ᄌ의 병은 흔이 ᄉᆼ 산ᄒ는 ᄃ에셔 남니다 병이 나니 의원이나 잘 보게 ᄒ쥬오 ᄉ시쟝쳘 치우나 더우나

시원흔 거동 보지 못ㅎ고 안방 구셕에셔 쓸소 그릭도 욕심만은 사나희는 ᄌ식 나키
만 바랍데다 여보 의복음식 걱정 업고 만ᄉ가 틱평으로 지ᄂᆞᄂ 대관네 부인들 싱각
ㅎ여 보시오 우리가 병 곳 들면 고명흔 의원 어딕 잇소 고명흔 의원은 잇ᄂ지 모로
거니와 젼국에 년의 흔낫도 업스니 아모리 부귀가 흔텬동디ㅎ더릭도 죽을 수 밧긔
업소 녀ᄌ교육회니 잠업시험쟝이니 녀ᄌ희니 ㅎᄂ 것이 급션무가 아닌 것은 아니
로되 녀ᄌ가 셩흠이 급션무로 나는 싱각ㅎ오 왜 그런고 ㅎ니 우리가 젼국인구를 번
셩케 ㅎᄂ 쳐디에 우리속에 병이 잇고ᄂ ᄌ녀간 암만 만이 나터릭도 쏘 변변치 못
흔 병든 ᄌ녀를 나아 이 시틱 사름보다 더 나흘 것이 업슬ᄯᆞㅎ오.”

45 최정희, 앞의 책, 129~131쪽.

46 최정희, 앞의 책, 133~134쪽.

47 1909. 5. 9. 잡보란, “尹貞媛講官內定”, 1909. 5. 15. 잡보란, “尹貞媛入侍” 등의
   기사가 실렸다.

48 1913. 7. 9. “尹孝定씨의 渡淸”, 1913. 8. 1. “尹孝定君의 歸國”에는 북경으로 간
   딸 윤정원을 찾아 북경을 다녀온 윤효정의 기사가 실렸다.

49 1909. 3. 23. 잡보란, “高等女師”, 4. 24. 잡보란. “閨塾盛況”에는 윤정원이 고등여
   학교 교수로 임명된 기사, 윤정원이 연설한 기사 등이 실렸다.

50 《제국신문》, 1907년 10월 23일 별보, “윤정원씨ᄂ 윤효명씨의 쟝녀인딕 슈십 년
   젼부터 일본에 류학ㅎ야 그 지식과 학문이 남ᄌ에 지지 안ᄂ 고로 일본 동경 귀부
   인과 밋 신ᄉ 샤회에서 윤씨의 놉흔 일홈을 몰으ᄂ 쟈ㅣ 업고 지금은 구라파 빅리
   의국[벨기에]에 류학ㅎᄂ 즁인딕 일본 동경에 잇ᄂ 한국 류학싱이 간힝ㅎᄂ 틱극
   학보에 윤씨의 론셜이 일편이 잇기로 그 젼문을 등지ㅎ야 젼국 동포의게 소기하노
   라.”

51 《제국신문》, 1907년 10월 30일, 〈추풍일진〉, 윤정원, 《제국신문미공개논설자료
   집》, 강현조외 편역, 현실문화, 2014, 258쪽, “(전략)이ᄂ 다름 안이라 사름마다 심
   즁에 량인(선악)지쥬가 잇슴이라 착흔 쥬인이 하고져 ㅎᄂ 바는 악흔 쟈ㅣ 못ㅎ게
   ㅎ고 악흔 쟈ㅣ ㅎ고져 ㅎᄂ 바ᄂ 착흔 쟈ㅣ 허락지 안이ㅎ여 일인의 심즁이 션악량

인에 젼쟝이 되어 몽미 즁에라도 쉬지 안이ᄒ니 엇지 그 사룸이 일시라도 평화를 엇을 길이 잇스리오 이럼으로 일가도 평화를 부득ᄒ고 일국도 평화를 부득ᄒ고 지 어련ᄒ도 평화를 부득ᄒ여 스스로 텬샹명월이 참담ᄒ 것ᄀᄎ치 보이고 텬하츈풍이 소슬ᄒ 것 갓ᄒ나 연이나 텬샹텬하에 ᄌ연셰계ᄂ 틱극지쵸부터 한 번도 그 률례됴 화를 변ᄒ 일이 업고 오쟉 인간셰계만이 이 츰듬ᄒ 형셰를 현츌ᄒᄂ도다 나라와 나 라ᄂ 항샹 호표갓치 싸호고 붕우 친쳑 형뎨ᄂ 어름갓치 링링ᄒ여 졍히 인싱셰계ᄂ 불평곤궁에 젼쟝이 됨을 면치 못ᄒᄂ도다.

이럼으로 ᄌ고로 허다ᄒ 셩인군ᄌ와 학쟈가 이 곤궁을 졔ᄒ 방법을 연구ᄒ야 왈 죵 교 도덕 미슐 쳘학이라 ᄒ나 죵교의 셰력은 미약불셩ᄒ고 도덕의 광치ᄂ 암연불명 ᄒ여 미슐과 쳘학의 ᄉ샹은 아즉 유지부족ᄒ을 엇지ᄒ리오 연고로 죵교가ᄂ 열심 히 젼도ᄒ고 셩현은 열심히 가라치며 학쟈ᄂ 열심히 연구ᄒ나 오즉 이 가온듸셔 몸 으로 실힝ᄒᄂ 쟈ᄂ 다만 녀ᄌᄲᆫ이라 쟈션 교육 간병 젼도 위셕 면려 등 ᄉ업은 녀 ᄌ의 본분이라 ᄎ등 ᄉ업의 목뎍을 십분 득달케 ᄒᄂ 쟈ᄂ 엇지 녀ᄌ가 안이리오 녀ᄌᄂ 억지로 힘쓰지 아니ᄒ드리도 텬싱으로 여ᄎᄒ 아름다온 셩질을 가진 쟈라 예수가 쟝ᄎ 이 셰샹을 바리시지 안이치 못ᄒ실 림시에 그 뎨일 귀즁ᄒ 머리털노 그 ᄇ를 씻슨 ᄌ와 십이인 졔쟈ᄂ 다 각각 그 싱을 보젼코져 ᄒ여 동셔남북에 몸 을 감초고 다만 일인도 그 뒤를 싸르지 아니ᄒᄂ 쎄를 당ᄒ여셔도 십ᄌ가 하에 업 듸여 락루요요ᄒ 쟈ᄂ 엇지 녀ᄌ가 안이리오 만국 사막에 물을 주고 가난 곳마다 황홀ᄒ 향긔로 텬하룰 빗ᄂ게 ᄒᄂ 쟈ᄂ 엇지 녀ᄌ가 안이리오 텰학ᄌ의 만권셔가 추호 무공ᄒ고 궁리 의론이 조곰도 인심을 위로치 못ᄒᄂ 쎄 깁흔 농졍의 한 마듸 말노 능히 우려를 훗허지게 ᄒ고 가련 이원ᄒᄂ 눈물로 능히 환란징투를 화합게 ᄒ 도 엇지 녀ᄌ가 안이리오 이를 비컨듸 남ᄌᄂ 젼심진력ᄒ야 발연명구ᄒᄂ 쟈ㅣ오 녀ᄌᄂ 직각실힝ᄒᄂ 쟈ㅣ라 연고로 뎨일 뎍당착실케 그 본분을 씨닷고 직희ᄂ 쟈 ᄂ 녀라 ᄒ고 뎨일 바르게 그 길을 볽게 ᄒᄂ 것을 녀학이라 ᄒ고 이 길을 좃ᄎ 가르치ᄂ 것을 녀ᄌ교휵이라 혼다 ᄒ노라."

52 김복순, 《제국신문》의 힘: '여성의 감각'의 탄생〉, 《민족문학사연구》 51, 2013,

362쪽.

53 리타 펠스키, 앞의 책, 83~85쪽.

54 리타 펠스키, 앞의 책, 103쪽.

55 리타 펠스키, 앞의 책, 115쪽.

56 정경숙, 〈대한제국 말기 여성운동의 성격 연구〉, 1988; 이경하, 앞의 글, 2004; 홍인숙, 〈근대 계몽기 첩 출신 계몽운동가들〉,《이화어문논집》40, 2016에서 신소당의 생애, 독자 투고와 계몽운동에 대해 다루고 있다.

57 《제국신문》, 1898년 11월 5일, 평안도 녀노인, "엇던 녀인이 귀글을 지어 본샤예 보니며 ᄌ칭 평안도 녀노인이라 ᄒ엿ᄂ디 유리ᄒ 말이 만키로 긔지ᄒ노라."

58 《제국신문》, 1898년 11월 5일, 평안도 녀노인, "날마다신문보니 논셜마다졀담일셰 남ᄌ로 싱셰ᄒ야 츙의가업ᄭ드면 남ᄌ라홀것잇소 남ᄌ로 싱겻거든 대쟝부ᄉ업ᄒ오 ᄉ업이라ᄂᄂ거슨 츙효의리웃듬이라 츙효의리품어스면 두려울것 전혀업소 츙셩츙굿게잡아 보국안민 ᄒᄋᆸ세다 나라이 틱평ᄒ고 빅셩이안온ᄒ면 그아니죠흘잇가 삼쳔리우리강산 격양가를불르랴면 부국강병속키되게 졀용졀검ᄒ오소셔 졀용졀검ᄒ오시면 부강이될듯ᄒ오 대한텬디챵ᄉᆼ들은 동심합력ᄒ오셔셔 긔명진보속키ᄒ야 강국침노밧지마오 긔명진보 더듸되면 삼쳔리가난보될 듯 독립협회연셜소문 졀졀이츙군이요 ᄉᄉ이의국이라 우미ᄒ녀ᄌ들도 연셜을들러보니 츙이지심격발ᄒ나 녀ᄌ몸이도엿스니 보국안민홀수잇소 녀학교셜시ᄒ야 긔명규칙비온후에 남ᄌ와동등되여 츙군의국목젹삼아 황실을보호ᄒ고 민싱을구졔ᄒ면 그아니죠흘잇가 녀학교회원들은 깁히 싱각ᄒ여보오 국직가핍졀ᄒ디 뎨국신문에난것본즉 탁지로지츌ᄒ돈 ᄉ쳔원이젹ᄌᆫ커든 량삭경비쓴다ᄒ니 엇지들요량ᄒ오 ᄉ쳔원되밧치고 나라에셔예ᄉᆫᄒ와 학교셜시ᄒ게ᄒ되 회ㅇ들에 숙식을량쳐소에셔ᄒ게ᄒ고공일이면집에와서 의복닙고가게ᄒ되 대한국필육으로 검소하게닙게ᄒ오 규칙을엄히ᄒ야 방탕즙염업게ᄒ고 학원즁에호ᄉᄒ면 회쟝이걱졍ᄒ고 걱졍ᄒ야안듯거든 회즁에츅츌ᄒ면 긔강이엄졍ᄒ ㅇㅇ공부가착실홀듯 아모됴록셩취ᄒ야 외국치소밧지마오 각국부인보죠금은 셜교위히쥰거시니 학교시죵업ᄭ드면 그치소어이ᄒ리 학교가굿게

되면 외국에도빗치날듯 십칠일긔원절에 여러만량나렷다니 이싱각굿흘진된 그돈
도로밧치고셔 각회와각부에셔 즈비ᄒ여놀아스면 외국빗시젹ᄉ올듯 남의치젼만ᄉ
오면 필경갑흘터인즉 무엇스로갑흘잇가 국가던지ᄉ가던지 빗업셔야지팅ᄒ오 심
즁소회다ᄒ랴면 츙언이역이될 듯.”

59　《제국신문》, 1898년 11월 2일, 잡보, “학부에서 녀학교 셜시ᄒᄂ ᄉ쳔원을 지츌ᄒ
여 달나고 탁지부로 죠회 ᄒ엿다ᄂᄃᆡ 금년 십일월 붓터 십이월 ᄭ지 쓸 경비라더
라.”

60　《제국신문》, 1898년 10월 27일, 잡보, “음력 이ᄃᆞᆯ 십칠일은 작년 이날 황상폐하ᄭᅴ
오셔 존호 밧으신 계련긔원절인고로 그날 외부에서 잔치를 비셜ᄒ고 각국 공령ᄉ
들을 쳥ᄒ다 ᄒ더라.”

61　《제국신문》, 1898년 10월 27일, 잡보, “탁지부에 지정이 군ᄉᆨᄒ여셔 일젼에 관세
무ᄉ 비탁안씨에게 십만원을 엇어셔 오만원은 궁ᄂᆡ부로 보ᄂᆡ고 오만원은 이ᄃᆞᆯ 월
급에 보틔여 쓰려ᄒ다더라.”

62　이경하, 앞의 글, 126쪽.

63　《제국신문》, 1900년 3월 21일, 논설, 〈유식ᄒ 녀노인의 편지〉, “이녀로인의 글을두
번지보니 비단 한문만 유식홀ᄲᆞᆫ아니라 활달ᄒ 도량과 쇄락ᄒ 풍치와 시무의 릉통
ᄒ미 비록 유식ᄒ 남ᄌ라도 싸르지 못홀지라 흠탄홈을 마지아니 홀지로다.”

64　《제국신문》, 1900년 3월 21일, 논설, 〈유식ᄒ 녀노인의 편지〉, “잇ᄯᆡ가 어느 ᄯᆡ오
광무 ᄉ년 경ᄌ세 즁츈이라 엇그제 륭동셩한이 번개갓치 지나가셔 음곡에 양츈이
돌아오고 궁항에 젹셜이 다 녹으니 군ᄉᆼ만물이 ᄀᆡ유이ᄌ락이락이라 묵은 잔듸ᄂ
ᄉᆡ로이 싹이 나고 의의ᄒ 어류ᄂ 동풍에 춤을 추어 울밋ᄒ 신이화ᄂ 가지마다 츈
광을 ᄯᅴ엇스니 불구에 금빗츨 토홀지라 당차시ᄒ야 우인지우ᄒ고 낙인지낙ᄒ며
겸ᄒ야 우슌풍됴ᄒ니 년등대유홈을 긔약홀지니 엇지 즐겁지 아니ᄒ리오…… 우리
황상 하해갓흔 더 은틱을 아모리 쥰밍인들 그 엇지 몰으리오 황상셩덕 싱각ᄒ면 요
슌일월 다시 붉고 황희슈가 두 번 몱어 강구연월 됴흔 노ᄅᆡ 가급인죡 즐기면셔 국
틱민안 시졀됴코 인인마다 효뎨츙신 집집마다 고기직셜 긔여필득 ᄒ련만은.”

65 《제국신문》, 1900년 3월 21일, 논설, 〈유식ᄒ 녀노인의 편지〉, "호강져운 탐관오리 치민힝졍 엇더콴ᄃ 송민은 도로에 낙역ᄒ고 원셩은 쳐쳐에 부졀ᄒ며 곳곳이 불항 당과 골골이 민요나셔 신문에 들어나고 관장의 태편으로 빅셩과 ᄃ질ᄒ판 보방ᄒ 고 피신ᄒ기 막즁ᄒ 상납젼을 무란히 훔쳐먹고 이리뎌리 모면ᄒ기를 슈치로도 아 지안코 큰 죄인 줄 몰으고셔 셩덕을 휴손ᄒ니."

66 《제국신문》, 1900년 3월 21일, 논설, 〈유식ᄒ 녀노인의 편지〉, "흠을며 이세계ᄂ 전 천고 후만ᄃ에 처음되ᄂ 시국이라 세계상이 한집 되여 좌고힝상 세음속에 외양은 흔극업시 화목ᄒ 듯 ᄒ것만은 실상은 남의집안 모든리익 다쎄가고 토디신지 잠식 ᄒ며 남의집에 일잇기를 바라고 기ᄃ리며 취모멱ᄌ 흔극을 보ᄂ눈은 번기갓치 번 젹번젹 요령막임 언론을 듯ᄂ귀ᄂ 황시갓치 기웃기웃 ᄒᄂ썌에 어리셕고 렴치업고 호강스런 사롬들은 ᄌ긔일신 리익만 도모ᄒ여 셩은도 싱각지 아니ᄒ고 국가에 슈 치도 돌아보지 아니 ᄒ니 익둡고 분ᄒ도다."

67 《제국신문》, 1900년 3월 21일, 논설, 〈유식ᄒ 녀노인의 편지〉, "ᄌ고 셩현 유언ᄒ스 기가쳔션 허ᄒ시니 탐홀 탐ᄌ 닉던지고 청렴 렴ᄌ 싱각ᄒ오 관셩뎨군 유언ᄒ되 렴 지우렴ᄒ라 셩싱어렵ᄒ고 위싱어렵이니라 이렴위관ᄒ게드면 빅셩이 화합ᄒ야 인 민이 다 착ᄒ고 이렴치국ᄒ게드면 만셩이 화션ᄒ나니라 ᄒ엿시니 빅셩이 안도낙 업ᄒ게드면 ᄌ연구려 국부병강ᄒ야 도로혀 남을 압제ᄒ고 셰계가 범보듯 ᄒ리니 사롬마다 청렴ᄒ고 집집마다 청렴ᄒ면 님군게 츙신되고 ᄌ긔에 신여명도 류방쳔츄 홀 ᄲᆞᆫ더러 목금에 이 틱에 각국소님들도 우러러 볼 터이니 그 아니 쾌ᄒ리오."

68 《제국신문》, 1900년 3월 21일, 논설, 〈유식ᄒ 녀노인의 편지〉, "날갓흔 노병녀ᄌ 누예갓흔 잔쳘이나 젼셰부터 씨친 츙의지심 엇지 남녀 분별이 잇슬잇가 타국 겸치 와 관인에 명예ᄂ 일신진로 굉장ᄒ대 우리 대한국 졍치와 동포의 명예ᄂ 엇지그리 요요무문ᄒ지 내마음 분울ᄒ야 희허탄식 흔마ᄃ에 두어마ᄃ 셜명ᄒ오나 욕낫치나 퍽듯겟소."

69 김미정, 《차이와 윤리-개화주체셩의 형셩》, 소명출판, 2015, 404쪽.

70 《제국신문》, 1900년 4월 12일, 〈녀노인의 긔셔〉, "지금 쳥국이 뎌럿케 위틱ᄒ다 ᄒ

니 남의 일갓지 안소 각국공ᄉ들이 강흠을 밋고 남의 나라 미약흠을 릉모ᄒ야 틈

을 타셔 남의 집 뎐릭ᄃ던 토디와 리익을 감언리셜노 달닉기도 ᄒ고 위협으로 압제

도 ᄒ야 쳔만방법으로 ᄲᆡ앗ᄂᆞᆫ 힝위ᄂᆞᆫ 현인 군ᄌᆞ의 참아 보고 들을 바 아니로딕 ᄌᆞ

긔 나라에ᄂᆞᆫ 지모가 유여ᄒ고 ᄌᆞ긔 나라 님군의 명령을 욕되게 ᄒ지 아니ᄒ다 홀지

니 우리게ᄂᆞᆫ 희로으되 ᄌᆞ긔 나라에ᄂᆞᆫ 츙신이라 남의 나라 신하ᄂᆞᆫ 엇지ᄒ야 뎌러ᄒ

고 우리나라 신하ᄂᆞᆫ 엇지ᄒ여 이러ᄒᄋᆞ."

71 《대한매일신보》, 1907년 2월 21일, 잡보, 〈大丘廣文社長金光濟徐相敦氏等公函〉,

"一般國民之於此債, 以義務言之, 不可曰不知, 以時勢言之, 亦不可曰不報, 第有報

償之一道, 能不勞不損而成鳩聚之方矣. 就使二千萬人衆, 限三個月廢止南草吸烟,

以其代金, 每名下每朔二十錢式徵收, 槩籌庶可爲一千三百萬圓. 設有未充, 應有自

一元十元百元千元拔例出捐者矣.".

72 박용옥, 《여성운동》, 《한국독립운동의 역사》 31, 독립기념관 한국독립운동사연구

소, 2009, 48쪽.

73 박용옥, 〈국채보상운동의 발단배경과 여성참여〉, 《한국민족운동사연구》 8, 1993,

144쪽.

74 박용옥, 앞의 책, 49쪽.

75 《제국신문》, 1907년 3월 25일, 잡보, 김포 검단면 고찬리 한시 로씨 김씨 등 부인

등의 투고, 《제국신문》 1907년 5월 27일, 〈在外婦人義捐書〉.

76 박용옥, 앞의 글, 150~152쪽.

77 《대한매일신보》, 1907년 3월 15일, 《황성신문》 1907년 3월 16일, "대져국치로ᄒ여

금나라히틱평치못허옵 실바애야녀자도국가우로지택울입사와이국셩심이업ᄉ오면

신민의도리가아니오니녀ᄌᆞ등도다소참녜코저동심합녁이로소이다본회에셔의금내

시난부인은본회회원으로셩칙에올니고씨명과금액은신문에공포ᄒ겟ᄉ오니젼국동

포부인은조량ᄒ시압광무십일년졍미졍월일 대안등사무소ᄉ십ᄉ통ᄉ호 발긔인 리

씨 송씨 김씨 박씨 계씨 염씨 한씨 뎡씨 신씨 오씨 윤씨등."

78 《대한매일신보》, 1907년 4월 23일, 잡보, 〈탈환회취지서〉, "대져ᄒ나님의션내이신

비사룸은남녀가일반이라우리는한국의녀주로학문에종수치못ᄒ고다만방적에골몰
ᄒ고반촌에분쥬ᄒ야사람의외무를알지못ᄒ옵더니/근일에들니는말이국채일쳔ᄉ빅
만원에전국흥망이겁고못갑는데잇다고쎠드는말올듯고싱각ᄒ니/슬푸다우리ᄂ라졍
부집졍ᄒ는분네들이여강토를경히넉여토지들면당ᄒ고국채를ᄎ판ᄒ엿ᄉ니갑즈ᄒ
기묘연ᄒ고일년잇히십년을갑지못ᄒ고보면ᄉ쳔년고국에오빅년종샤와ᄉ쳘리ᇰ토
예이쳔만싱령이빗갑셰다읍셔져도쳥장이못되고쳔귀가될터이오니/우리각사람의
몸둔곳슨나라히라깃시업드러진아릭엇지완젼ᄒ알이잇사리오."

79 《대한매일신보》, 1907년 4월 23일, 잡보, 〈탈환회취지서〉, "대범이쳔만종녀주가일
쳔만이오일쳔만즁에지환잇는이가반은남을터이오니지환믹쌍예이원식만셈호고보
면일쳔만원이녀닌슈즁에잇다ᄒᆯ슈잇습내다 도로혀지환에리히을싱각ᄒ여봅시다ᄃᆡ
며그믈에물건되거시니긔흔에ᄉ관도업고다만손가락을쇽박할것뿐이오녀인의사랑
ᄒᄂ빗나주녀의야비할손가우리나라기빈년풍긔가닐용ᄉ물농소용업는거슬이러룻
ᄉ랑ᄒᄂ 거ᄉ무슴닐인지알지못ᄒ엿더니오날날이즁ᄃᆡ흔ᄉ를셩취할려에비함이로
다이럿틋국채를갑고보면긱권만 회복할뿐아니라우리여주의홈○셰샹에던파ᄒ야
남녀동등권을촛슬거시니여보시오여보시오우리녀자동포님네동셩일심ᄒ여쎠를일
치말고지환한번벗게되면닐쳔만명무명지에쇽박ᄒ것벗슴으로외닌슈모부지ᄒ고자
유국권회복ᄒ여독립긔초이날이니츙군익국ᄒᄂ민즁졍쳐면암은싱명도앗기지안코
학문종수ᄒᄂ닐번류흔생은 손가락도쓴엇거든ᄒᆯ며쓸ᄃᆡ업는지환으로싱명지쳬그
아니용이ᄒ오동포님네동포님들깁피깁피싱각ᄒ면 못ᄒᆯ닐이아니오니어셔속히결단
ᄒ여닐시벗는날은나리이힝이오싱령이힝이외다."

80 고미숙,《한국의 근대성, 그 기원을 찾아서》, 책세상, 2001, 95쪽.

81 박무영·김경미·조혜란,《조선의 여성들》, 돌베개, 2004, 334~339쪽.

82 《대한매일신보》, 1908. 2. 29, 기서, 〈祝每日新報〉, 漢南女士, "不幸히女子가되야
身兼四窮ᄒ고."

83 홍인숙, 앞의 책, 225~226쪽.

84 《대한매일신보》, 1908년 3월 19일, 기서, 〈부인계에 권고홈〉.

85 〈부인계에 권고흠〉, "남ᄌ보다 십비나 초월흔 부인이 잇셔도 초목으로 더브러 적″히 미물흠을 면치 못ᄒ더니."

86 《대한매일신보》, 1908년 3월 19일, 기서, 〈부인계에 권고흠〉, 한남녀ᄉ, "하늘을 놀너고 싸을 움ᄌ이는 이런 ᄀ명시ᄃ를 당ᄒ여 홀연 흔가지 귀를 썰치는 바름이 하늘을 흔드는ᄃ시 드리부러 잠근쇠를 분지르며 닷은문을 열써리고 몸에 슉박ᄒ엿던거슬 다 풀어노흐니 어시호 신션흔 공긔를 쏘이며 남ᄌ와 ᄀ치 교육을 밧으매 본시 령리ᄒ고 총명흔 ᄌ픔으로 구학문에 신지식을 겸ᄒ야 발달ᄒ매 츙군익국ᄒᄂ 사샹이 날노소사나셔 뉴을 밋고 의뢰ᄒᄂ ᄆ음은 이쳔만민의 ᄀ슴가온ᄃ와 ᄆ음속에 잇는 삼쳔쟝되는 업원의 불노 모다 살니ᄇ리고 익국ᄒᄂ 졍셩과 ᄌ유ᄒᄂ 사샹은 뇌슈에 츙만 고 동포를 ᄉ랑ᄒ야 환난을 셔로 구원흠을 눕이 몬져홀가 념녀ᄒ고 셔로웅ᄒ고 셔로ᄒᄇᄒᄒ야 쳔만입이 소리를 ᄀ치ᄒ고 일심단톄로 문명진보ᄒ야 유신흔 사업을 셩취ᄒᄂ 날이 멀지아니홀지니 장ᄒ도다 우리대한뎨국동포ᄌ민여 비록 녀ᄌ라도 명예와 부귀라도 가히홀거시오 류방빅셰라도 가히ᄒ리니……남ᄌ와 동등되여 유신흔 사업을 셩취ᄒ야 국권회복ᄒ기를 이쳔만인의 ᄉ쳔만 엇긔에 담임흔줄노 아르시오."

87 《대한매일신보》, 1908년 6월 5일, 〈敎育이 現今의 第一急務〉, 弄雲娘子, "本人은 一個微賤흔 女子라 此殘弱흔 身子로 他人의 束縛이나 受ᄒ야 一平生自由를 不得하고 人을 對ᄒ매 言笑를 强作ᄒ야 其意를 或逆홀가 恐흠으로 年齡이 只今十八歲되도록 如此無用之身을 作ᄒ얏도다 恒常靜寂흔 時에 枕席을 依ᄒ야 前後事를 自思ᄒ고 寒心痛哭흠을 不已타가 流淚를 强收ᄒ고 淺陋흔 文辭로 數字를 記ᄒ니 言辭가 訥拙ᄒ고 句節이 錯亂ᄒ와 足히 取홀ᄇ 無ᄒ나 恕람흠을 望ᄒ노라."

88 《대한매일신보》, 1908년 6월 5일, 앞의 글, "今日生存競爭ᄒᄂ 時代를 當ᄒ야 萬國之人이 雜沓往來ᄒ니 此時에 何事가 不急ᄒ리오만은 本人의 淺見으로는 我國이 現今에 第一急務가 敎育이라 ᄒ나니 敎育이 完全치 못ᄒ고야 엇지 人侮를 免ᄒ리오. 日前에 本人이 京城에 觀光ᄒ기 爲ᄒ야 京仁鐵道第○番列車에 到着하야 ᄀ處學校를 次第로 閱訪ᄒ니 敎育程度는 女子의 眼孔으로 猝測키 難ᄒ나 第一敎育

에 有志ᄒ다ᄂ 君子를 見ᄒ즉 短髮이나 左右로 파開ᄒ고 濃油로 塗ᄒ며 麥帽를 戴
ᄒ고 洋鞋를 着ᄒ며 細足鏡이나 擡하얏스니 此가 果然敎育을 務ᄒᄂ 者인가 抑或
孼開化者나 아닌가 此가 果然文明開化의 先導者인가 抑或挾雜人이나 아닌가 又或
無實의 虛名으로 他人效嚬이나 ᄒᄂ 者ㅣ 아닌가 嗟呼 同胞姊妹兄弟여 諸君中에
眞實ᄒ 敎育家가 有乎아 無乎아 吾願壹見ᄒᄂ 빈로다 彼輩들은 外面上으로 新學
問이니 敎育이니 ᄒᄂ 語를 耳邊에 閃聞하고 舊學問論駁이나 滋甚ᄒ니 惜哉라 彼
輩여 彼輩ᄂ 文明敎育界에 魔鬼라 稱ᄒ이 可ᄒ도다 彼泰西列邦은 何術을 用ᄒ야
如彼히 文明富强ᄒ냐 하면 敎育壹件의 效力이라 ᄒ노라."

89 《대한매일신보》, 1908년 6월 5일, 앞의 글, "彼蒼이 斯人을 生ᄒ시민 身體髮膚와
耳目口鼻와 五臟六腑를 均賦ᄒ시고 昭昭ᄒ 靈魂도 同賜ᄒ얏거늘 何故로 如此黯劣
ᄒ야 學問이 何物인지 敎育이 何物인지 獨立이 何物인지 自由가 何物인지 東西를
不分ᄒ면셔 民智를 불達ᄒ다 國權을 恢復ᄒ다고 攘臂大談ᄒ여 演說數句나 叫하면
能事로 自信하고 實地上硏究ᄂ 都無ᄒ니 엇지 可惜ᄒ 빈 아니리오 請컨딕 眼을 擧
하야 此言을 熟覽ᄒ고 耳를 傾ᄒ야 此言을 細聽ᄒ지어다 天地萬物中에 最貴最靈
ᄒ 人類로 黑暗ᄒ 塵煤가 腦髓에 充滿ᄒ야 事或不成ᄒ며 時或不利ᄒ면 窮巷僻巷
에 獨立ᄒ야 八字며 運數라고 自問自答ᄒ던 것은 我國人의 幾百年來習慣이라 此
等習慣을 壹新ᄒ게 滌去ᄒ은 專혀 學校擴張ᄒ에 在ᄒ나니 我同胞여 精神을 擦ᄒ
야 祖國思想과 大韓魂을 勿失ᄒ지어다 本人이 國文每日申報를 逐號閱남하니 言論
이 懇切ᄒ고 筆法이 光明ᄒ야 韓國同胞로 獨立自由에 感불케 ᄒᄂ 故로 寢食은 壹
日闕ᄒ지언뎡 申報ᄂ 壹日闕하지 못ᄒ니 時局에 管窺가 有ᄒ이 亦此에 由ᄒ이라."

90 《대한매일신보》, 1908년 6월 5일, 앞의 글, "今番 京城에 來ᄒ야 各演戱場에 觀光
ᄒ즉 각學徒들이 三三五五히 作伴入來ᄒᄂ딕 其中女子에게만 秋波를 頻送ᄒ며 淫
談悖說이 傍人의 耳朶를 打ᄒ니 如此ᄒ고야 敎育이 불達될가 本港에도 演戱場이
非無이나 彼遊衣遊食蕩客 遊子不學無識輩의 往來地에 不過ᄒ고 학徒에 至ᄒ야ᄂ
此等處에 足跡이 不至ᄒ거늘 第壹敎育에 中心點되ᄂ 京城이 如此하니 엇지 痛哭
處가 아니리오 願컨딕 學校학徒와 敎育에 有志하신 君子ᄂ 有益ᄒ 新書籍을 晝夜

蒐集ᄒᆞ야 國民의 知識과 道德과 血性을 啓발振興케 ᄒᆞᆯ지어다 本人은 愚昧를 自歎ᄒᆞ야 不遠間 外國에 留學하기로 確定ᄒᆞ온지라 祖國同胞들 爲ᄒᆞ야 悽愴感歎홈을 不勝홈으로 蕉文을 不顧하고 如此壹告ᄒᆞ노니 無識ᄒᆞᆫ 女子의 言論이라고 勿斥ᄒᆞ시고 留神壹察하소셔."

91 《대한매일신보》, 1908년 6월 5일, 앞의 글, "記者曰 此雖年幼紅裙의 所言이나 人을 警발홀 處가 甚多하며 京城教育界을 批評ᄒᆞᆫ 句語ᄂᆞᆫ 壹唱三歎의 意가 又有ᄒᆞ로다 嗚乎라 京城이 인川을 較하기 可愧며 許多志士가 弄雲女娘을 對ᄒᆞ기 可愧니 悲天라."

92 《대한매일신보》, 1907년 3월 20일, 〈부용토향芙蓉吐香〉, "僕이 幼年命薄에 淪落敎坊ᄒᆞ야 吹彈之場에 光陰이 如箭ᄒᆞ니 世間無限情恨이 便是一場夢婆로다 晩遇着一個老拙學究ᄒᆞ야 甘作終身之計ᄒᆞ니".

93 《대한매일신보》, 1907년 3월 20일, 앞의 글, "本月六日에 適過儀鳳樓下ᄒᆞ니 士女雲擁九嘆十淚커날 問知則幾位紳士가 倡設愛國償債會ᄒᆞ고 登樓演說者也라 妾이 歸謂同志曰 吾輩曾以化育中一物로서 伊昔全盛之時에 誕辰盃盤과 嘉禮進연에 暱近天顔ᄒᆞ고 屢蒙恩賞터니 顧瞻瓊樓에 如在天上이라 當此償債義務ᄒᆞ야ᄂᆞᆫ 反哺之鳥가 豈有雌雄이리오 於是에 衆口一談에 遂結婦人愛國會ᄒᆞ고 鳩聚殘貨홀싀 嗟呼라 好事多魔ᄒᆞ고 痴人多猜로다 城中에 有一箇武斷人姜周湜者ᄒᆞ야 遣人誘引曰 吾亦別창一會ᄒᆞ니 汝會所聚金貨를 輪納吾會ᄒᆞ야 互爲総支가 可也라 座中에 有王孫滿이 却之曰 報國之心은 각出個人義務ᄒᆞᄂᆞ니 禮不同席에 義難混合니라 須臾에 那姜周[湜]이가 多率獷黨ᄒᆞ고 伴着日巡査一人ᄒᆞ야 突入內庭에 動威沮會ᄒᆞ니 當場光景은 可謂雪撲花田이오 전[鸇]入鸞叢이라 妾이 以愛國本意로 哀哀說明則曰 巡査ᄂᆞᆫ 元是開明의 國人이라 唯唯而退ᄒᆞ고 [噫]姜周[湜]이ᄂᆞᆫ 元是天生의 潑皮라 終是沮會故로 不勝悲憤ᄒᆞ야 玆敢仰達ᄒᆞ오니 伏惟 尊社ᄂᆞᆫ 春秋筆法이요 月朝評案이라 揭布此文ᄒᆞ와 聲討沮會之人을 敬要 晉州愛國婦人會 發起人 芙蓉." [ ]안은 《황성신문》 기사를 참조하여 넣음.

94 《대한매일신보》, 1907년 3월 27일, 잡보, 〈진주부용형전ᄉᆞ례셔〉, "텬도가순환ᄒᆞᄉ

국채보상에민심이단결되야의무가발달ᄒ오니단군ᄉ쳔년과입아조오ᄇᆡᆨ년에여차경
행은쳐음이온지라이몸이녀ᄌ오나이쳔만동포듕에참여ᄒ온몸이온즉국가화육등일
물이라국채보상발긔ᄒ야부인회를셜시ᄒ엿사오나이마음이붓그러온바ᄂᆞᆫ무식소치
온듕다행ᄒ바난동포부인계셔열심ᄒ오시니동동촉촉ᄒ온마음일야간ᄉᆡᆼ각기를애국
셩심은남녀가일반이요경향이업ᄉᆞᆫ온ᄃᆡ향곡 셔엇더ᄒ신부인게ᄉ업을셩입ᄒ오셔
일체합심ᄒ랴난지희소식드르랴고갹신문졈검터니쳔만의외에진주군부용형이ᄋᆡ국
부인회를고동ᄒ오시니진주에난미논긔씨가계시옵고평양에난계월향씨계시드니애
국셩심미진ᄒ야형예틍의발달ᄒᄂᆞ니틍셩틍ᄌ난고금이업ᄉᆞᆫ듯냥액에나릐업서곳가
서치ᄒ치못ᄒ오나남산에난지남셕이잇고북산에난쇠가잇말이냥인두고이름인듯형
예틍의를우리나라신민으로어늬누가감동치아니릿가갹국지인도찬송치아니리업사
올듯강쥬식이라ᄒ난ᄌ난아지못계라엇더ᄒᄌ이관ᄃᆡ강포와셰력을밋고감히져희코
자ᄒ니이ᄂᆞᆫ만민에죄인이요나라에도적이라신명이져상ᄒ오시니엇지양화가업사릿
가강지식에만만츙악ᄒ죄상은ᄎᆞ례로셩ᄒ와이쳔만ᄉᆡᆼ명에공분ᄒ요물신셜ᄒ올거시
니원컨ᄃᆡ부용형은ᄃᆡ의를바리지마르심도내에유지ᄒ신동포부인들과단결합슴ᄒ우
셰셔형과데와갓튼여ᄌ들도국은일만분지인이라도갑파보기를쳔만번츅슈바라옵나
이다/ 경셩대안동ᄉ심통ᄉ무소슨소당."

95 《만세보》, 1908년 4월 2일, 〈긔부용형셔〉, 신쇼당, "쳡은근본평안도안주사름으로
김판셔규홍씨를죵ᄉ사하와경셩에거ᄉᆡᆼ한광음이숨십년이라평ᄉᆡᆼ한되ᄂᆞᆫ바ᄂᆞᆫ이몸이
녀자도야나라일을못ᄒ야보고쵸목갓치석을신셰를ᄉᆡᆼ각한즉오내일렴이쵼쟝에사못
치더니다힝이."

96 《제국신문》, 1907년 4월 3일, 유지부인, "경계쟈 본인은 하향벽읍 일기 녀ᄌ로 셰
샹에 ᄉᆡᆼ겨난 후 발ᄌ최난 셩문밧게 쎠나지 못ᄒ엿스니 안즌방이와 달음업고 눈은
한 줄 글을 보지 못ᄒ얏스니 쟝임이나 달음업스오나 이것은 우리나라 풍속이 녀ᄌ
에게난 교휵을 허지 안이ᄒ고 학문을 갈아치지 안이ᄒ 연고라 본인이 ᄆᆡ양 혼ᄌ 탄
식흘 쑨이거니와 이위 가뎡교훈을 밧아 여간 국문을 학습하와 가장이 상판ᄎ로 츌
타한 후면 고담쳑이나 보옵다가 근쟈에 귀샤 신문 일쟝을 힝득하와 보오니 그 ᄉ

의가 공평정대ᄒ야 셰계 수졍을 력력히 긔재함과 애국ᄉ상을 흥긔케 권고ᄒ고 국

민의 지식 발달 권도ᄒᄂ 졍셩을 한번 보민 이위 보던 고담칙의 허탄ᄒ믈(를) 가히

ᄭᆡ닷깃난 쟈라 이것을 ᄌ조 듯고 오릭 보와스면 안즌방이와 쟝님의 병신 칙망을 십

분지일이나 면ᄒᆞ가 료량ᄒᆞᄋᆞ 위션 륙삭 션금 지젼 이원 십젼을 동봉부뎡ᄒᆞ오니 조

량照亮ᄒᆞ신후 특별히 애휼ᄒ시ᄂᆞ 셩녕으로 편지 당도ᄒᄂ 늘노 위시ᄒᆞ고 귀신문

일쟝식 하송ᄒᆞ시기 복망홈 졍미 이월 쵸이일 함경북도 길쥬읍 셔문외 합동 리금사

상셔."

97 《졔국신문》, 1907년 9월 11일, 긔셔, 〈신문광람〉, 이일졍.

98 《졔국신문》, 1908년 3월 24일, 긔셔, 〈평안북도 운산읍내 긔명〉, 표준경, 《졔국신
문미공개논설자료집》, 강현조 외 편역, 439~440쪽, "경계쟈 본인은 ᄒᆞᆫ낫 녀ᄌ라
협읍에셔 싱쟝ᄒ야 빅와 아ᄂ 것도 본릭 업고 듯고본 것도 별노 업셔 셰월이 가ᄂ
지 시딕가 변ᄒᄂ지 국가가 무엇인지 다만 입고 먹으면 사ᄂ 쥴만 넉엿더니 여간
국문ᄌ이나 알기로 ᄒ로 젼녁에ᄂ 넘어 심심ᄒ여 뎨국신문 ᄒ 쟝을 어딕셔 비러다
본즉 뎨삼면에 긔쟈라 문뎨한 국문풍월 모집광고가 잇기로 졈즉홈을 무릅쓰고 우
습거리 삼아 변변치 못ᄒ 말을 긔록ᄒ여 보ᄂᆡ엿더니 요힝 방말에 참예ᄒ야 상품으
로 신문 발송ᄒ심을 입사 미일 졉견ᄒ온즉 격졀ᄒ 언론과 은근ᄒ 권고에 비록 용
졸ᄒ 녀ᄌ나 엇지 감각홈이 업스리오 그 시면에 가뎡학이라 홈은 사름 사ᄂ 집에
늘마다 쓰이ᄂ 일이니 불가불 볼 것이오 외보와 잡보ᄂ 방안에 안ᄌ셔도 만리타국
일이며 견 국뇌 ᄉ졍이 눈ᅌᆞᆸ헤 뵈이ᄂ 것갓고 론셜 소셜 긔셔 등은 악ᄒ 일을 징계
ᄒ고 션ᄒ 일을 찬양ᄒ여 사름의 마ᅌᆞᆷ을 흥긔홀 ᄲᅮᆫ 안이라 ᄌ국의 졍신을 길너 이
국ᄒᄂ 사ᇰ을 발케홈이오 기타 광고등은 모든 일을 일죠에 광포홈이니 연ᄒ즉 신
문은 셰계에 귀와 눈이라 ᄒ여도 무방ᄒᆞ도다 대뎌 이 셰상에 사ᄂ 사름이 셰상소식
을 모르고 무슴 ᄌ미로 살리요 드른즉 외국사름은 죠셕밥은 굴물지언졍 신문은 폐
치 못ᄒᆞᆫ다 ᄒ더니 참 오른 말이로다 슯흐다 우리 남녀동포 이쳔만에 신문 보ᄂ 이
몃 사름인고 본인 사ᄂ 곳을 두고 보아도 쳔분지일도 되지 못홀 듯십흐니 이러ᄒ고
엇지 문명국이 되기를 바라리요 홈을며 뎨국신문은 순국문으로 발간ᄒ여 한문 모

로는 사름도 보기 쉬우니 우리 전국 남녀동포는 문명 힝복을 누리고져 ᄒ거든 각각
이 신문을 구람ᄒ여 몬져 지식을 넓히기를 바랍고 병ᄒ야 귀샤의 더욱 확쟝홈을
심츅ᄒ압ᄂ니다."

99 《대한매일신보》, 1908. 2. 29, 기서, 〈祝每日新報〉, 漢남女士, "噫라前千古後萬代
初有ᄒ此時局에 我大韓帝國二千萬同胞兄妹여奈何로如此時代를當ᄒ얏ᄂ고我亦
二千萬同胞中一分子로恒常不後先홈을 歎ᄒ나不幸히女子가되야身兼四窮ᄒ고不
학無識ᄒ야虛送歲月이 一十有七年矣라近年에有志紳士ᄋ셔新聞을발 ᄒ야世界에
耳目을關ᄒ며我同胞兄妹의頑夢을喚醒ᄒ야文明進步케ᄒ며世界形便을目擊ᄒ듯시
辭意의激切홈과言論에忠愛ᄒ이賢師良友와同ᄒ지라恒常嚴師를對ᄒ듯凜凜히敬仰
ᄒᄂ바至於每日申報ᄒ야ᄂ春秋筆法으로公直ᄒ言論에亂臣賊子ㅣ懼ᄒ고新聞購覽
者로ᄒ야곰冷淚를難禁이라三復斯覽ᄒ야不覺紙面의生毛ᄒ니如我愚昧之心에도世
界新聞을嚴師와耳目으로知ᄒ고愛讀ᄂᄂ思想이有ᄒ니況我大韓二千萬同胞兄妹의
師父前에義方之訓을受ᄒ敦雅학問으로加之以如此開明時代에新학問을兼全ᄒ신同
胞兄妹야 愛讀ᄒ심을 何須更論가."

100 《대한매일신보》, 1908. 2. 29, 앞의 글, "每日申報社長裵說氏여去益勸勉ᄒ야我大
韓全國同胞兄妹로ᄒ야곰時時로覺悟케ᄒ고日日로進步케ᄒ야名譽가六大洲에振動
ᄒ고第一文明國上等人物이되게하기를 晝夜祝天ᄒ노이다."

101 《대한매일신보》, 1908. 2. 29, 앞의 글, "記者曰東國女學의弊가久矣라女子라一稱
ᄒ면十八層阿鼻地獄갓ᄒ深深ᄒ閨門裡에鎖ᄒ야학問도不○ᄒ며出入도不許ᄒ고一
點凄凉ᄒ續燈下에셔悲劇ᄒ生涯를斷送홀 而已오師妊堂又ᄒ女範과蘭雪軒又ᄒ문詞
를求ᄒ야도已是數百年에偶一現ᄒᄂ鳳毛麟角이니海外문明國의 女士갓ᄒ者야將何
處得來리오今者此문이體裁ᄂ盡善타謂키難ᄒ니此亦目下韓國에難得奇才이기右에
○ᄒ야一般讀者의眼目을醒케ᄒ노라."

102 김경미, 《家와 여성》, 도서출판 여이연, 2012, 92쪽.

103 홍인숙에 의하면 이 시기에 나온 본격적인 '축첩제'에 관한 논설은 6건이고, 첩에
대해 조금이라도 언급한 것은 9건가량 된다. 앞의 책, 139쪽.

104 조은, 〈한말 서울 지역 첩의 존재 양식〉, 《사회와 역사》 65, 2004, 82~83쪽.

105 《제국신문》, 1898년 11월 10일, 잡보, 〈엇던유지각한 시고을 부인의 편지〉, "신문이라 ᄒᆞᄂᆞᆫ거시 대한에 처음나셔 우미ᄒᆞᆫ 녀인들도 세상형편 알게ᄒᆞ니 감츅 ᄒᆞ기 그지업셔 각쳐신문 보옵더니 일젼 뎨국신문 논셜보니 말마다 당연ᄒᆞ나 부인평논 논셜 즁에 분간이 희미ᄒᆞ기 디강들어 셜명ᄒᆞ오 부인도 충충이요 ᄉᆞ부도 충충이오 남의 첩도 층층이지 ᄉᆞ부의 ᄯᅩᆯ이라고 힝셰가 탕잡ᄒᆞ면 그리도 부인잇가 샹놈의 ᄯᅩᆯ이라도 죵쟉업ᄂᆞᆫ 남쟈들이 후취 삼취 ᄉᆞ취ᄭᅵ지 흠부로 ᄒᆞ온것도 부인츅에 가오릿가 첩이라도 ᄉᆞ쳐흔후 드러와셔 고락을 갓치격고 봉졔ᄉᆞ졉빈ᄀᆡᆨ에 자식낫코 일부죵ᄉᆞ ᄒᆞᄂᆞᆫ 첩이 부인만 못ᄒᆞ릿가 탕잡부랑 ᄒᆞᄂᆞᆫ첩과 갓치 옥셕구분ᄒᆞ 여셔야 엇지아니 분ᄒᆞ릿가 녀학교를 셜ᄒᆞᆫ다니 셜시 젼에 이구졍을 먼져ᄒᆞ기 쳔만츅슈 ᄒᆞ나이다/ 슬푸다 대한쳔쳡된 녀인들아 음력구월 이십ᄉᆞ일 뎨국신문 논셜ᄭᅩᆺ을 가삼의 ᄉᆡᆨ여두오 당초에 첩이라고 싱겨나셔 쳔ᄃᆡᄒᆞᄂᆞᆫ거시 첩은 업스라고 흐ᄌᆞ신ᄃᆡ 우미ᄒᆞᆫ 우리 대한 녀인들이 광풍갓탄 남자말을 신탁ᄒᆞ고 ᄎᆞᄎᆞ풍습이 도여 지금에 니르러셔 쳡 ᄒᆞᆫ던다가 도엿스니 이 구습을 어이ᄒᆞ리 우리도 개명되면 이러케 쳔흐터이니 부ᄃᆡ 부ᄃᆡ 쌀가지고 남의시 쥬지 말고 첩노릇슬 ᄒᆞ지마오 세상에 못흘노릇 그밧게 ᄯᅩ잇ᄂᆞᆫ가 깁히 깁히 ᄉᆡᆼ각ᄒᆞ고 아모됴록 한문빈와 외국부인 동등되게 일시으로 합력ᄒᆞ오."

106 이경하, 〈애국계몽운동가 신소당의 생애와 신문독자투고〉, 《국문학연구》 11, 2004, 122쪽.

107 박애경, 〈근대초기 공론장의 형성과 여성 주체의 글쓰기 전략〉, 《한국고전여성문학연구》 31, 2015, 343~345쪽.

108 《제국신문》, 1898년 11월 10일, 잡보, "평안도 안쥬 녀노인 신소당은 ᄯᅩ긔직ᄒᆞ노라."

109 《제국신문》, 1898년 11월 7일, 논설, "우리나라에셔 ᄌᆞ릭로 ᄂᆞᆷ녀간 등분을 보아 분별ᄒᆞ야 상즁하 삼등을 분간 ᄒᆞᄂᆞᆫᄃᆡ 그 ᄒᆞᆫ등속에도 몃층식 잇셔 다 각기 층등에 지목ᄒᆞ야 분간 ᄒᆞ되 이는 다 셰샹 사름 ᄭᅵ리 지목ᄒᆞ야 말ᄒᆞᄂᆞᆫ 거신즉 실상을 궁구 ᄒᆞ"

주

여 보면 하늘이 사름을 동등으로 늬여 다곳치 텬품을 타고난 본의를 져바림이라 이런 악습은 속히 업시ᄒ야 첫ᄌ 스히형데를 동등으로 듸졉ᄒᄂ 졍의를 손히치 말며 둘ᄌ 는 님군의 곳흔 젹ᄌ가 되여 일심으로 나라흘 보호ᄒᄂ 권리를 츙 잇게 말어야 흘터이 어니와."

110 《제국신문》, 1898년 11월 7일, 논설, "우리 나라 ᄉ졍에 맛당히 업시 ᄒ지 못흘 층등이 흐가지 잇스니 이거슨 불가불 명분을 발니 셰워야 흘지라 녀인으로 말흘지라도 량반이라 즁인이라 상놈이라 ᄒᄂ 거슨 사름이 지목ᄒ야 부르ᄂ 말이어니와 곳흔 사름이 되여 남의게 쳡 노릇ᄒᄂ 녀인은 하늘이 곳치 품부흔 권리를 직희지 못ᄒᄂ 인싱이라 불가불 흔등 쳔흔 사름으로 듸졉ᄒ여야 셰샹에 명분이 발나셔."

111 《제국신문》, 1898년 11월 7일, 논설, "사름이 비로소 텬명흔 명분을 흐리기를 붓그러히 넉일지라 대져 사나희가 쳡두ᄂ 거슨 졔일 괴악흔 풍속이어늘 우리나라에서는 녀편네가 ᄂ의 쳡 노릇ᄒᄂ 거슬 붓그러히 넉이지 안코 의례히 맛당흔 일노 알아 무슴 일이며 어느 좌셕이던지 거릿길 거시 업스니 이젼에는 반샹 등분을 업시ᄒ고 본즉 졍실과 쳔쳡의 등분이 업스면 명분이 자연 혼합ᄒ믜 괴악흔 풍습은 곳칠 날이 업ᄂ지라 근자에 우리나라에 부인회도 싱기고 녀학교도 셜시 흘터인즉 그 즁 규칙 마련이 엇더흔지는 모로거니와 만일 ᄂ의 쳡이나 혹쳔기 식을 가리지 안코 홈ᄭ 참예 흐디경이면 ᄉ부가 부인네가 참 쳔흔 사름들과 동등을 아니 ᄒ려 흘터이오 만일 동등ᄒ기를 슬혀 아니 흐디경이면 이는 대단히 불힝흔 일이라 힝동 쳐신이 탕잡흔 계집들을 빙흘터이면 누가 ᄯᆯ이나 누이나 안히를 늬세워 회셕에 참예ᄒ며 학교에다니게 ᄒ기를 됴하 ᄒ리오 그럼으로 우리나라에셔는 녀인회를 셜시ᄒ던지 녀학교를 셜립ᄒ던지 맛당히 규칙을 달니 마련ᄒ야 ᄂ의 쳡노릇 ᄒᄂ 계집들은 일졀 동등권을 주지 말어 등분을 볽히 ᄒ여야 첫ᄌ ᄉ부가 부녀들이 회셕에 참예ᄒ며 학교에 다닐 터이오 둘ᄌ 쳔쳡 노릇ᄒᄂ 녀인들이 져의 몸이 셰샹에 쳔흔 인싱 되ᄂ 거슬 붓그러히 알어 괴악흔 풍속이 차차 덜닐 터이니 어제는 붓그러운 줄을 모르고 괴악흔 힝습을 힝ᄒ엿거니와 오늘은 알고 힝실을 곳치거든 곳 동등 부인네로 듸졉을 ᄒ엿스면 몃빅년 유젼ᄒᄂ 악습이 가히 변흘지라 무슴 연회에던지 부듸 쳡

은 다리고 가 참회ᄒ지를 마시오 만일 남의 정실네가 동셕에 잇스면 이는 곳 그
부인네를 욕ᄒᄂᆫ 모양이니 필경 시비가 잇슬 터이오 ᄂᆷ의 쳡실을ᄒᄂᆫ거시 붓그러
운 줄을 알아 뎐명ᄒᆫ 명분이 ᄌ연 붉아 질터이니 범연히들 보아 넘기지 마시오."

112 《제국신문》, 1898년 11월 10일, "우리가 신문에 쳡이 쳔ᄒ다고 ᄒᆫ말은 상하귀쳔
물론ᄒ고 남의시앗 노릇슬 ᄒ거나 탕잡ᄒᆫ 거슬 쳔ᄒ다고 ᄒᆫ말이오 상쳐ᄒᆫ듸던지
과부되여 기가ᄒᆫ 것을 나몰인 말이 아니어니와 이 편지를 보니 기명에 유의ᄒᄂᆫ ᄆ
음이 감ᄉᄒ야 발간ᄒ니 아모죠록 우리신문 보ᄂᆫ 부인들은 이런 편지ᄒᆫ 부인에 쯧
과갓치 진보ᄒ기를 힘쓰시오."

113 근대 계몽기 '첩' 재현에 대해서는 홍인숙, 앞의 책, 119~143쪽에서 다루었음.

114 김경미, 〈개화기 열녀전 연구〉, 《국어국문학》 132, 2002, 204쪽.

115 유인석, 〈효열부 양씨전〉, 《의암집》 권50, "女作大會, 以婦蔑夫, 矧有烈行矣乎, 吾
之言孺人也, 其將警世也夫."

116 이상경, 〈일제시대 열녀 담론의 향방〉, 《여성문학연구》 28, 2012, 439쪽.

117 曠에는 아내가 없는 남자라는 뜻이 있고, 曠夫는 홀아비를 말한다. 曠女는 홀어미,
과부라는 뜻으로 쓴 것 같은데 허균, 김도수 등의 시에 그 용례가 보인다. 허균의
《성소부부고》 권2, 〈궁사〉에 "曠女棄才何限", 권11 〈유재론〉에 "怨夫曠女"라는 표
현이 나온다.

118 《제국신문》, 1899년 10월 14일, "더욱 참아 말ᄒ지 못홀 것은 녀ᄌ의 신셰가 불힝
ᄒ야 청츈에 과부가 될 지경이면 그 참혹ᄒᆫ 광경은 니로 말홀 슈가 업거니와 젹젹
히 뷔인 방에 고침을 의지ᄒ야 이싱각 져싱각에 심스를 둘듸 업셔 멸은 ᄒ숨 긴 탄
식에 귀구ᄒ다 내 팔ᄌ여 봄바람 가을달은 ᄋ를 슬ᄂᆫ 경싴이오 겨울밤 여름날에 잠
못들어 셩화홀 졔 원한이 사모쳐서 젹으면 ᄒ집에 지앙이오 크면 나라에 요얼이라
계집에 한이 오월에도 셔리친다 ᄒ엿스니 그 아니 지독ᄒᆫ가."

119 《제국신문》, 1899년 10월 14일, 앞의 글, "대저 우리 대한에서 여자를 교육 아니
하는 것이 열지 못한 풍속으로 고루한 문견에 젖어서 졸지에 변통할 수 없는 경
우가 되었으나 그 세상의 이해를 생각할진대 가령 대한의 이천만 인구로써 남녀를

갈라보면 여자가 반절은 될 터이다. 남자도 학문 있어 실업을 행하는 이가 얼마가 되지 못하거니와 저 이천만 인구 중에 반절이 되나 여자는 당초부터 교육이 없어 유의유식으로 일평생을 지내게 한다. 그러고서야 어찌 국가에 개명진보와 부강기초를 기다리겠는가?"

120 《제국신문》, 1899년 10월 14일, 앞의 글, "쏘 과부들로 말ᄒᆞ여도 본릭 힝실이 탁월ᄒᆞ야 송죽ᄀᆞᆺ치 구든 졀긔와 금셕ᄀᆞᆺ치 단단ᄒᆞᆫ 마음으로 평싱을 맛츠고져 ᄒᆞᄂᆞᆫ 이ᄂᆞᆫ 그 뜻을 가히 쎅앗지 못ᄒᆞ려니와 그러치 못ᄒᆞ고 시부모와 동긔 간에 압제를 바다 후원 깁흔 방에 잉무ᄉᆡ를 가둔 것 ᄀᆞᆺ치 밤낫으로 홀노 안ᄌᆞ 무졍ᄒᆞᆫ 셰월은 쑴결ᄀᆞᆺ치 지나갈 졔 싱각ᄒᆞᄂᆞᆫ 것은 남의 부쳐 히로ᄒᆞᄂᆞᆫ 거시오 들니는 것은 남의 ᄋᆞ들 쏠 나흔 거시라 무릇 사ᄅᆞᆷ이란 거슨 갓우개듸면 착ᄒᆞᆫ 마음이 나고 편ᄒᆞ면 음란ᄒᆞᆫ 마음이 난다 ᄒᆞ니 당초에 학문 업시 ᄌᆞ라나셔 직업 업시 홀노 안진 져 쳥샹들이 착ᄒᆞᆫ 마음이 잇슬난지 음란ᄒᆞᆫ 마음이 잇슬난지 만일 문호에 추루ᄒᆞᆫ 힝실이 타인의 이목에 들녀셔 문호의 욕이 되고 신셰를 그릇칠 지경이면 차라리 일즉이 조쳐를 잘ᄒᆞᆯ 것만 갓지 못ᄒᆞ니 인졍은 일반이라 그 과부의 시부모나 동긔 간 되ᄂᆞᆫ 니가 엇지 그런 싱각이 업스리오마는 긔가ᄒᆞᆫ 사ᄅᆞᆷ의 ᄌᆞ손은 죠흔 벼슬을 주지 안ᄂᆞᆫ 식둙에 목젼에 가화ᄂᆞᆫ 싱각지 안코 다만 릭두에 벼슬ᄒᆞ기만 즁히 녁여 이갓치 남의게 젹악을 ᄒᆞ더니 개화 이후에 셩은이 하ᄂᆞᆯ 갓ᄒᆞ샤 과부 개가ᄒᆞᄂᆞᆫ 거슬 허ᄒᆞ셧것만은 지우금 졈쟈ᄂᆞᆫ 집 과부 싀집 갓단 말을 듯지 못ᄒᆞ엿스니 무삼 식둙인지 알 슈 업거니와 젹션지 가에 필유여경이라 ᄒᆞ엿스니 엇지 아니 죠흐리오 우리ᄂᆞᆫ 바라건대 쳐음에 하ᄂᆞᆯ과 싸이 음양 긔운으로 차등 업시 ᄂᆡ신 남녀들을 일체로 교육ᄒᆞ야 국가에 긔명진보와 부강긔초도 발달케 ᄒᆞ려니와 쏘흔 과부 잇ᄂᆞᆫ 집에셔들은 젹션ᄒᆞ기를 싱각ᄒᆞ야 리치를 거사리지 말면 나라이 흥왕ᄒᆞᆯ듯 ᄒᆞ도다."

121 김윤식, 《운양집》권 15, 36쪽, "余故曰, 仁政必自改嫁始."

122 《황성신문》, 1908년 7월 8일, 〈導迎和氣〉, "前校理洪思彌氏의 令孃은 中樞院議長 金允植氏의 外孫女로 二十一歲에 靑孀이되야 年今二十九歲인딕 媤家와 親庭에ᄂᆞᆫ 赤貧홈으로 四五年을 金議長家에 依托ᄒᆞ얏ᄂᆞᆫ딕 金允植氏가 恒常其靑孀의 情狀을

矜惻히역이더니 西署九谷洞居ㅎᄂ 宮內府侍從李喬永氏가 喪配홈을 聞ㅎ고 李氏
에게 通婚ㅎ야 去金曜日에 金議長小室家에서 納幣成禮ㅎ고 其翌日에 于歸ㅎ얏다
더라."

123 《황성신문》, 1908년 7월 15일, 〈頑固可笑〉, "中樞院議長金允植氏가 自巳外孫女를
改嫁홀 事에 對ㅎ야 北村某大官이 歎息ㅎ야 曰此事로ㅎ야곰 他色에 取嘲를 受홀
事가 有ㅎ다고ㅎ얏다ㅎ니 此大官의 頑固호 思想은 鼻笑치아니ㅎᄂ 者가 無ㅎ다더
라."

124 《황성신문》, 1908년 7월 24일, 〈大傷和氣〉, "當初에 不肯홈이 可ㅎ겻거ᄂ 旣爲成
禮호 後에 如此호 無理行色을 發布ㅎ니 是ᄂ 世界에 正理를 妨害ㅎᄂ 者이라 內外
國社會上公論으로 評辦홈을 免치못ㅎ려니와 自家로 思ㅎ더라도 天地和氣를 損傷
ㅎ고 豈大慶福을 享홀가 從當李氏家의 事實을 探ㅎ야 大筆로 記誅ㅎ깃노라."

4장 분개하듯 노래하듯 자유와 평등을 주장하다

1 《황성신문》, 1907년 6월 19일, "女會討論", "女子敎育會에서 本月二十日(陰五月初
十日)下午一時에 通常會를 開ㅎ고 女子聰明이 勝於男子란 問題로 婦人諸氏가 討論
ㅎ고 紳士 姜允熙 崔炳憲 諸氏를 延請ㅎ야 高明호 智識을 交換케 흔다더라."

2 산드라 길버트와 수전 구바는 대부분의 가부장적으로 조건 지어진 여성들처럼, 여
성작가는 여성예술가의 고독, 여성선배와 여성후배의 필요성과 함께 남성선배로
부터의 소외감, 남성독자의 반감에 대한 두려움과 함께 여성독자의 필요성에 대한
절박감, 문화적으로 조건 지워진 자아를 극화시키는 것에 대한 소극성, 예술의 가
부장적 권위에 대한 두려움, 여성 창조의 부적절성에 대한 불안, 이 모든 "열등화"
의 현상들이 여성작가가 예술가로서 자아를 정립하고자 할 때 장애가 된다고 지적
했다.《다락방의 미친 여자》, 이후, 2009, 137쪽.

3 독자 투고는 아니지만《경성유록》이라는 여행기를 쓴 강릉 김씨 부인도 글에서 자

신이 여자임을 계속 떠올린다. 강릉 김씨 부인은 '여자 몸이 되어', '여자의 마음에 도', '여편네 되어' '여자는 먼 길 출입이 없어' 같은 표현을 계속 쓰면서 여자라는 자신의 위치를 잊지 않고, 스스로를 제약 많은 여자로 재현한다. 그러나 강릉 김씨는 여기에 머물지 않는다. 여자라는 제약을 넘어서는, 혹은 넘어서려고 하는 존재로 스스로를 재현한다. 여자 몸이 되어 구경을 쉽게 못 하지만 지금 자신은 하고 있고, 여자의 몸이지만 일본에 분노하고, 여편네로 서울 구경이라는 어려운 일을 한 여자, 즉 제약을 넘어선 여자로 재현한다. 김경미, 〈20세기 초 강릉 김씨 부인의 여행기 《경성유록》 연구〉, 《한국고전여성문학연구》 35, 2017, 458쪽.

4 《제국신문》, 1908년 3월 24일, 긔셔, 평안북도 운산읍내 긔명 표준경.

5 《제국신문》, 1898년 11월 5일.

6 권영철, 《규방가사 I》, 정신문화연구원, 1979.

7 이경하는 이러한 특성을 청유형의 문장 구사라 보았고, 김복순은 초대의 수사학이라고 불렀다. 이경하, 앞의 글, 2004; 김복순, 앞의 책, 2014, 56쪽.

8 김복순, 앞의 책, 50쪽.

9 홍인숙, 앞의 책, 219~222쪽.

10 김수진, 〈'신여성', 열려 있는 과거, 멎어 있는 현재로서의 역사쓰기〉, 《여성과 사회》 11호, 2000, 15~16쪽. 이 글에서 김수진은 신여성은 '신남성'에 짝이 되는 단어가 아니라 괄호 쳐진 구여성과의 대조에서 생성되었으며, 신여성과 구여성은 식민지 조선의 주체, 남성지식인이 자신을 발견하는 거울이었다고 지적했다.

11 권보드래, 〈신여성과 구여성〉, 《오늘의 문예비평》 46호, 2002 가을, 세종출판사, 193쪽.

12 권보드래, 앞의 글, 198쪽.

13 유정선, 〈1930년대 여성 기행가사와 구여성의 여행체험〉, 《한국고전연구》 33, 2016, 344쪽. 유정선은 향촌 여성을 구여성으로 호명되는 존재로 보며 향촌 여성은 전통적인 삶을 유지하면서 유교 이념을 내면화한 삶을 산 여성으로 본다.

14 소현숙, 〈강요된 '자유이혼', 식민지 시기 이혼 문제와 '구여성'〉, 《史學研究》 104

호, 2011, 125쪽.

15   조혜란, 《《한성신보》 소재 〈조부인전〉 연구—구여성의 자기 각성과 현실대응 양상
      을 중심으로〉, 《고전문학연구》 45, 2014, 79쪽.

에필로그

1   고정갑희, 〈여성주의적 주체 생산을 위한 이론 1: 성계급과 성의 정치학에 대하
     여〉, 《여/성이론》 창간호, 1999, 25쪽.

참고문헌

자료

강릉 김씨, 《경성유록》, 장서각

강현조 외 편역, 《제국신문 미공개 논설 자료집》, 현실문화, 2014.

《경국대전》

김기수, 《일동기유》, 한국고전번역원 DB

김창즙, 《포음집》, 한국고전번역원 DB

김창협, 《농암집》, 한국고전번역원 DB

남평 조씨, 전형대·박경신 역, 《병자일기: 노부인, 일상을 기록하다》, 나의시간, 2015.

《대한매일신보》

민암, 《수촌집》, 한국고전번역원 DB

박윤원, 《근재집》, 한국고전번역원 DB

박규수·김채식 역, 《환재집》, 2016, 한국고전번역원 DB

박준원, 《금석집》, 한국고전번역원 DB

박태보, 《정재후집》, 한국고전번역원 DB

《승정원일기》, 한국고전번역원 DB

《신여성》

심노숭, 안대회·김보성 외 옮김, 《자저실기》, 휴머니스트, 2014.

오시수,《수촌집》, 한국고전번역원 DB

유인석,《의암집》, 한국고전번역원 DB

유한준,《자저》, 한국고전번역원 DB

윤정현,《석재유고부록》, 한국고전번역원 DB

원경하,《창하집》, 한국고전번역원 DB

의유당·금원·강릉 김씨,《여성, 오래전 여행을 꿈꾸다》, 김경미 엮고 옮김, 나의시간,
　　2019.

이덕수,《서당사재》, 한국고전번역원 DB

이의현,《도곡집》, 한국고전번역원 DB

이씨 부인,〈闥恨錄─조용히 감하시옵소서〉,《문학사상》1973 3월호, 1973.

이재,《삼관긔》, 동국대학교 도서관

이전문,《상소》, 사회발전연구소, 1987.

이혜순 김경미 편역,《한국의 열녀전》, 월인, 2002.

정원용,《경산집》, 한국고전번역원 DB

《제국신문》

조관빈,《회헌집》, 한국고전번역원 DB

《조선왕조실록》, 한국고전번역원 DB

《평안북도지》

풍양 조씨, 김경미 역주,《여자, 글로 말하다─자기록》, 나의시간, 2014.

한국학중앙연구원,《민족문화대백과사전》

《황성신문》

황수연 외 역주,《18세기 여성생활사 자료집》1~8, 보고사, 2010.

홍학희 외 역주,《19·20세기 초 여성생활사자료집》1~9, 보고사, 2013.

논저

강영주, 〈개화기의 역사전기문학 1: 장지연의 《애국부인전》을 중심으로〉, 《관악어문연구》 8-1, 1983.

고정갑희, 〈여성주의적 주체 생산을 위한 이론 1: 성계급과 성의 정치학에 대하여〉, 《여/성이론》 창간호, 1999.

고미숙, 《한국의 근대성, 그 기원을 찾아서》, 책세상, 2001.

고순희, 〈18세기 가사에 나타난 기생 삶의 모습과 의미〉, 《고전문학연구》 10, 1995.

권보드래, 〈신여성과 구여성〉, 《오늘의 문예비평》 46, 세종출판사, 2002.

김경란, 〈官妓 楚月의 上疏에 나타난 19세기의 사회상〉, 《한국인물사연구》 7, 한국인물사연구소, 2007.

김경미, 〈개화기 열녀전 연구〉, 《국어국문학》 132, 2002.

김경미, 《家와 여성-18세기 여성생활과 문화》, 도서출판 여이연, 2012.

김경미, 〈《자기록》의 저자 '풍양 조씨' 연구〉, 《한국고전여성문학연구》 28, 2014.

김경미, 〈20세기 초 강릉 김씨 부인의 여행기 《경성유록》 연구〉, 《한국고전여성문학연구》 35, 2017.

김경미, 〈조선 후기 남성 지식인의 여성 지식인에 대한 평가-임윤지당과 강정일당을 중심으로〉, 《여성문학연구》 42, 2017.

김경숙, 〈조선 후기 여성의 呈訴活動〉, 《한국문화》 36, 2005.

김경숙, 〈조선 후기 문중통문의 유형과 성격〉, 《고문서연구》 19, 2001.

김명숙, 〈조선 후기 여성의 訴冤활동〉, 《동덕여성연구》 7, 2002.

김미란, 〈조선 후기 여류문학의 실학적 특질-18세기를 중심으로〉, 《동방학지》, 1994.

김미정, 《차이와 윤리》, 소명출판, 2015.

김보연, 〈《규한록》의 발화지향에 관한 해석의미론적 연구〉, 《한국문학이론과 비평》 76, 2017.

김복순외, 《제국신문과 근대: 매체·담론·감성》, 현실문화, 2014.

김소영, 〈대한제국기 '국민' 형성과 여성론〉, 《한국근현대사연구》 67, 2013.

김소은, 《장서각 수집 민원·소송 관련 고문서 해제》, 한국학중앙연구원, 2008.

김수경, 〈창작과 전승 양상으로 살펴 본 〈쌍벽가〉〉, 《규방가사의 작품세계와 미학》, 나정순(외), 역락, 2002.

김수진, 〈'신여성', 열려 있는 과거, 멎어 있는 현재로서의 역사쓰기〉, 《여성과 사회》 11, 2000.

김수진, 《신여성, 근대의 과잉: 식민지 조선의 신여성 담론과 젠더정치, 1920~1934》, 소명출판, 2009.

김영민, 〈한국 근대 초기 여성담론의 생성과 변모-근대 초기 신문을 중심으로〉, 《대동문화연구》 95, 2016.

김영희, 《한국사회의 미디어 출현과 수용: 1880~1980》, 커뮤니케이션북스(주), 2009.

김용태, 〈19세기 중후반 서울 문단의 여성 인식〉, 《동양한문학연구》 55, 2020.

김우철, 〈숙종 6년(1630) 吳始壽 옥사의 검토-老·少論 分黨의 시원적 배경-〉, 《역사와 담론》 66, 호서사학회, 2013.

김정경, 《〈규한록〉의 구조적 특성과 여성 서술자의 기능 고찰〉, 《한국고전연구》 12, 2005

김정경, 《조선 후기 여성 한글 산문 연구》, 서강대학교 출판부, 2016.

김정경, 《《帝國新聞》 讀者投稿에 나타난 社會認識》, 《청람사학》 16, 2008.

노용필, 〈개화기 과부의 재가와 천주교〉, 《한국사상사학》 22, 2004.

니라 유발-데이비스, 박혜란 옮김, 《젠더와 민족》, 그린비, 2012.

리타 펠스키, 김영찬·심진경 옮김, 《근대성의 젠더》, 자음과 모음, 2010.

메리 E. 위스너-행크스, 노영순 역, 《젠더의 역사》, 역사비평사, 2006.

민족문학사연구소 편역, 《근대 계몽기의 학술·문예 사상》, 소명출판, 2000.

박경주, 《규방가사의 양성성》, 월인, 2007.

박무영·김경미·조혜란, 《조선의 여성들》, 돌베개, 2004.

박병호, 《近世의 法과 法思想》, 도서출판 진원, 1996.

박승희, 〈신여성의 독자와 여성 문체 연구〉, 《한민족어문학》 55, 한민족어문학회, 2009.

박애경, 〈근대 초기 공론장의 형성과 여성 주체의 글쓰기 전략〉, 《한국고전여성문학연구》 31, 2015.

박영민, 〈所志類의 여성의 性 인식과 그 의미〉, 《어문논집》 73, 2015.

박영민, 〈여성의 글쓰기를 둘러싼 검열과 비판〉, 《한국한문학연구》 68, 2017.

박옥주, 〈豊壤趙氏夫人의 〈즈긔록〉〉, 《한국고전여성문학연구》 3, 2001.

박요순, 〈新發見 閨恨錄 硏究〉, 《국어국문학》 49·50, 1970.

박요순, 《한중록》에 견줄 李朝女流文學의 白眉─〈閨恨錄〉 해제〉, 《문학사상》, 1973.

박용옥, 〈국채보상운동의 발단 배경과 여성 참여〉, 《한국민족운동사연구》 8, 1993.

박용옥, 《여성운동》, 한국독립운동의 역사 31, 독립기념관 한국독립운동사연구소, 2009.

박혜숙, 〈여성적 정체성과 자기서사─《즈긔록》과 《규한록》의 경우〉, 《고전문학연구》 2001.

산드라 길버트·수전 구바, 박오복 옮김, 《다락방의 미친 여자》, 이후, 2009.

서경희, 〈김씨 부인 상언을 통해 본 여성의 정치성과 글쓰기〉, 《한국고전여성문학연구》 12, 2006.

소현숙, 〈강요된 '자유이혼', 식민지 시기 이혼문제와 '구여성'〉, 《史學硏究》 104, 2011.

손정목, 〈開港期의 都市人口規模〉, 《한국사연구》 39, 1982.

송태현, 〈기군상紀君祥의 《조씨 고아》에서 볼테르의 《중국 고아》로〉, 《한국문학번역연구소 학술대회》, 2013.

서울대 정치학과 독립신문강독회, 《독립신문 다시 읽기》, 푸른역사, 2004.

성균관대학교 동아시아 유교문화권 교육·연구단, 《동아시아와 근대, 여성의 발견》, 청어람미디어, 2004

신두환, 〈妓生 楚月의 上疏文 硏究〉, 《한문학보》 31, 2014.

신복룡·장우영 옮김, 《고요한 아침의 나라 조선》, 집문당, 1999.

실비아 페데리치, 황성원·김민철 옮김, 《캘리번과 마녀》, 갈무리, 2011.

쓰치야 레이코, 권정희 옮김, 《일본 대중지의 원류-메이지기 소신문 연구》, 소명출판, 2013.

아손 그렙스트, 김상길 역, 《코레아 코레아》, 미완, 1986.

앙드레 슈미드, 정여울 옮김, 《제국 그 사이의 한국 1895~1919》, 휴머니스트, 2012.

유수경, 《한국여성양장변천사》, 일지사, 1990.

유정선, 〈1930년대 여성 기행가사와 구여성의 여행 체험〉, 《한국고전연구》 33, 2016.

이경하, 〈17세기 사족 여성의 한문생활, 그 보편과 특수〉, 《국어국문학》 140, 2005.

이경하, 〈애국계몽운동가 申蕭堂의 생애와 신문독자투고〉, 《국문학연구》 11, 2004.

이경하, 〈여성문학사 서술의 문제점과 해결방향〉, 서울대학교 박사학위논문, 2004.

이경하, 〈여성의 정치적 발언, 그 재현의 양상과 의미〉, 한국고전여성문학회 32차 콜로키움 발표 요지, 2005.

이경하, 〈제국신문 여성독자 투고에 나타나는 근대계몽담론〉, 《한국고전여성문학연구》 8, 2004.

이경하, 〈조선조 여성의 문학생활연구시론〉, 《한국학보》 100, 일지사, 2000.

이광린, 《韓國開化史研究》, 일조각, 1979.

이기대, 〈한글 편지에 나타난 순원왕후의 수렴청정과 정치적 지향〉, 《국제어문》 47, 2009.

이기대, 〈19세기 왕실 여성의 한글 편지에 나타난 공적(公的)인 성격과 그 문화적 기반〉, 《어문논집》 48, 2011.

이대형, 〈18세기 열녀전 연구〉, 연세대 석사학위논문, 1994.

이동연, 〈화전가로서의 〈반조화전가〉〉, 《규방가사의 작품세계와 미학》, 나정순 외, 역락, 2002

이명호 외, 《감정의 지도 그리기》, 소명출판, 2015.

이배용, 〈19세기 개화사상에 나타난 여성관〉, 《한국사상사학》 20, 2003.

이사벨라 버드 비숍, 이인화 역, 《한국과 그 이웃나라들》, 도서출판 살림, 1994.

이상경, 〈일제시대 열녀 담론의 향방〉, 《여성문학연구》 28, 2012.

이에나가 유코, 〈북촌의 지명 유래와 한말 일제시기 인식 변화〉, 《역사민속학》 37, 2011.

이우경, 〈규한록의 수필적 성격에 대한 연구〉, 이화여대 석사학위논문, 1981.

이은희, 〈韓末 女性誌 〈녀ㅈ지남〉 硏究〉, 숙명여자대학교 대학원 석사학위논문, 1995.

이이화, 《한국사 이야기》 16, 한길사, 2008.

이화여대 한국문화연구원 편, 《근대 계몽기 지식의 굴절과 현실적 심화》, 소명출판, 2007.

이혜순, 《조선조 후기 여성 지성사》, 이화여대출판부, 2007.

이혜순 외, 《한국고전 여성작가 연구》, 태학사, 1999.

임우경, 《근대 중국의 민족서사와 젠더》, 창비, 2014.

임치균, 〈유 씨 부인 遺書〉, 《문헌과 해석》 6, 1999.

임형택, 〈김씨 부인의 국문 上言: 그 역사적 경위와 문학적 읽기〉, 《민족문학사연구》 25, 2004.

전은경, 《근대 계몽기 문학과 독자의 발견》, 역락, 2009.

정경민, 〈투생偷生 대신 투쟁鬪爭하다, 《규한록》의 광주 이씨 부인〉, 《이화어문논집》 48, 2019.

정경숙, 〈대한제국 말기 여성운동의 성격 연구〉, 이화여대 사학과 박사학위논문, 1988.

정우봉, 〈18세기 함흥 기생 可憐의 문학적 형상화와 그 의미〉, 《한문교육연구》 34, 2010.

정지영, 〈조선 후기 호주 승계방식의 변화와 종법질서의 확산: 17, 8세기 〈단성호적〉에 나타난 과부와 그 아들의 지위를 중심으로〉, 《한국여성학》 18권 2호, 2002.

정지영, 《질서의 구축과 균열—조선 후기 호적과 여성들》, 서강대학교출판부, 2015.

정진석, 《한국언론사》, 나남, 1990

정현백, 〈서양근대와 여성〉, 《동아시아 근대 여성의 발견》, 청어람미디어, 2004.

정현백, 《여성사 다시 쓰기》, 당대, 2007.

조용희, 〈《삼관긔》 이본들에 나타난 작품 구성의 특징〉, 《정신문화연구》 제33권 제3호,

2010.

조은, 〈한말 서울 지역 첩의 존재 양식〉, 《사회와 역사》 65, 2004.

조혜란, 〈고전 여성산문의 서술 방식—《규한록》을 중심으로〉, 《이화어문논집》 17, 1999.

조혜란, 《《규한록》, 어느 억울한 종부의 자기주장〉, 《여/성이론》 16, 2007.

조혜란, 〈육용전의 〈군인 처 모 소사전〉을 읽는 한 가지 방식〉, 《한국문화연구》 19, 2010.

조혜란, 〈조선시대 여성독서의 지형도〉, 《한국문화연구》 8, 2005.

조혜란, 《《한성신보》 소재 〈조부인전〉 연구—구여성의 자기각성과 현실대응 양상을 중심으로〉, 《고전문학연구》 45, 2014.

진재교·박의경, 《동아시아와 근대여성의 발견》, 청어람미디어, 2004.

채백, 《한국언론사》, 컬처룩, 2015.

최경숙, 《황성신문 연구》, 부산외국어대학교 출판부, 2010.

최기영, 《대한제국시기 신문 연구》, 일조각, 1991.

최기영, 《애국계몽운동 Ⅱ—문화운동》, 독립기념관 한국독립운동사연구소, 2009.

최승희, 증보판 《한국고문서연구》, 지식산업사, 2020.

최은희, 《여성을 넘어 아낙의 너울을 벗고》, 문이재, 2003.

최현주, 〈개화기 소설에 나타난 여성 복식의 재현 양상 考〉, 《태릉어문연구》 9, 2001.

한길연, 〈해평 윤씨海平尹氏의 한문 상언上言〉, 《여성문학연구》 15, 2006.

한길연, 〈대하소설의 의식 성향과 향유 층위에 관한 연구〉, 서울대학교 박사학위논문, 2005.

한길연, 《《백계양문선행록》의 작가와 그 주변〉, 《고전문학연구》 27, 2005.

한상권, 〈19세기 민소民訴의 양상과 추이—순조대 상언·격쟁의 분석을 중심으로〉, 《국가이념과 대외인식: 17~19세기》, 한일공동연구총서3, 박충석·와타나베 히로시, 아연출판부, 2002.

한상권, 《朝鮮後期 社會와 訴寃制度》, 일조각, 1996.

한상권, 〈서울시민의 삶과 사회문제〉, 《서울학연구》 창간호, 1994.

홍인숙, 〈조선 후기 열녀전 연구〉, 이화여대 석사학위논문, 2001.

홍인숙, 《근대 계몽기 여성담론》, 혜안, 2009.

황수연, 〈김씨 부인 상언의 글쓰기 전략과 수사적修辭的 특징〉, 《열상고전연구》 46, 2015.

황수연, 〈여성주의적 시각에서 본 18세기 기녀 대상 한시〉, 《열상고전연구》 13, 2000.

황수연, 〈조선 여성의 공적 발언〉, 《여성문학연구》 45, 2018.

히라타 유미, 임경화 옮김, 《여성 표현의 일본 근대사》, 소명출판, 2008.

Jisoo Kim, *Voices Heard: Women's Right to Petiton in Late Chosŏn Korea*, Columbia University, 2010.

찾아보기

격정의 문장들 조선 여성들의 상언에서 독자 투고까지

2022년 11월 9일 초판 1쇄 인쇄
2022년 11월 15일 초판 1쇄 발행

글쓴이   김경미
펴낸이   박혜숙
디자인   이보용
펴낸곳   도서출판 푸른역사
   우) 03044 서울시 종로구 자하문로8길 13
   전화: 02)720－8921(편집부) 02)720－8920(영업부)
   팩스: 02)720－9887
   전자우편: 2013history@naver.com
   등록: 1997년 2월 14일 제13－483호

ⓒ 김경미, 2022

ISBN 979－11－5612－237－1 03330